JN240613

映画で読み解く 現代アメリカ2

トランプ・バイデンの時代

巽 孝之
［監修］

小澤奈美恵
塩谷幸子
塚田幸光
［編著］

明石書店

【編者より】

・取り上げた作品のＤＶＤ／ブルーレイジャケット写真は権利者の許諾が得られたものについて掲載しました。各クレジットは権利者の要請に添ったものを掲載しています。

・解説が必要と思われる用語については＊印をつけ、巻末（二五九ページ）の「用語解説」で解説しています。

はじめに

映画仕掛けの歴史——日米戦後七〇年の余白に

1 一九五四年の謎——ポスト核兵器の内宇宙（インナースペース）

本書の監修が佳境を迎えた昨年二〇二四年。それはジョー・バイデン第四六代大統領の最後の年であり、彼が禅譲した副大統領カマラ・ハリスが新たな民主党指名大統領候補として、共和党指名大統領候補ドナルド・トランプと争う選挙戦の年だった。そしてその前年に公開された二つの映画、クリストファー・ノーラン監督の『オッペンハイマー』と山崎貴監督の『ゴジラ-1.0』が揃ってアカデミー賞を獲得した年でもあった——前者はアカデミー賞監督賞をはじめ七つの部門賞を、後者はアカデミー賞視覚効果部門賞を。

同年二〇二四年には、マリー・キュリー夫人のラジウム発見以降、ヒロシマ&ナガサキでピークを迎える核兵器の意義を問い直してきた作家小林エリカが、戦時中には我が国においても女学生たちが動員されて製造した風船爆弾が約九千発発射されており、北米はオレゴン州で六名を殺害するに至った経緯を物語る『女の子たち風船爆弾をつくる』（文藝春秋）を発表し、第七八回毎日出版文化賞文学・芸術部門賞を受賞。さらに、二〇二四年のノーベル平和賞は、日本被団協

（日本原水爆被害者団体協議会）が受賞し、代表委員の田中熙巳氏は「日本政府が原爆で亡くなった死者に対する償いをまったくしていない」ことを強調した。これは、同年上半期のＮＨＫ朝の連続テレビ小説「虎に翼」で伊藤沙莉が演じたヒロイン佐田寅子のモデルである三淵嘉子裁判官が六〇年前、一九五五年から八年間続いた原爆裁判を担当し、国家の責任を追及してやまなかった経緯と響き合う。このように、二〇二四年は、日米を結ぶ環太平洋的規模における核の問題をめぐって、日米の文学や映像がたえまなく交錯した一年だった。

ここで、二〇二四年が、原爆の父であるアメリカの理論物理学者ロバート・オッペンハイマーがスパイ容疑をかけられる聴聞会とともにビキニ環礁における水爆実験に付随する第五福竜丸事件の双方が起こった一九五四年からきっかり七〇周年だったことに留意しよう。この年、一九四五年の原爆投下の成功による第二次世界大戦勝利の立役者ということで一躍時の人になったオッペンハイマーは、九年後の一九五四年には一転、赤狩りすなわちマッカーシイズムの餌食となり、屈辱的な聴聞会で尋問され、むしろそれこそが映画『オッペンハイマー』のエッセンスを成す。公聴会では原子力委員会委員長ルイス・ストローズがオッペンハイマーの権威の失墜を図るべく軍事機密アクセス最高権限を剝奪するが、やがてその五年後、シカゴ派の科学者デイヴィッド・ヒルがストローズの不純な動機によるオッペンハイマー弾圧を明かし、今度はストローズ自身がアイゼンハワー政権における商務長官の道を絶たれる。この時にストローズへの否定票を投じたのが、当時はまだ上院議員だったジョン・Ｆ・ケネディだったことを仄めかすラストシーンは、のちの第三五代大統領ケネディの最大の偉業である一九六二年のキューバ・ミサイル危機、転じては全面核戦争危機の回避に触発されたスタンリー・キューブリック監督のブラックユーモア映画『博士の異常な愛情』（一九六四年）へのオマージュとも受け取ることができる。

他方、まさに同じ一九五四年の第五福竜丸事件をきっかけの一つとして作られたのが本多猪四郎監督によるシリーズ第一作『ゴジラ』だったのはゆるぎない事実であるものの、そのきっかり七〇年後にゴジラ映画としては初めてアカデミー賞の対象となった山崎監督の『ゴジラ-1.0』は、一見すると気がつかないほどに巧妙に一九五四年を隠蔽してみせる。もちろん、事実に即して作品成立経緯を復習するなら、まずはアメリカを代表するSF&ファンタジー作家レイ・ブラッドベリが一九五一年に太古の恐竜が灯台のサイレンを仲間の呼び声と勘違いして姿を現す名作短篇「霧笛」を発表しており、その設定を部分的に借用したユージン・ローリー監督の一九五三年作品『原子怪獣現わる』が『ゴジラ』に影響を与えたのは田中友幸プロデューサー自身が認めるところである。しかし、それがたんなる借用に終わらなかったのは、世界で唯一の被爆国が五四年の第五福竜丸事件をもモチーフに取り込み、小笠原諸島に伝わるとされる神獣「呉爾羅」伝説を組み込んだからであり、その背景は最近まで日本版ゴジラ映画における限り自明の前提だった。

ところが山崎監督は、映画冒頭の舞台を戦後ではなく、終戦の一九四五年八月に先立つ戦時中の小笠原諸島の大戸島に移し、そこに駐屯する日本軍をゴジラが襲撃する場面をいきなり展開してみせた。くりかえすが、本多猪四郎監督のオリジナル『ゴジラ』がヒロシマ&ナガサキを経験し直近では一九五四年の第五福竜丸事件さえ起こった戦後日本の大戸島における平和な漁村を舞台にした一方、山崎版最新『ゴジラ-1.0』は原爆投下を一切経験していない戦時日本の大戸島の駐屯軍基地を舞台に据えて、原爆投下とゴジラの直接的因果関係を薄めている。本作品では、ビキニ沖核実験が起こるのは実際よりも八年早い一九四六年であり、それはゴジラの巨大化を促進する効果を発揮した事件として説明される。

この歴史改変に注目する瞬間、わたしたちは『オッペンハイマー』も『ゴジラ-1.0』も両方とも、現実の原爆投下とそれに伴う悲劇の視覚的描写をあえて回避した映像作品であるという、奇妙な共通点に思い至らざるをえない。いや、むしろそのように核兵器の直接的災害を回避し、片や赤狩りに伴うイデオロギー弾圧の恐怖と因果応報を、片や神風特攻隊員として名誉の戦死を遂げられなかった兵士の精神的回復を描くという英断を下したからこそ、両作品には映画大国アメリカが誇るアカデミー賞の栄誉が与えられたと言うべきか。

核弾頭投下の瞬間そのものがいかなる効果を及ぼすかよりも、核兵器以後の人間的内宇宙（インナースペース）がいかなる変質を被るか——両作品において何よりも肝心だったのは、これである。この認識は、二〇二二年に勃発したロシアのウクライナ侵略以降、核兵器の再使用可能性が折にふれて暗示される昨今だからこそ、きわめて重い意義を持つ。

2　アメリカの夢とアメリカの悪夢——トランプ&ヴァンス政権の時代

明けて昭和一〇〇年を迎える今年二〇二五年は、ジャズ・エイジ作家スコット・フィッツジェラルド原作で何度も翻訳され何度も映画化された『華麗なるギャツビー』の刊行一〇〇周年にあたる。一〇年以上前の二〇一三年にはバズ・ラーマン監督、レオナルド・ディカプリオ主演によりリメイクされ評判を呼んだことも、記憶に新しいだろう。我が国では宝塚ミュージカルにも翻案され村上春樹の新訳もあるこの小説は、しかし三〇年ほど前の新歴史主義批評家ウォルター・

ベン・マイケルズの名著『われらのアメリカ』におけるラディカルな再評価以来、ジャズ・エイジが象徴するアメリカの夢がいわゆる排外主義運動の高揚期、すなわち非白人移民にとってのアメリカの悪夢であったことと無縁ではない視点が不可欠になった。その一〇〇年後の現在、四年ぶりに政権に復帰し、第四七代大統領に当選したドナルド・トランプは世紀転換期の米西戦争〜米比戦争を反復するかのように、人種的排外主義と帝国主義を顕わにしている。アメリカにカナダを五一番目の州として組み込もうとするのみならず、グリーンランドをもデンマークから購入しようとするばかりか、一九世紀末にウィリアム・マッキンリー第二五代大統領が着手したパナマ運河をもパナマ共和国から取り戻し、パレスチナ・イスラエル戦争で戦禍を被ったガザを所有して経済復興を図ろうとすら画策している。歴史はくりかえすとは、まことに至言である。

ただしトランプは、二〇二一年一月六日には自身が大統領選で再選されずバイデンに敗北を喫したことを恨み「選挙が盗まれた」との言いがかりをつけて、国会議事堂襲撃を唆した重罪を持つ。そればかりか、セクハラをはじめとする膨大な訴訟にまみれ、裁判費用も尋常ではなく、最近ではニューヨークに持つゴルフ場もエンタテインメント産業の大手バリーズに明け渡したほどだ。そんな悪徳大統領に、アメリカ国民はどこまで本気で投票したのだろうか?

今回の選挙で露呈したのは、民主党から土壇場で躍り出た初の有色人女性大統領候補カマラ・ハリスの尽力もさることながら、トランプとはまったく異なる出自を持ち親子ほどにも歳の離れた共和党系副大統領候補ジェイムズ・デイヴィッド・ヴァンスの躍進である。

ヴァンスの名が極東の島国でも広く知られるようになったのは、二〇一六年の大統領選の結果、民主党有力候補ヒラリー・クリントンを破りトランプ第四五代大統領が誕生した時の秘密を知る絶好のガイドブックとして話題となったベストセラー『ヒルビリー・エレジー――アメリカの繁栄から取り残された白人たち』（原著二〇一六年、関根光宏・山田文訳、光文社、二〇一七年）の著者としてであった。それは、オハイオ州ミドルタウンというラスト・ベルトの貧困家庭に育ちながら海兵隊を経験しつつ、オハイオ州立大学からイエール大学ロースクールへ進学し、ついにはシリコンバレーで社長業を営むに至るJ・D・ヴァンスの波乱万丈の立身出世半生記である。アイルランドから北米東部を南北に貫くアパラチア山脈に移り住んだ白人労働者階級すなわちヒルビリーは、そっくりそのまま田舎者転じては「白いゴミ」（White Trash）と言われている人たち全般を指すようになったが、オバマ政権を支えた民主党エリート知識人たちの視野からは取りこぼされてしまうまさにこの階層の人々こそは、結果的にトランプを支持し共和党を復権させたのではないかということの根拠が、本書には赤裸々に書かれている。この構図自体は、今の日本とも通じるだろう。経済格差によって貧困がドラッグやアルコールへの依存症をもたらし毒親によるDVが日常風景となり、そのあげく物心両面における蟻地獄から逃げ出せなくなる光景。とくに著者の母親ベブはドラッグ検査の際に息子の尿を代用しようとするなど、その生活の荒み方と言ったら毒母と呼ぶべきか。著者のヴァンスは、まさにその意味における反知性主義の巣窟で育ったからこそ、彼らを正確に記述しつつ批判するところから人生を建て直し、ついに蟻地獄を抜け出して高学歴を積み、アメリカの夢を体現していく。二一世紀にもなお有効なアメリカ的伝統に即す理想的人物像セルフメイド・マン（裸一貫叩き上げ）の典型に標準的アメリカ国民が心動かされないわけがないので、本書は必然的に一六〇万部を超えるミリオンセラーになった。

エンタテインメントの巨匠ロン・ハワード監督が二〇二〇年に公開した映画版『ヒルビリー・

エレジー』は、貧困層の描き方が紋切り型だという批判を浴びたものの、主人公を引き取り暴力的に再教育する祖母ボニー（ママゥ）を演じたグレン・クローズが好評で、彼女はサンフランシスコ国際映画祭最優秀演技賞を受賞した。自伝の中では、著者と祖母が溺愛した映画はジェイムズ・キャメロン監督の『ターミネーター2』（一九九一年）で、そこには「アーノルド・シュワルツェネッガーこそはアメリカの夢の体現者だ」という共通了解があったと言う（原著第一〇章）。

　二〇二四年七月にトランプ大統領候補によって、本来はトランプ批判者であったヴァンス自身が副大統領候補に指名されると、ハワード監督はヴァンスの政治加担へ失望を隠さなかったが、映画版はネットフリックスでいきなり視聴率が一〇倍以上となり、その影響が結果的にトランプ＝ヴァンス政権誕生に影響した可能性は否定できない。自伝の中で描かれるとんでもない毒母ベブが、二〇二五年一月二〇日の大統領就任式では真っ赤なドレスをまといはしゃいでいたのは、まさに民主主義的叩き上げ一家の夢と悪夢を一気に象徴する瞬間である。

　すなわちヴァンスの経歴は、ヒルビリーの白人貧困層たちにも「丸太小屋（ログハウス）から大統領官邸（ホワイトハウス）へ」という古き良きセルフメイド・マン神話がまだ可能だという、最も伝統的にして訴求力の強い「アメリカの夢」の体現なのだ。

　トランプ本人は、第四五代大統領だった時代には「脱真実（ポスト・トゥルース）」(post-truth)「代替事実（オールタナティヴ・ファクト）」(alternative fact) に代表される真偽取り混ぜた言説や歴史観を優先させ、その方針を今日におけるSNSのファクトチェック解除にも反映させるというポストモダン感覚の悪しき体現者だが、今日では前述した通り、「アメリカ第一主義」を掲げ、マッキンリー政権が米西戦争勝利で誇示した帝国主義の復活とでも呼べる態度（新帝国主義？）を鮮明にしており、そこから導き出されるものは一貫して全地球的な「アメリカの悪夢」にほかならない。そこへ生まれも育ちも違うヴァンスの正統的な「アメリカの夢」が化学的に融合することで、圧倒的に分厚い支持層を獲得するという奇跡がもたらされたのではあるまいか。

3　映画が歴史を作る――ジョージ・H・W・ブッシュ以後のボーダー・ウェスタン

文学が歴史に影響を与えた例は、決して少なくない。たとえばハリエット・ビーチャー・ストウ夫人が一九世紀前半のアメリカにおける黒人奴隷制の悲劇を描き出した『アンクル・トムの小屋』(一八五二年)は奴隷制廃止運動を加速させ、ついには一八六一年、南北戦争が火蓋を切った。エイブラハム・リンカーン第一六代大統領は戦争勃発後の一八六二年にストウ夫人との出会いを遂げ、その瞬間「こんな小さなご婦人が書いた本がかくも大きな戦争を引き起こしたとは!」と慨嘆している。

二〇世紀に入ると、映画が歴史に影響を与えていく。

南北戦争から戦後の再建時代までを扱ったデイヴィッド・グリフィス監督によるサイレント時代の名画『國民の創生』(一九一五年)はその一〇年前に書かれた南部はノースキャロライナ州出身のトマス・ディクソンの南北戦争小説『クランズマン』(一九〇五年)に立脚しており、白人優越主義的秘密結社KKK(クー・クラックス・クラン)による黒人虐待描写をも辞さないほど過激な人種差別主義に満ちている。ところが、ディクソンのジョンズ・ホプキンズ大学大学院時代の親友であり、南部ヴァージニア州出身でのちに第二八代大統領となるウッドロー・ウィルソンは、一九一五年二月一八日に大統領官邸（ホワイトハウス）で試写会を行った。二〇世紀初頭においても残る南部保守主義のイデオロギーが一九二〇年代ジャズ・エイジの深層でも潜航し、人種的少数派に対する排外主義（ネイティヴィズム）として前掲フィッツジェラルドの『華麗なるギャツビー』の隠し味になっているとしたら、文学ならぬ映画が歴史を作る時代を迎えたと言っても言い過ぎではあるまい。

こう考えるなら、実例は無数に続く。

たとえば、一九三六年、南部ジョージア州生まれのマーガレット・ミッチェルが発表した長編小説をもとに三九年、すなわちハリウッド黄金時代に公開されたヴィクター・フレミング監督の名画『風と共に去りぬ』も、南部再建期を描くことでアメリカ全体が大恐慌時代を克服すべく国家再建に邁進していた時代精神を鼓舞したであろう。

一九七七年にシリーズ第一作が製作され世界的ヒットを記録したジョージ・ルーカス監督の『スター・ウォーズ』は、一九八三年に第三作『ジェダイの復讐』を公開したが、まさに同年、米ソ冷戦末期の第四〇代大統領ロナルド・レーガンは自身の戦略防衛構想（ストラテジック・ディフェンス・イニシアティヴ）（ＳＤＩ）を提唱、別名「スターウォーズ計画」として流通するようになった。

一九八四年にウィリアム・ギブスンが発表した第一長編小説『ニューロマンサー』は電脳空間を疾走するコンピュータ・ハッカー（サイバースペース・カウボーイ）を主役にしてインターネット時代を予言するピカレスク・ロマンを展開したが、ギブスン短篇の映像化『ＪＭ』やウォシャウスキー兄弟監督の『マトリックス』四部作がなければ、二一世紀現在の世界で蔓延するネット犯罪は言うまでもなくメタヴァース企画もありえない。

だが、ここで忘れてはならないのは、ジョージ・Ｈ・Ｗ・ブッシュ第四一代大統領の任期末期にある一九九二年に、ロードアイランド州生まれながら南部テネシー大学に通い、晩年までニューメキシコ州サンタフェに長く暮らしたコーマック・マッカーシーが、「国境三部作」の第一作にあたる長編小説『すべての美しい馬』を発表したところベストセラーとなり映画化もされ、同書で全米図書賞を獲得したことだろう。彼こそはまぎれもなく、アメリカとメキシコの国境地帯に注目したボーダー・ナラティヴの担い手であり、晩年はノーベル文学賞の常連候補となった。しかも、二一世紀に入ってからは、彼のボーダー・ナラティヴが他の多くの表現者に継承され再開発され、ボーダー・ウェスタンとも呼びうる映画サブジャンルを成立させた。

たとえば――

二〇〇八年にグレゴリー・ナヴァ監督が一種のドキュメンタリーとして製作し美人女優ジェニファー・ロペスを主役に据えた『ボーダータウン――報道されない殺人者』は、米墨国境地帯に位置するメキシコ北部のシウダードフアレスにて、一九九三年以来一五年間で五千件も起こった女性連続殺人事件を中心に展開する。

二〇一三年にまったく同じシウダードフアレスを中心に、イスラエル生まれのシャウル・シュワルツ監督が製作したドキュメンタリー映画『皆殺しのバラッド――メキシコ麻薬戦争の光と闇』では、何とこうした麻薬カルテルのボスたちを礼讃する新しい音楽ジャンル「ナルコ・コリード」が誕生し、それを担うロサンジェルス育ちのメキシコ系アメリカ人エドガー・キンテロらは一〇万枚を超すヒットを放ち、たちまちスターダムにのしあがる。

二〇一二年にはベストセラー作家ドン・ウィンズロウのボーダー・ナラティヴ三部作『犬の力』（二〇〇五年）、『野蛮なやつら』（二〇一二年）、『ザ・カルテル』（二〇一五年）のうちの第二作をアメリカ人のトラウマを抉るのが得意なオリバー・ストーン監督が映画化した。

二〇一三年にはリドリー・スコット監督が、米墨国境地帯で暗躍する巨大麻薬カルテルの恐怖を映像化しようと、何とコーマック・マッカーシー本人に書き下ろし脚本を依頼し、二一世紀を代表する美人女優キャメロン・ディアスを最強の悪女に据えた芸術的ボーダー・ナラティヴの傑作『悪の法則』（*The Counselor*）を撮り高い評価を得た。二〇一五年にはベテラン女性監督キャサリン・ビグローが『カルテル・ランド』を、現在人気抜群のドゥニ・ヴィルヌーヴ監督も『ボーダーライン』を製作して、ボーダー・ウェスタンに参入。さらに二〇一〇年から一五年までは、ナショナル・ジオグラフィック・チャンネルがドキュメンタリーTVシリーズ『ボーダー・ウォーズ』をシーズン1からシーズン5に至るまで、五七回分制作した。つまり、コーマック・マッカーシーという作家は自身の手になる前掲国境三部作以降に多くの後続作家や映画監督たちを啓発し、それは米墨国境地帯で巨大麻薬カルテルを背景に暗躍する暴力団と警察の相剋のみならず共謀すら描き出す新たな物語ジャンル、ボーダー・ウェスタンとして二一世紀のアメリカ映画サブジャンルを確立したのだ。二〇二三年発表になる最晩年の二部作『通り過ぎゆく者』『ステラ・マリス』が、マンハッタン・プロジェクトに関与しオッペンハイマーの同僚だった父を持つロバート（ボビー）・ウェスタンとアリシア（アリス）・ウェスタンの兄妹を主人公に据えたのは、一種のジャンル論的自己言及と呼ぶべきか。

それでは、ボーダー・ウェスタンはなぜ勃興したのか。そのゆえんは、はっきりしている。一ブッシュ政権からクリントン政権へ至る過程で確立された北米自由貿易協定（NAFTA）が、一九九二年にアメリカ、カナダ、メキシコ間で署名され、九四年に発効したことにある。それによって、新自由主義が拡大し、階級格差や国際格差も拡大した。その結果、巨大麻薬カルテルが勃興し、米墨国境地帯では女性の工場労働者への連続暴行殺人事件がくりかえされるばかりか、犯罪組織が警察組織とも手を結び、米墨間に共犯関係が生まれたのである。したがって、NAFTA制定の年一九九二年に『すべての美しい馬』が高く評価され商業的にも成功を収めたのは、時代の必然だった。

こうした一九九二年以降の米墨国境地帯における錯綜せる現代史を考慮するならば、二〇一六年にドナルド・トランプが第四五代大統領に選出され、米墨国境に長大な塀を建設する政策をブチ上げ、二〇二四年、彼が第四七代大統領に当選したのちにもその方針を継続しているのは、マッカーシーゆかりの物語学がアメリカ映画の巨大なサブジャンルを織りなし、時の大統領にまで影響を与えた証左ではなかったか。

映画仕掛けのアメリカは、昔も今もこれからも、アメリカの夢と悪夢の源泉である。
本書が、そんなアメリカ的本質を再認識するきっかけになれば、これほどうれしいことはない。

巽　孝之

もくじ

Ⅱ　人種とジェンダーの多様性 vs. 抑圧的政策

Ⅲ　デモクラシーの危機

Ⅳ　新たな潮流

I

ポスト・グローバリゼーションの世界

第1章
悲劇は喜劇、あるいはすべてが喜劇
『ジョーカー』

遠藤 徹

グレート・クラウン・パニックは二〇一六年におこった。「サウスカロライナ州グリーンヴィル郊外の森に道化師（クラウン）が潜んでいる」という訴えが保安官になされたのはその年の夏であった。森のなかでささやきかけたり、奇妙な音を立てるクラウンに遭遇したと息子が怖がっている。そんな内容のものだった。噂はすぐにＳＮＳを通して拡散し、その年のハロウィーンに向けてコピーキャットが増殖した。理由もなくクラウンに追いかけられたという訴えが翌年にかけて数多くなされた。これがパニックを引き起こしたのは、コルロフォビア（coulrophobia）、すなわちクラウン恐怖症のせいだとアンジェラ・チェンは書いている。クラウンの格好で人を襲った連続殺人鬼ジョン・ウェイン・ゲーシー、スティーブン・キング『ＩＴ』に登場するペニー・ワイズのようなメディア内のクラウン殺人鬼の存在が、子供たちの心に恐怖を植え付けた。二〇〇八年に二五〇人の子供たちに対して行われた調査では、ほとんどすべての子供たちがクラウンを嫌っていたという。ハーバード・メディカルスクールの精神分析医スティーブン・シュロッツマンが言うようにクラウンは親しみを与える者でありつつ、同時に恐怖を与える奇妙な他者でもある。

もしかしたら、この滑稽でありつつ恐ろしいという両義性こそがクラウンという存在の謎を解く鍵なのかもしれない。どちらでもありうるということは、どちらであるかわからないということでもあるからだ。

『リア王』の道化の例を挙げるまでもなく、クラウンとは、日常の規範の外部にいる存在である。日常の文脈で定義づけできない存在なのだ。そこから、このような両義性が生まれるわけだ。その逸脱の刻印が、滑稽なメーキャップなのである。

もっと根源的に考えるならば、クラウンは日常的な意味の範疇の外部、意味を与える「規範」の外側にいることになる。とすれば、クラウンとは、二面的な意味をもつ「両義」的な存在以上のもの、つまり「意味不明」な存在なのではないだろうか。「意味不明」だから滑稽でもあり、恐ろしくもある。そんな「意味不明」ということのラディカルさこそが、この映画で示されているのだと以下で考えてみたい。

1　子供に大人が殴られる社会

「ケツを蹴れ、やれ！　こいつは弱い。何もできない。やっちまえ」
「奴のものを奪え！」

アーサー・フレックに向かってストリートギャングの子供たちが叫ぶ。この映画の冒頭では、「弱く」て「無能」な大人が子供にさえ見下され、攻撃の対象とされる社会が示される。なぜ、子供たちにまでこのような価値観が浸透しているのか。それが最初の問いとなる。

この映画は、トランプ大統領の時代に公開された。合衆国が人種差別、女性嫌悪、暴力の悪化に苦しんでいた時代であり、収入格差が広がった時代でもある。ファン・ホセ・パニーガ*によればアメリカの人口の五分の一が国の富の八八%をわがものとする一方で、フードスタンプを受ける者の数は三九万人となり、二〇〇八年から四〇%も増加した。ザック・ファウチは、これは社会がその際まで追い詰められた時代であるという。経済的圧力で貧困層は息が詰まり、仕事を失って自分自身を護れなくなる。一方で富裕層の象徴であるトマス・ウェインは彼らをクラウンと呼び、自分が救済を与えるから従うようにと呼びかける。

『ジョーカー』デジタル配信中
ブルーレイ 2,619円（税込）／DVD 1,572円（税込）
発売元：ワーナー・ブラザース ホームエンターテイメント／販売元：NBC ユニバーサル・エンターテイメント

こうした事態は、格差の存在を肯定する資本主義に由来する。エスラ・サイード・アーマッドは、映画『ジョーカー』は、「資本主義の時代の真の悪夢」であると述べる。トランプの政策や、資本主義の支配者の無慈悲な利潤追求は、周辺化された人々、無視された人々、国家を失った人々、（小人症のゲーリーに象徴されるような）障害をもった人々に対するしわ寄せをもたらす。社会の安定という名目のもとに、不平等が正当化される。社会は規範への同調を要求し、その規範は、助けを求めている人を容赦なく切り捨てる。それは明らかな暴力、目には見えない暴力である。特権階級は、不平等なヒエラルキーを護るためにそんな目には見えない暴力を躊躇なく用いる。それは解雇、支援の打ち切り、立ち退き要求などといった経済的な形でなされる。さらに、貧者を敗者とみなすイデオロギーがそこには存在する。エリートたちは、貧しい者たちの存在やその健康に無関心であり、社会福祉はカットして「市の環境整備」にその資金を回そうとする。つま

『ジョーカー』（2019年／アメリカ／監督：トッド・フィリップス）
　母子家庭で暮らす、神経の障害を抱えた主人公アーサーは派遣道化師（クラウン）の仕事をしながら、コメディアンになる夢を抱いていた。けれども、福祉の切り捨てで服用していた薬も手に入らなくなる。さらに仕事中の失態で首になる。帰りの地下鉄で、裕福なウェイン社のサラリーマンたちに暴行を受けたアーサーは、衝動的に彼らを射殺してしまう。けれども、このクラウンによる凶行は、格差社会への不満を刺激する反逆の狼煙となる。病院の記録から自分が養子であり、しかも母が交際相手の自分に対する暴行を放置していたことを知り、母を殺害する。尊敬していたコメディアン、マレーの番組に招かれたものの、コメディショーでの失態を笑いの「ネタ」にされたアーサーは、自分の「ネタ」としてマレーを射殺。逮捕されるも、クラウンの仮面をかぶった暴徒たちによって救い出され、暴動の象徴として祭り上げられる。

り自分たちにとって居心地のいい環境づくりに使おうとする。新自由主義の嚆矢となったレーガン政権は、小さな政府を掲げて、民営化を行い、その結果として貧富の格差が拡大し始めた。そんな社会背景がここには垣間見える。

アーサーの奇妙な笑い（泣いているような笑い）は、逸脱した精神状態であるがゆえに誤解されることの苦しみを表現しているとアーマッドは述べる。二〇一五年以降、警察官によって射殺された人の四分の一は精神病を病んだ人だったという。ここに描き出されているのは、貧者や障碍者は、精神病院か牢獄に入るしかないとされる社会である。そして、TVメディアは、貧者を無視し、さらには嘲りすらする。アーサーは、精神健康保険の資金を削減する「体制」への怒りを体現しているが、たとえばオーストラリア連邦政府は、政策に抗議する者への社会福祉をなくすと脅迫さえしたとズレイカ・ゼヴェロスは述べている。これは新自由主義の論理が貫徹した世界なのであり、そこでは「貧者」「病者」「障碍者」は、「敗者」とみなされる。そのイデオロギーが深く浸透しているがために、子供が大人を襲うという事態がおこる。そのイデオロギーはこう教えるのだから。「貧しく、病み、障害をもった」人間は、大人といえども「敗者」であり、「弱者」であり、社会から切り捨ててよい存在なのだ、と。

2　何ものでもないから何ものにでもなれる

それでも最初アーサー・フレックはこの体制の側、規範の側に参入しようと願い、そして努力する。アーサーにとっての公式な文化は、二人の人物によって象徴されている。一人めはコメディアンのマレー・フランクリンであり、もう一人は資本主義者トマス・ウェインである。売れないコメディアンであるアーサーは、マレーの番組で自分がコメディアンとして認められることを白昼夢に見る。「見えるかい、照明、番組、観客、そのすべてが？　君のような息子を手に入れるためならそのすべてをすぐ手放すよ」。白昼夢のなかのマレーはアーサーにそんな風に語り掛けてくれる。また、母ペニーの手紙を盗み見たアーサーは、自分がウェインの不義の子供である可能性に気づく。そして、ウェインに近づき、真実を問いただす。もしかしたら自分はオキュパイ・ウォール・ストリート*的な権力闘争における一パーセントの側に属する人間なのかもしれないという希望を抱く。彼らは二人ともちょうどアーサーの父にあたる年齢であり、その意味では父的な人物を獲得し、母子家庭から規範的な家庭に移行することと、体制への参入とは同時に確立されるものとアーサーが認識していることがわかる（Javanian & Rahman p.51）。

　けれども、マレーには嘲りの対象とされていることに気づき、ウェインにはきっぱりと母親との関係を否定される。つまり、体制の側から完全に拒絶されてしまう。そのときアーサーはいったい何ものだといえるだろう？　彼は精神を病んだ独身者（インセル）でしかない。その精神を救うための薬をもらうこともカウンセリングを受けることもできず、妄想の恋人しかもつことができない。ストリートギャングに攻撃され、裕福な若い銀行家たちに暴行され、やがて自分が母親の子供ですらないことを知る。彼は、自分が養子であったこと、母親だと思っていたペニーが実は養母であり、顔も知らない養父が自分を虐待するのを放置していたことを知る。彼の心身の不具合の原因は、この幼児期の虐待に端を発するものである可能性もある。育てるどころか、虐待する偽りの親しか自分にはなかったのだ。理想の父親を手に入れてドゥルーズ・ガタリがいうところの「パパ－ママ－ぼくの三角形（daddy-mummy-me triangle）」*を形成するどころか、最後の拠り所だった母親まで失ったアーサーは自分の出自を見失う。かくして、彼は起源をもたないエイリアンとなってしまう。アーサー・フレックという名前すら、養母が付けたものであって、本名ではないのだから。彼は、あらゆるレベルで失敗し、喪失し、失墜し、何ものでもなくなってしまうとアーロン・ポメランツは指摘している。彼は資本主義者や腐敗したエリートによって抑圧され、周辺化された社会のすべての部分を体現する存在となる。アーサーの「俺の死が、俺の生より価値があることを望むよ」という言葉にその絶望が集約されている。

そして、底をついた瞬間、つまり何ものでもなくなった瞬間、彼には転機が訪れる。なぜなら、もはや何ものでもないということは、逆にいえばこれから何ものにでもなれるということなのだから。冒頭で述べたクラウンのことを思い出してみよう。クラウンが滑稽だったり恐ろしかったり意味が不安定なのは、「意味不明」だからなのではないかとそこでは述べた。そして、いまアーサーもまた、すべての意味を喪失した「意味不明」な存在となった。存在する「意味」を剥奪された彼は、「意味不明」そのものへと生まれ変わる。クラウンの意匠を身にまとった「ジョーカー」という新しい存在となることによって。メーキャップは「新しい顔」である。この「新しい顔」が、かつて体制への参入を希求していたアーサー・フレックとは隔絶した新しい存在へと移行することを可能にする。それは、マスクとして広がり、暴徒たちはみなクラウンのマスクをかぶる。ジョーカーのコピーキャットたちは、マスクをかぶることでジョーカー同様に新しい存在へと生まれ変わろうとする。「ジョーカー」と同様の意味付け不能な存在へと。だから、このマスクをかぶることとは、社会の体制の外側に出ることを意味する。彼らは、この社会の常識にも、道徳にも、法律にも縛られない「他者」たちであり、「意味不明」の者たちである。

3　笑いには禁止事項がない

アーサーの笑いは「病的」なものとされている。子供を笑わせようとしてその子供の母親に拒絶されたとき、彼は笑い出す。地下鉄で女性へのハラスメントを目撃したとき笑い出す。父親だと思っていたウェインにその事実を否定されたとき笑い出す。自分が養子であり、子供時代養父に虐待されていたこと、その虐待から母が護ってくれなかったことを知ったとき笑い出す。通常笑いと結びつくはずの幸福や喜びとはまったくずれた、あるいは真逆の文脈で彼は笑い出す。誇張された、制御不能の笑いを笑う。ジェイソン・デュエイン・ハーンはこれを情動調節障害(Pseudobulbar Affect, PBA)であるという。特に公共の場で怒りや困惑、衝撃を感じたり、神経質にならざるを得ない状況になったときにおこる笑いであるのだと。

けれども、アーサーの笑いはそんな医学的な定義づけの枠組みに収まるものではない。それは、高みにあるもの、権威や世界秩序を否定しようとする笑い、反逆の笑いなのだから。あるいは転覆の笑いだといってもいいだろう。それは定義づけを拒む「意味不明」の笑いである。クラウンの笑いの不気味さはそこにある。何ものもこの笑いの力には逆らえない。なぜならそれは、笑いである限りにおいて、すべてを強引に喜劇に変える力なのだから。道化師の姿をした殺人鬼、すなわちクラウンキラーを思い出せばいい。そこでは、殺人までもが喜劇に変えられていたのではなかっただろうか。その常軌を逸した在り方、常識で測れない存在の位相に、クラウンキラーの与える恐怖の根源がある。

何ものでもないアーサー・フレックの悲劇は、ジョーカーの笑いによって喜劇へと変貌を遂げる。「俺の人生は悲劇だと思っていたけど、いまではそれはとんでもない喜劇だと気づいたよ（"I used to think my life was a tragedy, but now I realize that it's a fucking comedy"）」。このセリフを口にし、偽りの母を殺した瞬間、笑いの破壊力を体現したジョーカーへの変容が完成する。これ以後彼がなすすべては喜劇となる。その笑いの力、喜劇化の力は人工的な笑いの仮面となってすべての暴徒たちへと感染する。

かくしてカーニバルが始まる。なぜなら、すべてを転覆して笑いに変えるのがカーニバルだからだ。ミハイル・バフチン*は、「反階級主義、価値の相対性、権威への疑問、解放性、喜ばしい無秩序、ドグマへのからかいが支配する、ユートピア的な別世界への契機」がカーニバルにはあるという。「祝祭的な民衆の笑いは超自然的な脅威、聖なるもの、死への勝利の要素をなすだけでなく、権力、地上的な王、地上的な上流階級、支配し制限するすべての者の打倒をも意味していた」とマハマドレサ・ハッサンザダ・ジャヴァニアンとファルザン・ラマーニはバフチン研究者サオ・パウロの言葉を引用している。そう、笑いには禁止事項がないのである。

4　グロテスク・リアリズム

バフチンは「物質性と身体性の積極的再評価」を行った。彼のグロテスク・リアリズムの主要原理は「高みにある、精神的な、理想的な、抽象的なすべてのものを引き下げる堕落」である。そこでは、すべての「低いもの」「下品なもの」が祝福される。なぜなら、それがブルジョワ文化を転覆するのに有効な手段だからである。

たとえば、アーサーの不健康な身体を思い出そう。アーサーは精神的に不自由であるだけではない。身体的にもグロテスクな存在である。痩せこけた体は骨ばっており、歪んでいる。黒い傷があり、鼻からは鼻水が垂れ、クラウンのメーキャップも灰色にくすんでいる。不気味な笑いに歪む顔面もまた異様な印象を与えずにはおかない。それらは、ブルジョワ階級に属するマレー・フランクリンやトマス・ウェインの健康な身体と対をなしていると、マリア・フラッドは指摘している。

アーサーにとって重要な出来事がおこる場所はどうだろう。たとえばそれはトイレである。ジョーカーへの変貌の最初の兆候が表れる場所、彼が最初の殺人を犯した後、奇妙なダンスをする場所はトイレである。体制の側の道徳が要求する「罪の意識」に押しつぶされる代わりに、それを跳ねのけて体制の外へと逃れるダンスはそこで行われる。トマス・ウェインに自分が彼の子ではないと決定的に告げられる場所もまたトイレであった。トイレという卑俗な場がアーサーの変容にとって重要なトポスとなる。

アーサーが歩く街路には、ゴミが散乱し、スーパーラットが跋扈している。そして、彼が移動する手段として用いるのは、トマス・ウェインのもののような黒塗りの高級車ではなく、常に公共交通機関である。黒人の子供を笑わせようとして、その母親に拒絶されるのはバスのなかだし、アーサーが最初の殺人を犯す場所は地下鉄のなかである。そして、クラウンの仮面をかぶった群衆が、彼を逃がすために二人の警官を刺すのも地下鉄の駅である。公共交通機関とは「私物化された移動手段」の対極にある、「群衆メンタリティ」の場なのである。そして、クラウンの仮面をかぶった群衆の暴動が勃発するのも、まさにカーニバル的祝祭の場としての汚れた路上なのではなかっただろうか。アーサーが子供たちに襲われたのと同じ公共の場所が、社会を転覆する革命の舞台へと逆転する。

5　反逆のダンス

カーニバルにダンスはつきものだが、アーサー・フレックがジョーカーへと転生する儀式においてもそれは重要な要素となる。

映画においてダンスは常に重要なプロットと絡み合っている。彼が初めてダンスをするのは子供たちの慰安に訪れた病院においてだが、そのとき彼は銃を落とす。ダンスが銃をこの世界に出現させるわけだ。ダンスが暴力の予感とペアになっている。彼が初めて銃を撃つのも踊っているときである。そして地下鉄で三人のビジネスマンを射殺した後、逃げ込んだ公衆トイレでその踊りが独自のものへと変容する。富裕層に属する者を殺すということは、新自由主義の価値観を完全に否定することを意味する。ここからアーサーのジョーカーへの変容が始まるのであり、それを象徴的に表現するのが彼のダンスである。けれどもそれは、なんと奇妙なダンスであることだろう。「筋肉や突き出た肋骨の上に皮膚が引き延ばされ（中略）、フェニックスは自らの身体、特に背中を奇妙で、奇形的な角度をもつ暗黒舞踏のホラーへと変質させる」とライアン・ラタンジオは述べている。さらに、「それは、不気味なうねりであり、ダンスというより精神的な力によるなんらかの動物的チャネリングである」と述べ、「ダンスはアーサーの逃避であり、彼の生命力である」という舞踏評論家ギア・クーラスの言葉を引用している。

そして、アドリエンヌ・タイラーら多くの評者が述べるようにクライマックスは、彼が階段を降りながら踊るシーンである。ここでも転覆の意図は明らかである。階段を上る行為は、進歩と成功の意味を担うのに対し、アーサーは階段を降りる。つまり、体制的価値観から見れば堕落と腐敗へと向かうのだから。体制が見下し、排除しようとするものを自分の価値とするのだという意思が、「降りる」行為によって示される。さらに、この場面で用いられた音楽が幼児性愛で有罪となったゲーリー・クリッターの「ロックン・ロール・パート２」であったことも意味をもつ。規範的な価値観からの決定的な逸脱のダンスのＢＧＭにふさわしい象徴的な意味を担いうるからである。

二人の舞踏家スメダとベアトリスがこのシーンについて語っている。スメダは「彼の振る舞いは、社会の安定性の論理に従う者のものとは異なり、彼を『他者』に変えるもの」だという。スメダは、階段は「その後彼のすべてを変えてしまう一種の敷居」であるとする。さらにベアトリスは、「ダンスは動きを引き延ばす媒体であり、不平等な社会での可能性を体現する」ものだとし「社会の深い道徳的な信念に異議を唱える他者の動き」だという。ギャングの少年に襲われ、同僚に騙され、仕事を解雇され、福祉の網からこぼれ落ち、コメディアンの夢を潰され、トマス・ウェインに、そして母に裏切られたアーサーは、それまで社会の意のままに「操られる者」だった。すべてを失い、コメディアンでも、労働者でも、精神病者でも、誰かの子供でもなくなった。つまり、何ものでもなくなった。そんな何ものでもない彼だから、何ものにでもなれる。その意志によって新しい自分へと生まれ変わることができる。「意味」を喪失した彼は、その結果追い込まれた「意味不明」さを生きようとする。かくして、彼の踊りは逃避ではなく、変容の意志を示す行為、体制の束縛の向こう側へと敷居を越えていくための儀式となる。彼は降りる、一歩ごとに、一つの身振りごとに、体制的思考が克服され、彼は見たことのない、想像もできない存在へと変容していく。彼らの「意味」の範疇の外側へと踊りながら出ていく。踊りながら降りていく。

6 美しいじゃないか?

ダンスによる変容を経て、ジョーカーはいかに転覆的な存在となったのだろうか。それが示されるのは、以下のマレー・フランクリンとの会話においてである。

地下鉄でビジネスマンを殺したことを、テレビでジョーカーは笑い話として披露する。マレーは怒って問う。

「人殺しが面白いことなのか?」

支配階級を殺すことは、体制を転覆するジョーカーにとってはジョークとなる。それは彼が、体制が自分を色々な意味で殺し続けてきたことを「悲劇」ではなく「喜劇」だと捉え返したがゆえの帰結である。体制的な価値観はジョーカーにおいては真逆のものとなる。だから、ジョーカーはマレーに向かって、最後のジョークを口にする。

「お前にふさわしいものを受け取れ」

マレーにふさわしいもの。それは銃弾である。なぜなら死や殺人が「悲劇」なのは社会の内部の人間にとってのことに過ぎないからだ。社会の外部に押し出された者、社会から捨てられた者から見れば、そんな社会を壊すことは「喜劇」でしかないのである。かくして、社会を転覆する暴動がおこる。暴動の最中にジョーカーは踊り、そしてうっとりとほほ笑む。
「美しいじゃないか（Isn't it beautiful?）」と。

7　一一時一一分

レーガン政権の新自由主義的政策による分断は、格差を生み出した。富裕層が富を独占し、そこから締め出された、アーサーのように社会のセーフティネットからずれ堕ちた人々は棄民となった。棄民は社会に居場所を失い、社会にとっての意味を失う。そんな「意味不明」な存在を生み出したことのつけを、いずれ社会は払わねばならなくなる。自分たちには「意味不明」な暴力や暴動による転覆劇を見せられることになる。あるいは潜在的には、そういう転覆劇は常にすでにおこっているのかもしれない。そんな社会の現状をみごとに描き出したのがこの映画だったとはいえないだろうか。

しかし、これは、何ものとも正体を定めがたいクラウンを主人公とした映画であった。それゆえ、細部に目を凝らせばさらにもう一段上の転覆の可能性も見えてくる。画面上の随所にそんな示唆がちりばめられている。

たとえば、この映画では、視点ショットやクローズアップといった、視聴者が登場人物と同一化することを促すようなテクニックがほとんど使われていない。その逆に、窓、鏡、テレビ画面といった、歪んだ表面を通して見ることが観客に要請されている。すべての映像を、二次的な、デフォルメされた反映でしかないように感じさせる仕掛けである。さらに、アーサーが同じアパートに暮らす黒人の女性に対して抱く妄想に象徴されるように、この映画で描かれていることはどこまでが事実で、どこからがアーサーの妄想なのかが見極めがたくもある。

もっとも象徴的なのは、冒頭でアーサーがカウンセリングを受けているとき、精神病院でドアに頭を打ち付けているとき、そして、クラウン姿のアーサーが、更衣室で壁にかかった時計を叩き落とすとき、常に時計が一一時一一分を指しているという事実だろう。この映画内では、時間が経過していない可能性があるのだ。つまり、映画の全体が、静止した時間のなかで、アーサーが妄想していることに過ぎないと取ることも可能となる。

さらにもう一段踏み込んで考えることもできる。それは、時計的時間に支配された資本主義社会を、時間を止めることで転覆するというイメージ、カーニバル的な永遠の現在のイメージなのだと解釈することもできるからだ。この映画は、意味を決めつけようとすると逃げてしまう。クラウンそのもののように、とらえどころがないのである。このいずれとも定めがたい不安定性こそが、『ジョーカー』つまり、ジョークしか言わない者、決して本当のことを言わない者をめぐる映画にふさわしいものなのかもしれない。

COLUMN

グローバルな格差を巡る様々な映画

遠藤 徹

格差の問題は映画においても各国で重要なテーマとなっている。アメリカ映画なら『ノマドランド』『スリー・ビルボード』、イギリス映画なら『わたしは、ダニエル・ブレイク』、韓国映画なら『パラサイト 半地下の家族』、日本映画なら『万引き家族』など枚挙にいとまがない。

ここでは、ヴィム・ヴェンダース監督、役所広司主演の映画『パーフェクト・デイズ』について述べてみたい。この映画の主人公平山は淡々とつましい生活を営むトイレ掃除夫である。小津的と高く評価する声もある。けれども、彼が掃除するトイレは妙にアーティスティック過ぎはしないか？　つまり、彼の職業は美化されており、あたかも美術館の清掃員のような趣すら呈しているように思われる。

そんな疑問を抱いて調べてみると、プロデューサーが某大手ファストファッションの代表取締役となっている。そして、この映画に出てくるアートなトイレたちは、東京五輪に先立ち、日本のイメージを世界に発信するためこの代表取締役の提案のもと「お・も・て・な・し」の一環として、日本財団（旧日本船舶振興会）が協賛して行った「ザ・トーキョー・トイレット」というプロジェクトに端を発することがわかってくる。渋谷区の公園といえば、五輪に先立って区主導のホームレス排除が行われたことでよく知られているわけだが、ホームレスを追い出した公園に、アートなトイレを設置して「お・も・て・な・し」というのがこのプロジェクトの本性ということになるだろう。

作品中にはトイレの近くにテントを張って暮らすホームレス・ダンサーが登場するが、現実にはその公園にホームレスがテントを張ることはできない。あたかもアートトイレがホームレス包摂と共存しているかのような誤解を海外に発信することになってはいないだろうか。

この某大手ファストファッション会社の創業者は、将来中間層がなくなって年収一億と百万の層に分かれるのもやむを得ないと発言している。つまり格差社会全肯定の思想を持つ人物なのである。とすれば、低収入でもその人生を「パーフェクト」だと自足的に受け入れる主人公平山のような存在は、プロデューサーとなった大企業的に歓迎すべき人物像なのだということにもなるのではないだろうか。

COLUMN

ゾンビタウン「フィラデルフィア」――フェンタニルの悪夢

塚田 幸光

　朝靄の空気をジャブが切り裂く。そして、シャドウをやめ、一気に階段を駆け上がる。眼前に広がるフィラデルフィアの街を眺め、ガッツポーズをキメる。映画『ロッキー』（一九七六年）でお馴染みの光景である。フィラデルフィア美術館、正面玄関前の階段は「ロッキー階段」と呼ばれ、今も観光客で溢れる。チャンプを目指す希望の場所、それは古都フィラデルフィアに相応しい。しかしながら、そこから徒歩数十分で、ロッキーも絶望する地獄（ディストピア）が見えてくる。

　フィラデルフィアのケンジントン地区。そこは全米で最も貧しく、最も薬物中毒者が多い場所である。彼らは急に前屈みになり、小刻みに揺れる。或いはうつ伏せになって動かない。コロナ禍で仕事を失った労働者は、路上生活者に転落し、快楽を得るためにドラッグに手を出す。結果、中毒者はフラフラとうろつくゾンビとなる。彼らが摂取しているのは、合成オピオイドの一種である鎮痛薬「フェンタニル」。ヘロインの五〇倍、モルヒネの一〇〇倍の効果があり、依存性も高い。致死量はわずか二ミリグラム。米粒よりも少量だ。

　二〇二三年、CDC（アメリカ疾病予防管理センター）が発表した薬物過剰摂取による死者は、年間一一万人を超える。フェンタニルの原料のケシは中国で栽培され、それがメキシコを経由して、アメリカ国内へ流れる。現代版のアヘン戦争だろうか。テレビドラマ『ブレイキング・バッド』（二〇〇八～一三年）で有名になったアッパー系の「メタンフェタミン」と同じルートで、ダウナー系のヘロインやフェンタニルも国境を越えるのだ。

　ここで興味深いのは、ドラッグ・ビジネスが不法移民やマフィアの専売特許ではない点である。ネットフリックスのドラマ『ペイン・キラー／死に至る薬』（二〇二三年）が好例だろう。ここでは、製薬会社パーデュー・ファーマがオピオイド系鎮痛薬「オキシコンチン」を組織ぐるみで蔓延させた事実を暴いている。合法の薬で人が死ぬ。だが、そこにはビジネス・チャンスがある。パーデュー社はオキシコンチンの危険性を知りながら、利益を優先し、人々の人生を壊すのだ。

第2章

コロナ禍における孤独を描く

『ソングバード』

石塚 幸太郎

1 はじめに コロナ禍におけるディストピアとユートピア

二〇一九年一二月頃中国湖北省で発生した新型肺炎は世界中に急速に拡散した。新型コロナウイルスCOVID－19である。アメリカでも感染者が複数確認されたことを受けて、WHOがパンデミック宣言を出した二〇二〇年の三月一一日の直後の三月一三日に、トランプ大統領は国家非常事態宣言を出した。WHOの報告によれば、アメリカは二〇二三年現在、感染者数と死者数ともに世界一である。

連邦政府のCDC（アメリカ疾病予防管理センター）は、入国制限などの水際対策や州政府に対する勧告をするにとどまった。これは、人々に感染防止のための行動制限を課す権限を持つのは州政府だからである。各州は独自に移動制限や外出制限、商店などの営業時間制限や休業命令、学校の休校などを行った。

こうした行動制限は一定の成果を挙げたが、それに対する反発もあった。CDCは二〇二〇年四月以降マスクの着用を勧告し、一二月までに内容はさまざまであるものの、全米で三九州がマスク義務化を決定した。平体由美『病が分断するアメリカ 公衆衛生と「自由」のジレンマ』によれば、アメリカ社会では顔を隠すマスクは、もともと不愉快さや不穏さを感じさせるものとして疎んじられる傾向にある。実際このマスク義務化もさまざまな反発を生んだ。たとえば同年の大統領選においてトランプ大統領はマスクなしで集会に登場したが、支持者たちはそれを感染対策よりも個人の自由を重視するメッセージとして歓迎したのである。またロックダウンに対しても、各地でデモなどの抗議活動が行われた。

本論で扱う『ソングバード』は、二〇二〇年七月にロックダウン下のロサンジェルスで撮影され、一二月に公開されたアメリカ映画である。この映画は、新型コロナウイルスが猛威を振るい極端に厳しい行動制限が課されるディストピア的な社会（とその中でどうにか恋愛を成就させようとする男女）を描いているが、コロナ禍における行動制限に対するアメリカ社会の反発の一つと見なすことが出来る。そしてこの映画を分析することで行動制限がなぜ反発を生んだのか、その理由の一端を知ることが出来るだろう。

その一方で、エコビレッジやコウハウジング（cohousing）に代表される目的共同体（インテンショナル・コミュニティー）は、コロナ禍においてユートピアのようにメディアで報じられた。それではアメリカの目的共同体のメンバーたちは、コミュニティーの外部で行動制限が課される中、どのような生活を送っていたのだろうか。

コロナ禍におけるフィクションの中のディストピアと、現実に存在すると報じられたユートピア。両者を対比することで、アメリカの人々がコロナ禍における行動制限にどのように反応したか、そしてその反応はどのような願望にもとづくものだったのか。行動制限に対する反発の中で明らかになった、コロナ禍におけるアメリカの人々の切実な望みを描くのが本稿の目的である。

2　コロナ禍で最も視聴された映画『コンテイジョン』

コロナ禍における『ソングバード』の意義を考える上で、まずこの時期に良く視聴された別の映画について言及したい。州政府の課した行動制限によりほとんどの映画館が閉鎖となったため、映画鑑賞はオンラインでの視聴が中心となった。その中で非常に多く視聴されたのが、二〇一一年に公開されたスティーヴン・ソダーバーグ監督による、パンデミック下のアメリカを描いたオールスター映画『コンテイジョン』である。『ニューヨーク・タイムズ』は映画監督バリー・ジェンキンスの「映画スターたちが現実の人間として出演しているドキュメンタリー映画のようだった」という言葉を引用しながら、コロナ禍で実際に起こっていることに極めて近い状況が描かれていることを指摘している。実際『コンテイジョン』は、パンデミックの過程で何が起こるのかを描いた、シミュレーション映画とでも呼べるような映画である。しかしこの映画は、パンデミックの発生から収束までのプロセスを監督の意図通り上手く描いているものの、専門家たちの行動に焦点が当てられているため、コロナ禍におけるアメリカの人々の体験に迫っているとは言えない。それに対して『ソングバード』は、予算の規模という点でも、出演している俳優陣の豪華さという点でもずっと小さな映画でありまた評価も低いが、専門家ではなく市民の視点から描いているため、『コンテイジョン』よりもコロナ禍においてアメリカの人々の抱いた切実な願いに迫っているのである。

3　『ソングバード』の物語

『ソングバード』は一般市民のコロナ禍によるロックダウンが継続する、二〇二四年のロサンジェルスを舞台とした近未来SF映画である。ウイルスの致死率は五六パーセントと四年半前よりも悪化し、すでに全世界の死者数は一億一千万人を超えた。人々は家族以外とは出来る限り接触しないように生活している。午前九時に検温することが義務で、熱があると衛生局によってQゾーン（Qはもちろん隔離を意味するquarantineのイニシャルであろう）と呼ばれる地域に隔離される。

先に述べたように、この映画は、パンデミックが進行したアメリカの社会を一般の市民の視点から描いている。コロナ禍で人々が実際に体験したことに迫っているのはそのためである。物語の主人公は、配達員の仕事をしているニコである。彼は、ウイルスに免疫のある例外的な存在であり、屋外を自由に動き回れる。手首に免疫があることを示すブレスレットの形状をした免疫パスを付けている。彼にはコロナ禍の中で知り合った（配達先を間違えたために知り合いになったことが会話の中で明らかになる）サラという恋人がいるが、彼女は免疫者ではないので直接触れ合うことは出来ない。

ニコと会話するサラ。2人は触れ合えない。

サラはアパートメントで祖母のリタと二人で暮らしているが、やがてリタがウイルスに感染してしまう。翌日の午前九時に検温でリタに熱があることが分かれば、リタはもちろん同居しているサラもQゾーンに送られる可能性がある。それを知ったニコは、闇取引されている免疫パスを入手しようとする。そして雇い主から自分が配達員として何度も訪れていた取引先のレコード会社の元役員が免疫パスを扱っていることを聞き、直接交渉しようとする。闇取引の秘密を知ってしまったために、途中殺されそうになりながらも、何とか免疫パスを手に入れる。その頃サラはアパートメントに踏み込んだ衛生局に捕まってしまうが、Qゾーンに隔離される直前でニコは追い付き、手首に免疫パスを取り付けると彼女は解放される。

以上のように『ソングバード』は、コロナ禍が終わらないどころか悪化することで出現する閉塞感に満ちた社会を、その中で行動制限を乗り越えて恋愛を成就しようとする男女の行動を中心に描いている。そして極端に悪化したパンデミックというディストピア的な設定こそが、コロナ禍においてアメリカの人々が抱いた切実な願いを明らかにしていると考えることが出来るのである。

4 『ソングバード』が明らかにするコロナ禍における孤独

その切実な願いとは何か。映画の中では、荒涼としたロサンジェルスを背景として、人々が直接触れ合うことが出来ず孤独であることが徹底して描かれる。冒頭ロサンジェルスに続く車の走っていない荒れ果てた高速道路が示され、次にロサンジェルスの車が走行できないように封鎖されている無人の道路を、配達員であるニコが自転車で走る。そして上空ではヘリコプターが、外出禁止令が発令中であることを告げている。許可なしにはほとんど誰も外出することが出来ない。この冒頭の場面でニコは、のちに免疫パスを闇取引していることが明らかになるレコード会社の元役員ウィリアム・グリフィンの家に荷物を配達するのであるが、その荷物は対面ではなく、紫外線で殺菌する装置を介して受け渡される。会話ももちろんインターフォン越しである。

先に述べたように、ニコは恋人とも触れ合うことは出来ない。たとえ自分に免疫があっても対

『ソングバード』（2020年／アメリカ／監督：アダム・メイソン）

2024年コロナウイルスは致死率を高めながら猛威を振るい続けていた。ロサンジェルスでもロックダウンは継続している。感染したら隔離され、多くの場合そこで死を迎えることになる。人々は家族以外との接触を出来る限り避けながら生活していた。ウイルスへの免疫を持つ者だけが外出を許されていたが、その数少ない一人である若者ニコは、配達員として人気のない街を自転車で巡っていた。その中で知り合ったサラとは恋人どうしであるが、彼女には免疫が無いため触れ合うことは出来ない。やがてサラと同居している彼女の祖母が感染し、サラも隔離される可能性が生まれる。サラが隔離されないようにするには、闇取引されている免疫パスを手に入れるしかない。パスを手に入れようと、ニコは行動を開始する。

面で会ったら相手が感染してしまう可能性があるためであろう、顔を見ながら話をしたくてもスマートフォンでビデオ通話をするのが精一杯である。

この映画で唯一家族でない者と体を接触させるのは、ウィリアム・グリフィンである。コロナ禍が始まる以前に仕事で知り合ったらしい女性シンガーソングライターのメイと密会するのであるが、会うなりマスクを外してキスをする場面が描かれる。そしてその後性交していることもほのめかされる。その妻であるパイパーは、夫が外出する理由に気づいていて、控えなければならないのに外出する彼を咎め、また帰宅時に身に付けていたものを焼却するよう要求する。

衛生局の職員たちも防護服を着て感染者の出たアパートメントに力ずくで踏み込み、容赦なくQゾーンに隔離しようとする。感染者を隔離する場所であるQゾーンがどんな場所であるか全く描かれないことは、高い致死率もあってこの場所への隔離がいかに絶望的であるかを強調しているとも言える。

そしてこの映画の最も興味深い点は、免疫者であり移動の自由を享受できるはずの、主人公のニコやウィリアムの妻であるパイパー、そして衛生局長のハーランドたちが、少しも幸せそうに見えないことだ。先に述べたように、ニコはサラと恋愛関係にあるにもかかわらず直接会うことは出来ず、無人の荒れ果てたロサンジェルスの道路を自転車やバイクで移動する。そして自身は免疫を持つが、感染を媒介する可能性があるため誰にも近づくことは出来ない。パイパーは、夫に愛人がいるのを知りつつも、虚弱な娘に寄り添おうと移動の自由を享受せずに、家に留まることを選択している。ハーランドはコロナ禍の社会に絶対的な権力者として君臨している。彼は衛生局で清掃員の仕事をしていたが、上の立場にある者たちが皆死んだために局長になった。彼はこの地位を利用して、サラにQゾーンに隔離される可能性があることを告げて脅したり、また最後に彼女が免疫者であることが分かっても強引に隔離しようとしたりする。また、グリフィン夫妻と共に免疫パスの闇取引にも関与している。そして彼は感染から回復してQゾーンから戻った者を理由もなく殺したり、またグリフィン夫妻が闇取引に関与していることを知ったニコを殺そうとしたりする。彼は自分の権力に人々が怯えるのを楽しんでいるように見える。しかしその楽しみは、人と触れ合うことで生まれる幸福感とは別である。ウィリアムが人を殺そうとする際に使用する道具はナイフであるが、これは人が苦しむのを見て楽しみたいから選んでいるのであろうが、その一方で人に近づきたいという願望の表れであるかのようにも思える。

ニコたち免疫者は、自分たち以外ほとんど全ての者に行動制限が課されているため、自身がどんなに自由であってもかえって孤独を意識せざるを得ない。その点で興味深いのが、ニコの働く配送会社のために配達員の動きを監視する目的で、自宅からドローンを操作するドーザーである。先に述べたシンガーソングライター、メイとのオンラインでの会話の中で、彼は自分が戦争で負傷し車椅子での生活を余儀なくされて以来六年間自宅に引きこもっていたと打ち明ける。それを受けてメイはドーザーがロックダウンのプロだと述べる。自宅に引きこもっていたからこそ、コロナ禍による社会の変化に適応できたのである。さらに言えば、そのように適応できていたからこそドローンを自在に操り、ニコがサラを救出するのを手助けして権力に抵抗したのである。

『ソングバード』は以上のようにディストピア的な社会を描くことで、コロナ禍における人々の切実な願いを明らかにしていると考えることが出来る。それは感染から回復したりウイルスに免疫を獲得したりすることでもなければ、また外出禁止令のような移動の制限が解除されることでもない。この映画の中で人々は孤独であり、直接向かい合って言葉を交わし、また身体を触れ合うことを望んでいるのである。

5　目的共同体とは

さて『ソングバード』はコロナ禍におけるディストピア的な社会を描いたが、その一方でこの時期エコビレッジやコウハウジングといった目的共同体は、映画で描かれたディストピアとは逆のユートピア的な場所としてメディアに取り上げられた。たとえば『サウス・シアトル・エメラルド』というオンラインのメディアは、二〇二〇年の三月に、プライバシーを保ちながら孤独にならず帰属感を持てる場所として、ミレニアル世代にコウハウジングが好評である、というアレクサ・ピーターズによる記事を掲載している。また『ショック・ドクトリン』の著者ナオミ・クラインも、ポッドキャスト『インターセプティッド』で、友人の住むコウハウジングを例に、目的共同体をコロナ禍のような災禍においても孤独に陥ることなくより回復力のある生活が出来る場所として評価している。彼女によれば、目的共同体は消費財ではなく社会資本を蓄えているため、こうした危機に対処できるのである。

目的共同体とは、共通の理想を実現するために生活を共にする人々のグループである。アメリカにおける目的共同体の歴史は、一六六三年にメノナイト派の人々が現在のデラウェアに設立した宗教的な共同体まで遡ることが出来る。宗教的な目的共同体はアメリカにおいていまだ数多く存在するが、現在その数を増やしつつあるのがエコビレッジでありコウハウジングである。エコ

ヴァージニア州のエコビレッジ、ツイン・オークス・コミュニティー

ワシントン州のウインズロウ・コウハウジング

ニューヨーク州のエコビレッジ・アット・イサカ

ビレッジはメンバーが環境に負荷のより少ない生活を実現することを理想として共有し、またコウハウジングは、同じ敷地内で各世帯がそれぞれの住居で暮らし、その一方で全住人が利用できる施設を共有している。このように、エコビレッジは共同生活の目的に、そしてコウハウジングは共同生活の形式にもとづいた分類である。ただしニューヨーク州のエコビレッジ・アット・イサカのように、エコビレッジであると同時にコウハウジングでもある目的共同体も存在する。こうした目的共同体は、アメリカを中心としたそのネットワークのデータベースによればおよそ千五百あり、約十万人がそこに住んでいると言われている。

6 コロナ禍における目的共同体

それでは、各目的共同体はコロナ禍を実際どのように乗り越えたのだろうか。グローバル・エコビレッジ・ネットワーク・USが発行するアメリカを中心とした目的共同体の情報誌、『コミュニティーズ』の二〇二〇年冬号を手掛かりとしてそれを概観したい。この号は「コロナウイルスの時代のコミュニティー」と題して、コロナ禍におけるさまざまな目的共同体の住人たちによる体験を特集している。当然ではあるが目的共同体によって、そして同じ目的共同体でも住人によって、体験したことは一様ではない。しかし共通しているのは、彼らが孤独を感じることなく共同生活の恩恵を享受することが出来た一方で、お互いが接触する機会が多く感染のリスクが高いため、その恩恵の享受を一定程度制限しなければならなかった、ということである。

特集にあるヴァージニア州にあるエコビレッジ、「ツイン・オークス・コミュニティー」（以下、「ツイン・オークス」）の住人であるスティーヴン・ナショバが書いた体験記は、新型コロナウイルスに感染しないためにこのコミュニティーが取った対策を詳しく述べている。「ツイン・オークス」は、平等主義、エコロジー、そして非暴力を共通の価値観とし、また経済的にはコミュニティーとしてビジネスを経営しその収入を共有している八〇人ほどの目的共同体である。ナショバはコロナ禍がまだ始まっていない二〇一九年の秋に、住人の健康をサポートする係の一員となっていたため、思いがけず感染対策に関わることになった。

ナショバによれば、「ツイン・オークス」が新型コロナウイルスへの対策を始めたのは、二〇二〇年の二月末のことだった。その対策の中心はコミュニティーのロックダウンだった。ヴァージニア州の完全なロックダウンは三月一五日から開始されたが、例外としてゲストとして滞在している人たちのために、最長三か月という滞在期間の上限をなくしたり、また新しくメンバーとして受け入れることが決まっていた人たちのために、二週間の隔離期間を設けたりした。また人の出入りを出来るだけ少なくするために、近くの町に買い物に行くことも止め、必要なものはオンラインで購入することにした。また人だけでなく、物品がコミュニティー内に届けられる場合についても厳密なルールを設け、一定の期間触れずにおいたり、消毒したりした。

同記事は、「ツイン・オークス」が、重症化のリスクが高いメンバーたちのための対策も講じたことも伝えている。ロックダウンの数日後、彼らをコミュニティー内の一棟の建物に隔離したのである。隔離されたある住人は、この期間他のメンバーと食事することが出来なくなったことは辛かったが、マスク作りをしてコミュニティーに貢献することで何とか正気を保てた、と述べている。また別の住人は、お互いが近接して暮らしているので感染に対して厳重に警戒する必要があることは理解しているが、隔離が緩くなる方がうれしい、と述べている。

『コミュニティーズ』同号の別の記事では、シカゴのアップタウンにあるアパートメントで約一六〇人のメンバーが暮らす目的共同体、「ジーザス・ピープル・USA」のコロナ禍における体験をメンバーの一人であるリディア・ジャクソンが紹介している。このコミュニティーでは新型コロナウイルス対策チームを作って、感染防止のためのガイドラインを周知した。また従来多くの人が「ジーザス・ピープル・USA」を訪れていたのであるが、とくにこのコミュニティーのような生活を送ることを希望して学びに来る人々を除いては、受け入れを中断した。さらにコミュニティーの食堂を閉鎖し、メンバーたちには出来合いの食べ物が配給された。

「ジーザス・ピープル・USA」はキリスト教を布教するためのさまざまな事業を運営する収入共有型のコミュニティーであるが、コロナ禍においてもそれらの事業を必要不可欠と考え継続した。コミュニティーのメンバーでない者を雇用していた事業では、コロナ禍の影響で一時解雇をせざるを得ない場合もあったし、また連邦政府の給与保護プログラムを利用することにより雇用を維持できた場合もあった。このコミュニティーは中心的な事業としてホームレスの人々のための大きなシェルターを運営しているが、この事業も州政府の公衆衛生局などの協力を得て利用者の感染防止に配慮しながら継続し、また貧しい人々に食糧を配給する事業も建物の中ではなく屋外で行うことで継続した。

もちろん以上とは異なり、コロナ禍の影響を全く受けなかったコミュニティーも存在する。同じく『コミュニティーズ』の二〇二〇年冬号では、シンシア・ティナが、既存の目的共同体がコロナ禍にどう対処したかについての、アンケートの結果を報告している。アリゾナ州とニューメキシコ州にある「カバロス・デ・ラス・エストレラス・インテリジェント・リビング・コミュニティー」のメンバーの一人は、自分たちは、そもそもパンデミックや自然災害のような危機を乗り越えることが出来るようにコミュニティーを設計しているため、それまでと何ら変わることがなかったと述べている。またカリフォルニア州のキャンティクル・ファームからは、それまでメンバーは社会正義の実現などを目的とした活動で外出しがちだったが、ロックダウンによって一緒にいることが多くなり、よりコミュニティーらしくなったという感想が寄せられた。

目的共同体は、ロックダウンで外部からウイルスが侵入することを防ごうとするだけではなく、内部でメンバーどうしが対面でコミュニケーションを図ることも制限した。お互いが話し合いまた協力し合うことで対面する機会は多いがその場合はソーシャルディスタンスを保ち、またメーリングリストなどオンラインでやり取りすることが多くなったのである。コミュニティーの住人たちはこうした状況をどう考えたのであろうか。

やはり『コミュニティーズ』同号に掲載された記事を紹介しよう。オレゴン州にある「メドウソング・エコビレッジ」のメンバー、コリン・ドイルによれば、コロナ禍の始まる以前の二〇一九年にすでにメンバーは増えつつあったが、コロナ禍がそれをさらに後押ししたと述べている。目的共同体の意義が社会に認められることを望んでいたこの住人は、コロナ禍におけるメンバーの増加を喜ぶ一方で、コミュニティーの内部でリモートでのコミュニケーションの機会が多くなっていることを嘆く。目的共同体はメンバーどうしが対面でコミュニケーションを図るからこそ成立する場所であり、デジタルのコミュケーション技術を多用することは本来のあり方ではないのである。

アメリカ社会と同じような分断が生じた目的共同体もあった。『コミュニティーズ』の二〇二三年秋号に、テネシー州のエコビレッジ、「ザ・ファーム」の設立（一九七一年）以来のメンバーである、マイケル・トローゴットによる報告が掲載されている。それによれば、分断は高齢者と若者の間で生じた。若者たちは、「あなたたちは孤独になることを選び、私たちはつながることを選んだ」などと述べながら、マスクの着用やソーシャルディスタンス、あるいはワクチンの接種を拒否した。ワクチンに関する陰謀論を唱えるメンバーもいた。彼らは三年間以上の話し合いを通じてお互いを理解するまでに至ったが、コロナ禍の影響は大きかったと言える。

以上のようにコロナ禍において、アメリカの目的共同体は、必ずしもマスメディアで報じられた通りの、ユートピア的な場所であった訳ではない。メンバーどうしが近接して生活していたからこそ、感染から身を守るために自らさまざまな行動制限を課さなくてはならず、またそれをめぐってメンバー間の対立が生じることもあったのである。しかしそれにもかかわらず、先に言及した特集号に寄稿した、あるいは記事の中で紹介されているさまざまな目的共同体のメンバーたちは、この時期に彼らが住んでいる場所にいられることを、「私たちはそれほど孤立していない」と喜んでいる。それは、目的共同体がたとえ行動制限があろうとも孤独にならず他の人々とつながっていることが出来る場所だからであり、先に言及したナオミ・クラインの言葉をそのまま借りるなら、「価値観を共有する人々とともに、生活空間や労働力や技能を蓄えておく」ことの出来る場所であるからだろう。

7 おわりに　アメリカ社会における孤独のゆくえ

『ソングバード』に描かれたディストピアは、コロナ禍においてアメリカの人々が抱いた、孤独にならず他の人とつながりたいという切実な願望を表していたと言えるだろう。それは、同時期のアメリカにおいて目的共同体が、その切実な願望を満たすユートピア的な場所として考えられていたことからも明らかである。コロナ禍が過ぎ去り行動制限もなくなった現在、人々は孤独から解放され、そのような願望もなくなったのであろうか。『ソングバード』以降のコロナ禍のアメリカ社会を舞台にした映画や、目的共同体の動向を注視することでそれを考えることが今後の課題である。

COLUMN

目的共同体としての抗議活動

石塚 幸太郎

アメリカで新型コロナウイルスへの感染を抑制するために、複数の州で外出や行動を制限するロックダウンが開始されたのが、二〇二〇年の三月である。そして翌月にはそれに反対する街頭での抗議活動が始まった。その最初の一つがミシガン州で行われたもので、Facebookで作られたグループなど、インターネットを通じて組織された。これをきっかけとして、五月一日までに半数以上の州で、ロックダウンを人間の自由を奪う専制とみなし、経済活動などの再開（リオープン）を要求する抗議活動が行われたと言われる。

『ソングバード』が撮影され、またその舞台となったロサンジェルスのあるカリフォルニア州でも、四月下旬から「リオープン・カリフォルニア」をスローガンに抗議活動が始まった。四月二〇日には、州都のサクラメントで、プラカードを掲げた人々が徒歩であるいは車に乗って、州議会周辺を行進した。マスクを着用していない人も大勢いた。

抗議活動に集まった人々の数は、この州の人口からすればごくわずかだった。大半はロックダウン政策に従っていたのである。そしてこの少数派には特徴があった。例えば五月下旬のやはり州議会周辺で行われた抗議活動では、オルタナ右翼団体のメンバーや、民兵組織のメンバーなど、過激主義者が参加していた。そして参加者の多くがトランプ大統領の支持者だった。トランプ大統領自身、このような抗議活動に支持を表明したのである。

筆者は『ソングバード』とともに、コロナ禍における目的共同体について論じたが、さまざまな抗議活動も目的共同体の一つとみなすことも出来る。もちろん抗議活動は一時的なものであるし、生活を共にするものでもないが、理想を実現するために共同で行動するからである。それならばロックダウンに対する抗議活動も、孤独にならず他の人とつながりたいという切実な願望が動機の一つとしてあったと考えることも出来る。実際、抗議活動を伝える記事に添えられた写真や動画サイトに残る記録映像を観ると、参加者たちが笑顔を浮かべることもあったことが分かる。彼らの笑顔は、抗議活動に参加することで、同じ主張を持った人々と集い、自分の考えを他の人たちに直接伝えることの出来る喜びの表れだ、と考えることは出来ないだろうか。

第3章
移民問題に見る分断と壁
『ウエスト・サイド・ストーリー』

南波 克行

1　プエルトリコはアメリカか?

アメリカ映画はしばしば些細な一瞬に、社会の生々しい現実を垣間見せる。『スパイダーマン――アクロス・ザ・スパイダーバース』（二〇二三年）の主人公は、アフリカ系アメリカ人の父とプエルトリコ出身の母の間に生まれた高校生だ。そんな彼は学校の四者面談で、進路決定には移民としての出自を活かすよう担任の教師に指導される。母親はすかさず「プエルトリコはアメリカよ」と反論。面談はどこか曖昧に終わる。教師に差別意識はない。アファーマティブ・アクション*（積極的差別是正策）を踏まえた、よかれと思っての指導だ。けれど当事者の意識とは微妙な乖離がある。本筋と無関係なこの小さな一挿話には、移民に厳しい施策をとったトランプから、寛容な立場のバイデンへの政権移行とは無関係の、感情的しこりが見出せる。

浦部浩之によると、プエルトリコは一四九三年のコロンブスによる「発見」以来、四百年以上スペインの植民地支配下にあった。しかし一八九八年の米西戦争での合衆国勝利により、プエルトリコはアメリカ合衆国の自治領として編入される。さらに一九五二年に自由連合州（自治連邦区）とされ、プエルトリコ住民は合衆国の国籍と市民権を与えられる。従ってプエルトリコ系は法的な意味では「移民」ではない。

ジェローム・ロビンス原案・振付、アーサー・ローレンツ脚本、レナード・バーンスタイン作曲、スティーブン・ソンドハイム作詞による『ウエスト・サイド物語』の舞台初演は一九五七年。プエルトリコ系がアメリカ国籍を得たわずか五年後だ。一九六一年にはロバート・ワイズ監督が映画化する。約六〇年後、これをスティーブン・スピルバーグ監督が再映画化したのが、二〇二二年公開の『ウエスト・サイド・ストーリー』(以下WSS)である。

基本となる物語は共通する。ニューヨークのウエスト・サイド地区を牛耳る、ヨーロッパ系白人の不良集団ジェッツと、プエルトリコ系のシャークスは、激しい抗争関係にある。ジェッツのリーダー、リフと、シャークスのリーダー、ベルナルドは一触即発。一方、両陣営が参加するダンスパーティで、ジェッツの元リーダーのトニーと、ベルナルドの妹マリアは恋に落ちる。やがてジェッツとシャークスは、最後の決着をつけるための決闘をすることになる。

マリアに仲裁を頼まれたトニーだが、もめ合ううちにベルナルドがリフを刺すと、逆上したトニーはベルナルドを殺してしまう。絶望の中、マリアとトニーは街を出ることを決意し、ひとたびトニーは懇意のドクの店に身を隠す。マリアの求めでトニーへの伝言を届けにドクの店に向かったアニータだったが、ジェッツに暴行を受け、激昂のあまりマリアを好きなチノがトニーとの関係を知って彼女を殺したと嘘をつく。絶望するトニーだったが、マリアの姿を目にして駆け寄ると、その背中をチノが撃つ。怒りと哀しみに震えるマリアを前に、ジェッツとシャークスがトニーの遺体を担ぐと、警官隊がやって来る。

この物語が内包するテーマは深い。新版を作るにあたりスピルバーグは「自分たちの時代のための映画にすべく、僕らが知っている現代的な見識や価値観をもって作る必要がある。何らかの欠陥を正したいからでも何でもなく、あくまでも自分のバージョンを作りたかった」と言うが、しかし新版に比べ旧版の物足りなさは否めない。

その点はバーンスタインの娘、ジェイミーが語っている。「(主要製作者)全員がバイセクシャルでした。その〝人とは違う部分〟(中略)が実は『ウエスト・サイド物語』に秘められた言外のテーマだったのです」と。しかしそのテーマは「言外」ではいけないはずだ。では新版ではそれをいかに乗り越え、「現代的な見識や価値観」を伝えたのだろうか。

WSSの撮影開始はバイデンの立候補宣言直後の二〇一九年七月。コロナ禍により一年延びたが、本来の公開予定はバイデン大統領就任直前の二〇二〇年一二月だった。すなわちトランプからバイデンへの移行の真っただ中での製作と公開だった。本稿は政権移行の端境に生まれたこの作品を、両政権の動きにも触れつつ検討する。

2 「アメリカ人」とはなにか?

ここで冒頭に引いた「プエルトリコはアメリカよ」という言葉を、改めて考えたい。トニー・クシュナー*脚本のWSSでも、この問いが繰り返されるからだ。欧州系のジェッツの面々はこんな会話をしている。「俺たち追い出されないだろ?」「追い出されるのはプエルトリコ人だ」「奴らもアメリカ人だ」「アメリカ人だろうとなんだろうと、俺たちじゃねえ」。

ここで言う「俺たち」とはなにか。同じ「アメリカ人」の括りの中で、ここに排除の感情がある。大統領選で使ったトランプの〝Make America Great Again〟というスローガンの曖昧さとはこれだ。彼の言うアメリカとはどのアメリカか。ここにはトランプの目に入らない、「俺たちじゃないアメリカ人」がいる。

警官たちに追い払われ、ベルナルド以下、シャークス全員がプエルトリコの革命歌『ラ・ボリンケーニャ』を歌うシーンは、とりわけ印象的に描かれる。時代考証担当のバージニア・サンチェス・コロスの説明によると、この歌は一八六八年の独立蜂起で歌われ、現在は革命色を抜いた歌詞で、国歌に準じる地域歌として歌われるが、今作ではあえて古い革命要素を含んだ歌詞で歌われているという。

ベルナルドたちは、プエルトリコ人がアメリカに受け入れられていると思っていないし、法的にアメリカ人なのにそれを信じていない。ダンスパーティの場では妹マリアと踊ろうとするトニーを突き飛ばし、「妹は踊らないさ、アメリカ人め」と言い放つ。どこかから「俺たちはみんなアメリカ人だ」という声もあがるが何とも空疎だ。

また、兄妹であるマリアとベルナルドも口論になる。「トニーはいい人よ」「トニーが？　あいつが誰だと思ってる？」「出身なんか知らない。アメリカ人でしょ？」「ポーランドだ。マヌケなポーランド野郎だ」。この不毛な水かけ論に、ベルナルドの許嫁アニータが割って入る。「移民を蔑むなんて、アメリカ人みたい」と。

悲痛なのは、アニータがジェッツに集団暴行されるシーンである。二人が死に、さらに女性に手をかけてなお、分断の愚かさに目覚めぬジェッツは、傷ついた彼女にさらに「故郷へ帰れ！」と言い放つ。これに彼女は「好きでこの国に住んでるとでも？　冗談じゃない。私はアメリカ人じゃない。プエルトリコ人だ」と叫ぶ。このように現にアメリカに住みながら、一種の侮蔑の言

『ウエスト・サイド・ストーリー』（2021年／アメリカ／監督：スティーブン・スピルバーグ）

1950年代半ばのニューヨーク、ウエストサイド地区。この荒れた地域を牛耳る、欧州系白人の不良集団ジェッツと、プエルトリコからの移民集団シャークスは、日々抗争に明け暮れている。両陣営がそろって参加したある日のダンスパーティで、初めて出会ったトニーとマリアは運命の恋に落ちる。しかしトニーはジェッツを率いるリフの親友、マリアはシャークスのリーダー、ベルナルドの妹だった。だから二人の恋は双方から猛反対にあう。やがてジェッツとシャークスは完全に決裂。リフとベルナルドは決闘の日を迎える。仲裁に必死のトニーだったが力およばず、ベルナルドはリフを刺し、それに逆上したトニーはベルナルドを刺してしまう。マリアとトニーの恋はどうなるのか。両陣営の抗争が後戻りできなくなる中、都市再開発の波が押し寄せ、どちらも街を追い出される日が近づいてくる……。

葉として、「アメリカ人」という語が繰り返されるのだが、彼らにとってアメリカ人であるとはどういうことか。そこを解読する必要があるだろう。

南川文里によると、もとよりアメリカは国の理念を「多からなる一」とする。しかし国の拠って立つ理念の実現がなぜこれほど困難か。それは移民とはそもそも、常に後からやって来るのであり、既存の集団と否応なく衝突するためだ。そのメカニズムはこうである。

一九〇〇年頃から、自動車の普及で郊外からの通勤が可能となった富裕層、特にアメリカ生まれの白人は、都心部から郊外に移動する。それまで産業の発達で続々と本土に移入してきたヨーロッパ系移民は、やがて宗教や出自などその多様性が疎まれ排斥運動がおきる。さらに一九二四年の移民法制定で都市の労働力が不足して、プエルトリコ人が入ってくる。先述の通りアメリカ領となったことで、彼らは自由にアメリカ本土に出入りでき、五〇年代にはその流入は急増する。つまりこの集団がベルナルド以下、シャークスの面々である。

一方、それまで住んでいた白人たちは、スピルバーグの言葉によると「たいてい出世してマシなところに引っ越している」。こうした経済的な自立を果たし、裕福になった白人が都心部を離れ、郊外に移住する現象をホワイト・フライト、またはホワイト・エクソダスという。そのことで南川の説明を参照すると、戦後の社会保障制度の充実、特に退役軍人向け社会保障プログラムが背景としてあげられる。それが移民やマイノリティの大学進学を助け、地位上昇の土台となり、豊かなアメリカ的生活様式（アメリカン・ウェイ・オブ・ライフ）の主体となった。

しかし、白人ながらそうならなかったのがジェッツの親たちだ。ジェッツの少年たちは親の生活力不足から、家庭のしつけを含めた教育の機会がなく、自ずと就業も制限された。唯一のはけ口が街を好きに牛耳ることだったが、そこに新たにプエルトリコ系のシャークスが来る。これがWSSの構造である。

　冒頭の群舞で、ジェッツはプエルトリコ系の商店にいやがらせをして回るが、ある店の看板を壊すと、下からアイリッシュパブの看板が現れる。以前は白人の店がプエルトリコの店に取って代わったのだ。クシュナーの脚本も辛辣だ。リフとベルナルドが決闘の日時を決めるにあたり、ベルナルドは「こっちは忙しい。仕事がある。ヒマはない」と、自分たちは働いているが、白人のリフたちに職がないことを暗に皮肉っている。

　シュランク警部補の言葉はさらに容赦ない。警部補は白人なのでジェッツの肩こそ持つが、嫌悪もしている。だから言う。「ここの白人は這い上がったイタリア系にユダヤ系、今じゃ子孫はいい家も車もいい女も手に入れてる。だがお前らの親父さんや爺さんは、酔って地元の女を孕ませお前らを作った。最後の負け犬の白人をな」。

　なお、ここで言う「ユダヤ系」がスピルバーグの祖父のことである。倉田和四生の報告では、ニューヨークに流入したユダヤ系とイタリア系は、一九二五年までには過去二五年に比べ三倍以上増加したという。彼らは迫害によりロシアや東欧から難民としてやって来た。

　マクブライドによる評伝によると、ウクライナ系ユダヤ人のスピルバーグの祖父が、迫害を逃れてアメリカに来たのが一九〇六年。仲買人として成功を収めた彼は移民としての勝ち組といえる。やがて一家は郊外へと居を移すのだから、まさに図式通りである。その生活や、ユダヤ系としての差別体験は『フェイブルマンズ』（二〇二二年）で見ることができる。

　ジェッツに話を戻すと、クラプキ巡査をからかって歌う『ジー、オフィサー・クラプキ』は、曲調こそコミカルだが歌詞は重い。「ひどい親です／俺にはハッパくれません／望まれないのはできた俺／しょうがないよグレたって」と、劣悪な家庭環境を描写する。

こうした親世代の責任が炙り出されるのは、リフが銃を手に入れる場面だ。どことも知れぬバーで、リフが銃売買を交渉する相手は、彼の親世代の白人男性と、黒人男性である。彼にとって親世代とは銃を売る程度にしか役立たないのだ。誤解のないよう補足すると、彼らの断罪は作品の意図ではない。問題は彼らがアメリカに見捨てられた存在だという点だ。

そしてこの銃をめぐる運動が後半のキーになる。トニーがリフの銃を奪おうとする『クール』のダンスは波止場である。ここで重要なのは海が見えることだ（旧版では海は見えない）。彼らはみな海の向こうから来た移民である。それが人を殺める銃をめぐって争う憂鬱が、このシーンには張り詰めている。そして、ここでトニーが奪い損ねた銃は巡り巡って、トニー自分を撃つことになる。

そしてついに回避できなかった、ジェッツとシャークスの決闘の場が、塩工場なのだからスピルバーグの深慮には舌を巻く。山と積まれた塩は海水を干上げたものであり、海の向こうから来た彼らの末期の場として、これほど皮肉な設定は考えにくい。

「移動を経験した人は黒人の場合にも白人の場合にも移動しなかった人より、高い階層にあった」と南川が記す通り、郊外に移動しなかったジェッツの親たちは低い階層であり、後発のシャークスに比べて劣勢にある。

自分たちの将来を語り合うトニーとマリアも、二人になれた高揚感と裏腹にそれほど話が弾まない。それどころか生活苦について口論にさえなってしまう。マリアが兄ベルナルドの肩を持ち

「兄はリフよりも苦労してきた」と言うと、親友をみくびられた気になったトニーは「リフは苦労しかしていない」と言い返す。重ねてマリアが「私たちが楽だとでも？」と反論すると、トニーは「少なくとも家庭がある。希望もだ。リフにはない」と環境のせいにするが、マリアはあくまで「人の希望を奪おうとするからよ」と、苦労は個人の問題だとする。これもまた折り合えぬ断絶である。

　ここでトニーが口にしたプエルトリコ人の「希望」は、アニータの歌とダンスが陽気に弾ける『アメリカ』で描写される。このシーンは全編中最大のスペクタクルだ。旧版では地味に夜の屋上で展開したこのナンバーが、朝の路上に変わり、町の住民たちも巻き込む大群舞となる。

　スピルバーグによると、この曲は「プエルトリコ系移民の間に存在する意見の対立」を歌う。アニータが「ニューヨークを夢がかなう場所」と信じる一方、ベルナルドは「経済成長の恩恵を受けられず、人種差別にもさらされるこの土地に失望している」。とはいえ灼熱の陽光の下、歌とダンスは次々と場所を変え、圧倒的なダンスの絶頂でアニータとベルナルドの和解のキスでフィニッシュ。ブラボーという他ないこの場面には、彼らの輝かしい希望があふれている。この生命の躍動こそ人生と世界を推進する原理であるはずなのだ。この曲にこれほどの演出を施したスピルバーグは、決して未来への楽天性を手離していない。

　そして今作にはもう一つ、スピルバーグの重要な判断がある。それはプエルトリコ系の人物が話すスペイン語に、英語字幕をつけないことだ。安田聡子によると、スピルバーグは「スペイン語に敬意を払うため」と述べている。なぜなら「スペイン語に英語字幕をつければ、英語を強めることになります。スペイン語より英語に力を与える」ことになり、「スペイン語に字幕をつけないことで、スペイン語に敬意を払う必要」があったという。ちなみにベルナルドがスペイン語を口にすると、アニータは決まって「英語で！」とぴしゃりと言う。言葉の同化は国への帰属となる。言葉をめぐる他文化への敬意は、スピルバーグの調和への願いである。

3 希望という名の「壁」

分断の状況が当時も今も変わらないことは、肌感覚として誰の目にも明らかだろう。スピルバーグがWSSの舞台を現在に置き換えず、一九五七年のままにしたことは、前作から六〇年を経てなお、事情は変わらないことを示している。その点でスピルバーグが今作のオープニングを、まるで廃墟のようなリンカーン・スクエアにしたことに注目したい。クシュナーはそれを「ドレスデンかヒロシマのような光景」と、戦火の後の惨状になぞらえる。スタイリッシュなストリートダンスで始まった旧版との最大の違いはここだ。そして旧版が触れなかったのが、当時の「リンカーン・スクエア都市再生プロジェクト」である。ジェシカ・リンのレポートを参照すると、スラムと化したこの地域をいったん取り壊し、芸術複合施設を建設する計画で、この開発のために多くの住人たちが（いわゆる金持ちのための施設のため）、立ち退きを強いられた。

これがまさに都心部の再開発の問題である。ジェッツとシャークスの対立の背景をホワイト・フライトと先述したが、その次に起こるのがこの現象だ。富裕層になってひとたび郊外に逃れた白人が、この再開発で再び都市部に戻ってくる。これによって貧困層は完全に居場所を失ってしまう。スピルバーグが見せようとするのはまさにこれなのだ。

ジェッツもシャークスも、立ち退きを命じられている以上、縄張りの取り合いなど徒労という他なく、抗争したって意味はないのだ。その空疎さを描写するスピルバーグの演出は残酷である。廃墟のようなこの地を嘗め回すように撮った後、造成地にリンカーン・センターの完成予想図の絵が登場する。スピルバーグは「これって二〇二〇年の話だったの？と観客に思わせるのが狙い」と言うが、これは当時の社会問題が今も生きているということを意味する。

完成予想図は、女性たちがアメリカへの希望を歌った『アメリカ』のシーンにも頻出する。それはただの画なので、彼女たちの手の届かないはかない夢として、その希望に水をさしている。また、マリアによる晴れやかなナンバー『アイ・フィール・プリティ』もそのバリエーションだ。彼女たちは高級デパートの夜間の清掃係として働いており（これも旧版にない設定だ）、そこでは彼女たちが決して着ることのない高級服を、無数のマネキンがまとっている。ここにも楽曲の明るさに反した、彼女たちの越えられぬ壁が透けて見える。

実際リンカーン・センターの予想図はパネルなので壁そのものだ。マリアの元に向かうトニーの先々にはフェンスや階段があり、それをいくつも乗り越えなければならないし、いざマリアと対面してもそこには金網や柵があってどうにも触れ合いにくい。初めての出会いも、ダンス会場とベンチの壁を隔ててのことである。

こうしたフェンス＝壁のイメージの頻出は、否応なくトランプが推進した国境の壁を連想させる。南川の書を引くと、二〇一五年の出馬表明では「アメリカは、アメリカ以外の国々の問題を抱える人びとのゴミ捨て場になっています」と述べ、二〇一七年の大統領就任直後、移民に対し、中東諸国からの入国禁止措置、非正規移民の権利制限と取締りの強化、そして米墨国境での「壁」

の建設などを求める大統領令を次々と発表する。

ただ村山祐介によると、壁を作ったのはトランプが最初ではない。米議会調査局の報告書などによると、第一フェンスの建設は一九九〇年頃に始まる。つまりメキシコとの国境を仕切る壁の建設は皮肉にも、一九八九年に欧州を分断したベルリンの壁が崩壊し、東西冷戦が終わった直後なのだ。しかし、それを正面から宣言したことで、「壁」がトランプを象徴するイメージになったことは確かだ。これほどあからさまに分断を口にする西側の指導者は前例がない。

そうした排外的かつ強権的な主張はむしろ支持を集め、政権が変わっても共和党内でのトランプの権威は揺るがず、不倫の口止め料をめぐる虚偽の罪など、起訴されるほどに支持は伸び、「私の当選を確実にするためには、あと一回の起訴が必要だ」（朝日新聞二〇二三年八月五日）とまで言う。

また、南川の指摘する、トランプを代表する移民脅威論が攻撃するのが非正規移民という点も重要で、非正規なのだから排除されて当然という理屈だが、こうした排外主義が危険なのは先述の「アメリカ人だろうとなんだろうと、俺たちじゃねえ」という言葉と容易に結びつくからだ。結局は正規、非正規を問わず、自分たちと違えば排除に向かうのだ。

分断を煽るだけ煽り、かつ奪われた選挙だと大統領選の敗北を認めず、議会襲撃という民主主義の根幹を揺るがした果てに、政権はトランプからバイデンに移る。日本貿易振興機構の報告によれば、そのバイデンは就任初日に幼少期に親と共にアメリカに不法入国した若者（ドリーマー）の強制送還を猶予する措置（ＤＡＣＡ）を維持する覚書に署名。非永住居住者に寛容な措置を講じる。さらに不法移民が八年で市民権を取得できるようにする移民法案の草案を議会に送付。トランプが発動した、移民ビザ取得希望者への入国停止命令を解除する大統領布告も出している。

こうしてバイデンは、トランプと真逆の方向に舵を切るが、現実には不法移民の流入に効果的な対策を打ち出せず、結局「メキシコとの国境地帯に米兵千五百人を追加派遣する」（東京新聞二〇二三年五月三日）という手詰まり感を見せている。いかに政権が変わろうと、開放から再び排他に転じるこの繰り返し。一九五七年の『ウエスト・サイド物語』初演以来、状況が変わらないのも道理だ。スピルバーグが廃墟のような風景で、映画を始めた理由もそこにある。やがてジェッツもシャークスもここからいなくなり、近代的な施設が立ち並ぶはずだが、開放という夢だけは永遠に「完成予想」のままであり、決して作られない。

こうなると、旧版でアニータを演じたリタ・モレノが、新版ではトニーをかくまう老プエルトリカン、バレンティーナとして再出演したことの重要性が見えてくる。彼女は旧版でトニーをかくまった白人男性ドクと結婚した、その未亡人という設定で、ここに融和への可能性が託されている。また、さらに鮮やかな改変として、「私たちの場所が／きっとどこかにある」と、旧版ではトニーとマリアの二重唱で歌われた名曲、『サムウェア』を齢九〇の彼女に、融和への願いを込めて歌わせている。しかし、かつてアニータを演じたリタ・モレノが、約六〇年の時を隔てて、それをさみしげに孤独に歌うことは、その「どこか」はやはり見果てぬ夢であることを示してあまりある。

だがそれでも希望はあるというのがスピルバーグの主張である。だからこう言う。「悲しくて醜いことばかり続いても、愛はそれを超越するんだ。だから絶対にあきらめないで。そう言いたくてこの物語を作った。あの頃のことよりよほど今を描いている」。実際、トニーとマリアの問に愛は芽生えた。これもまた希望である。リタ・モレノが新旧両方に登場することは、そこに救いの円環が作られることでもある。新版では、ジェッツに暴行されるアニータをバレンティーナが救っているからだ。それをデビッド・フィアーは「モレノが過去の自分に救いの手を差し伸べているかのよう」だと、巧みな解釈をしている。

とはいえ道が険しいことに変わりはない。というのも、トニーが死んでもなお、彼らが和解するとは思えないからだ。やがて彼らはみんな街を追い出される。そのときは、トランプにとって二期目を狙う二〇一六年の大統領選で、バイデンに敗れた後もなお結果を認めず、敵意を煽り続けたように、憎悪だけが残るのだろう。

融和と排他が交互に行き来する現代アメリカでは、希望と絶望も行き来する。たとえ「敵意」だけが残り、融和が見果てぬ夢であれ、「サムウェア」を夢見ぬ世界に未来はない。一九五七年の問題がさらに深刻化する今、新と旧の分断の両側に足をかけるリタ・モレノにこの曲を歌わせることで、スピルバーグは未来に希望を馳せている。

COLUMN

スピルバーグの生い立ちから見る移民

南波 克行

一九四六年生まれのスティーブン・スピルバーグは、第二次世界大戦後の、ベビーブームの申し子といえる。つまり終戦に伴う兵士たちの帰還と世情の安定を背景として、一九四六〜五三年頃に出生数が増加した、まさにその世代なのだ。さらにその生い立ちは、一九世紀末頃からアメリカに移住してきた民族の、典型的な軌跡でもある。

ウクライナ系ユダヤ人である、スティーブンの祖父母がアメリカに来るのは、二〇世紀初頭。ユダヤ人差別の苛烈な当時の帝政ロシアでは、職業や住居の他、教育を受ける人数も制限されていた。そのため一八八一〜一九一四年には、二〇〇万人ものユダヤ人がアメリカに逃れており、スティーブンの祖父母もここに含まれる。

このことは、スピルバーグ製作のアニメ『アメリカ物語』（一九八六年）が描いている。ネズミのファイベル（母方の祖父と同じ名）は、ネコの迫害を逃れてロシアからアメリカに向かう。スピルバーグ家のルーツそのままだ。

祖父母の移住後、一九一七年生まれの父アーノルドは、通信士として従軍。戦後は退役兵への優先入学、学費免除といった支援制度〝GIビル〟により、祖父母が叶わなかった大学進学を果たし、その後は電気技師として出世コースにのった。これが一族の転機となる。

その中で誕生したのがスティーブンだ。まさしく帰還兵と若き花嫁の息子だが、その生い立ちは決して平穏ではない。祖父母が移住した地、シンシナティにはユダヤ人コミュニティがあり、そこにいる限りは表面化しなかった、ユダヤ人蔑視の問題だ。父アーノルドの収入増に伴い、ユダヤ系の少ないＷＡＳＰの居住圏に住むようになると、スティーブンはいじめにあう。ここは裕福になった白人が郊外に移住する、ホワイト・フライトの裏側といえるだろう。

そのため、スティーブンは長くユダヤ人の出自を隠していたという。かつて述べた「ぼくは映画監督と同じくらい、非ユダヤ人になりたかった」という言葉も悲しい。ユダヤ教の慣習を守ろうとする、祖父母との断絶もあった。

スピルバーグ作品は、常に不公正さと闘っている。それはウクライナ系ユダヤ人の移民三世として、その生い立ちにいつも差別や迫害があったことの反映なのかもしれない。

II

人種とジェンダーの多様性 vs.
抑圧的政策

第4章

本棚からのメッセージ

『イコライザー2』

伊達 雅彦

1 ブラック・ライブズ・マター運動下のアクション映画

ドナルド・トランプが第四五代大統領に就任すると、アメリカは彼が選挙期間中に掲げたスローガン「アメリカ・ファースト」に向けて早速舵を切った。その結果、アメリカはオバマ大統領時代よりも社会的混乱の度をむしろ深めたのではないか、という印象を世界中に与えた。国際問題は言うに及ばず、トランプ大統領就任以前から存在した国内問題にも波紋は広がったが、その一つが人種問題である。特に黒人問題は解決に向かうどころか、更に傷口を広げた事例も多かったと言えよう。

二〇一二年に起こったアフリカ系アメリカ人高校生トレイヴォン・マーティン射殺事件を発端として起こったブラック・ライブズ・マター（以下、BLM）運動は、トランプ大統領の在任中の四年間で鎮静化するどころか、燎原の火のごとく全米に広がっていった。続発する黒人差別事件の中で、世間の耳目を最も集めたのが二〇二〇年の「ジョージ・フロイド殺害事件」だろう。白人警官デレク・ショーヴィンによって八分四六秒もの間、膝で首を圧迫され暴行を受けるフロイドのシーンは動画に撮られ世界中に拡散された。これにより、それ以前の白人警官による黒人への暴行殺人事件も改めて注目を浴びることになった。

BLM運動が拡大していく中、アントワン・フークア監督によるアフリカ系アメリカ人を主人公とする『イコライザー』(二〇一四年)と続編『イコライザー2』(二〇一八年)が公開される。フークア自身もアフリカ系で、同じアフリカ系のデンゼル・ワシントンとは『トレーニングデイ』(二〇〇一年)や『マグニフィセント・セブン』(二〇一六年)でもタッグを組んだ実績を持つ。特に最初の『トレーニング・デイ』ではデンゼル・ワシントンにそれまでとは違った悪役的側面を与えアカデミー賞主演男優賞をもたらした。アフリカ系アメリカ人俳優の中では、概して温厚で真面目なイメージの役柄が多いデンゼル・ワシントンに、正反対のアンチヒーロー的イメージを大胆に付加できたのも同じアフリカ系ならではの強みかもしれない。いずれにせよデンゼル・ワシントンを過去の役柄のイメージから解放し、違う角度から光を当てた監督であることは間違いない。

トランプ大統領就任二年目にあたる二〇一八年に公開された『イコライザー』の続編である『イコライザー2』は、タッグを組んで四度目の作品ということもあり、かつてのドン・シーゲルとクリント・イーストウッドのコンビのように安定した独自の空気が漂う作品世界を作り出している。

2 『アメリカの息子』の置かれた本棚

『イコライザー2』におけるデンゼル・ワシントンの役は表面的にはボストン在住の「リフト」のドライバーである。つまりはスマホアプリを使った配車サービス業、「今時の」タクシー運転手であり、時代を映すタイムリーな設定である。映画の序盤、「イスラエル&ローズ・ホロ

『イコライザー2』デジタル配信中
4K ULTRA HD & ブルーレイセット 好評発売中
7,480円（税込）
権利元：ソニー・ピクチャーズ エンタテインメント／発売・販売元：ハピネット・メディアマーケティング

ウィッツ・レジデンス」というユダヤ系の名を冠した高級老人ホームから歩み出た高齢の男性常連客がワシントンの運転する車に乗り込んでくる。車内の会話から、そのユダヤ系の老人が他界した姉の肖像画を探していることが明らかになる。ワシントンは、その話に静かに耳を傾ける心優しきタクシー・ドライバーの体（てい）である。

だが、彼の正体は元ＣＩＡの凄腕エージェントに他ならない。過去に職務上の理由から死亡処理され、今はロバート・マッコールと改名し一般社会に紛れ「普通の人」として生きている。ただしその「普通の人」はもちろん「普通」ではない。実際、彼は警察とは別に巷間で悪事を働く犯罪者に正義の鉄槌を下し、隠密裏に闇から闇に葬っていく。いわば正義の殺し屋、闇の処刑人で、『イコライザー』シリーズは、いわゆるヴィジランテ・フィルム*の範疇に収まるだろう。更に言えば、マッコールの処刑方法には彼なりの殺しの流儀や美学が存在し、冷酷無比で悪党どもに容赦はない。そして映像を見る限り、それは悪人の息の根を「静かに止める」のではなく、むしろ逆で「素手で殴打し骨を砕き、指で眼球を抉り、ナイフで全身を切り刻み」といった具合に肉体的苦痛を存分に与えて、その中で無残に葬るのである。物静かで親切な「どこにでもいそうな黒人のおじさん」の中にも、沸々と湧き上がる激しい怒りが秘められていることを改めて示し

『イコライザー２』（2018年／アメリカ／監督：アントワン・フークア）
デンゼル・ワシントン主演のヴィジランテ・フィルム。2014年公開の『イコライザー』（*The Equalizer*）の続編。ボストンに暮らす主人公ロバート・マッコールの「表の顔」はタクシードライバーだが、「裏の顔」は悪人連中を残虐に始末していく元CIAの凄腕エージェント。ある時、CIA時代の上官でもある親友スーザンが何者かに惨殺される。マッコールは事件を追うが、犯人はCIAに使い捨てにされたことを怨みに持つロバートのかつての同僚たちだった。同じ釜の飯を食った元CIAの特殊工作員たちとの壮絶な戦いが始まる。舞台をイタリアに移したシリーズ3作目として『イコライザー THE FINAL』（*The Equalizer 3*／2023年）がある。

ているようだ。アフリカ系の抱く憤怒の沈潜と発露を具現化した人物こそロバート・マッコールなのである。

しかし、注視すると『イコライザー2』にはアメリカ版『必殺仕事人』的な単なる娯楽作品以上のメッセージが隠されている。例えば、マッコールと同じアパートにはマイルズ・ウィテカーという名のアフリカ系の青年が住んでいる。彼には画才があり、将来の仕事に繋げたいと望んでいるものの、不法行為に手を染めるギャング仲間との関係が断ち切れず、今まさに社会の底辺に落ちようとしている。マッコールは、マイルズのアフリカ系としての負け犬根性を叩き直し、父親的な厳しさと優しさで彼を立ち直らせる。ある時、マイルズがマッコールの留守中に改装作業で部屋にいたところ、マッコール抹殺を目的とする悪人連中がその自宅を急襲する。悪人連中と言っても、それは町のチンピラではなく、CIA時代の元同僚のプロの殺し屋集団である。マッコールの元上官で懇意にしていたスーザンを惨殺した連中でもあった。つまり、マッコールが対峙しているのは、CIAという国家組織の「腐敗」なのであり、同じ警察という国家権力の「不正」と闘うBLM運動と結び付く。マイルズは突然の事態に狼狽し逃げ場を失う。すると安全な隠し部屋に誘導すべくマッコールが電話でマイルズに指示を出す。「本棚の真ん中にある『アメリカの息子』*の所にあるボタンを押せ」と。そして指示通り本棚の『アメリカの息子』を取り出すと、その隙間の奥に秘密のボタンが見え、それを押すと隠し部屋のドアが開き、マイルズは間一髪で難を逃れる。

この場面、注目すべきはやはり『アメリカの息子』だろう。ヘミングウェイやフィッツジェラルド、トウェインがアメリカ映画で言及される場面は散見されるが、リチャード・ライトが言及

主人公ロバート・マッコールの自宅本棚。アメリカ文学の名作が並ぶ中、ジェームズ・ワトソン（James D. Watson）の『二重螺旋』（*The Double Helix*）に違和感がある。

されるのは稀だ。マッコールは作品を通して読書家としても描かれるので、その本棚に『アメリカの息子』があること自体は不自然ではない。本棚のボタンを押すシーン、映像では一瞬である。しかしながら静止画像で見直すと写真のような本棚なのである。

左からジョン・スタインベックの『怒りの葡萄』、J・D・サリンジャーの『キャッチャー・イン・ザ・ライ』、『オー・ヘンリー短編集』と来て、その次が『アメリカの息子』である。画像の右端はハーマン・メルヴィルの『白鯨』、その左隣が『ブラック・パワー』とリチャード・ライトの著作が並ぶ。写真には写っていないが、更に上段にはウィラ・キャザーの名前も見える。キャノン級のアメリカ小説が並ぶ中、ライトの『アメリカの息子』と『ブラック・パワー』に挟まれた一冊に目が留まる。ジェームズ・ワトソンの『二重螺旋』、あのDNAの分子構造をフランシス・クリックと共に解明し、ノーベル生理学・医学賞を受賞したワトソンの本が置かれている。周知の通り、『二重螺旋』は小説ではない。DNAの構造解明に至るプロセスを科学的見地から解説すると共に、その研究に従事した研究者たちとの人間関係を著した回想録である。だが、それは見方を変えればある種の「暴露本」に他ならず、その結果、出版後は大いに物議をかもした。つまり、「文学作品」が並ぶこの本棚に、一見してそぐわない一冊なのである。ではなぜそこに在るのか。

3　ジェームズ・ワトソンのもう一つの顔

ワトソンは、ノーベル賞受賞者としてだけでなく、実はそうした彼の専門領域外のフィールドでも「名を馳せた」人物として知られる。例えば、二〇一四年、彼は存命中の受賞者として初めてノーベル賞のメダルをオークションに出品し売却した。クリスティー主催のニューヨークに於けるオークションでの落札予想価格は三五〇万ドル程度まで上昇すると見込まれ、実際は予想を超える四七〇万ドルで落札された。二〇一四年一一月二六日付のCNNの記事を読むと、他にもワトソンがノーベル賞受賞式で行った講演原稿も出品され、その収益の一部は彼が勤務していたシカゴ大学やケンブリッジ大学などの研究機関に寄付される予定、と報じてある。なるほど、ここまでは美談のように見える。

しかし、一方で彼は「あること」が原因で研究所の職を追われ経済的に困窮していた事実を伝える記事もある。つまりノーベル賞のメダルのオークション出品は、現実的には「カネに困って売り飛ばしたのだ」とする批判的な報道である。ではなぜ彼はその職を追われたのか。実のところ、その原因はワトソン自身の差別発言である。二〇〇七年一〇月一四日、イギリスの『サンデー・タイムズ』紙に彼は「黒人は人種的・遺伝的に白人よりも劣等」という趣旨の発言をし、当時会長職にあったコールド・スプリング・ハーバー研究所（生物・医学研究を目的とする民間の非営利財団）の役職を追われた。ノーベル賞受賞者という名声も一瞬にして地に落ちた格好である。つまり彼はノーベル賞受賞者であると同時に人種差別主義者という不名誉な「肩書」の持ち主にもなった。

そもそも彼のDNAの構造解明自体に疑惑の眼差しを向ける者もいる。例えば、レイチェル・イグノトフスキーの『世界を変えた五〇人の女性科学者たち』のロザリンド・フランクリンの紹介ページにはこう書いてある。「彼女は、DNAが二重螺旋であることを証明する例のあの有名な写真の撮影に成功した。この時、科学者のジェームズ・ワトソンとフランシス・クリックもDNA構造を解明しようと試みていた。彼らはロザリンドの研究の成果を許しも得ずに盗み見て、この発見を自分たちの研究の一部として、彼女の名前を伏せて発表したいと言った」。ロザリンド・フランクリンは『二重螺旋』の中で「ヒステリックなダークレディ」とワトソンに貶められたユダヤ系のイギリス人物理化学者である。

では彼らがノーベル賞を受賞した時、ロザリンドはなぜ抗議の声を上げなかったのか？「それは私の発見だ。彼らは私の研究成果を盗んだのだ！」と。彼女は声を上げなかったのではない。上げられなかったのだ。ワトソンとクリックがノーベル賞を受賞したのは一九六二年、ロザリンドが他界したのは一九五八年である。つまり、ロザリンドは自分の研究写真を利用して彼らがノーベル賞を引き寄せた事実も知らぬまま三七歳という若さでこの世を去ったのである。研究過程で過剰に放射線を浴びたことが原因と言われている。

『イコライザー2』の本棚に『アメリカの息子』と『ブラック・パワー』に挟まれて『二重螺

旋』が置かれているのはサイエンス・ブックとしてではなく、こうした人種差別と結び付く「ダーク・ブック」であることが関係しているのだろう。ロザリンド・フランクリンへの差別的な発言を抜きにしてもワトソンの二〇〇七年の黒人に対する差別発言は意識されているはずである。奇しくも『イコライザー2』が公開された二〇一八年の翌一九年、ワトソンは再び差別発言で注目を浴びる。二〇一九年一月一四日、「DNA研究の米ノーベル賞受賞者、人種差別発言で名誉職剥奪」のタイトルでCNNが大々的に報じた。記事によれば同一月二日、ワトソンはPBSのドキュメンタリー番組のインタビューで「遺伝的に黒人と白人の平均知能指数には差がある」と発言し、先述のコールド・スプリング・ハーバー研究所の名誉職を剥奪された（二〇〇七年の差別発言で辞職した後も名誉職は維持されていたとのこと）。これが御年九〇歳になったノーベル賞受賞者の現実である。『イコライザー2』の本棚は予言的とも言える。

4 「平衡」をもたらす

先述の通り、本棚に置かれたリチャード・ライトの著作は『アメリカの息子』と『ブラック・パワー』の二冊である。では生き延びるための秘密のドアを開くボタンはなぜ『ブラック・パワー』ではなく、『アメリカの息子』の方にあったのか。それはやはり『ブラック・パワー』が旅行記であるのに対し、『アメリカの息子』が文学作品であり、人種差別を生み出すアメリカ社会を告発したパワフルな小説だったからであろう。井上謙治はこの作品を「第二次世界大戦前のアメリカ黒人小説の頂点をなすものであり、〈抗議小説〉の典型としてその後の黒人作家に大きな影響をあたえている」と評している。

本作『イコライザー2』が公開された二〇一八年の翌一九年にマイルズを演じたアシュトン・サンダースはある映画の主役に抜擢されている。映画のタイトルは『ネイティブ・サン～アメリカの息子～』、監督はラシド・ジョンソンが務め、サンダースは主人公ビガー・トマスを演じた。これは全くの偶然なのだろうか。『アメリカの息子』は、ジェロルド・フリードマン監督の手で既に一九八六年に映画化されており、ジョンソン版はリメイクということになるが、この版は舞台が現代に変更されている。フリードマン版の舞台は、原作通り一九三〇年代の恐慌期のシカゴである。井上が言う「第二次世界大戦前のアメリカ黒人小説の頂点」たるこの原作小説が、二〇一八年の『イコライザー2』でこのような形で言及され、翌二〇一九年には新作リメイク版映画として再び人々の前に姿を現したのだ。半世紀以上も前の一九四〇年に発表されたリチャード・ライトの『アメリカの息子』は、二一世紀のトランプ大統領時代に再び着目され、多くの人の意識に上っていたのである。そもそも『イコライザー』の方も、元は一九八五～八九年にアメリカCBSで放送された同名のTVシリーズをリメイクした作品である。[1] 更に言えば、二〇二一年には主人公をロビン・マッコールとアフリカ系の女性に変更した上で、再度ドラマ化もされている。『アメリカの息子』や『イコライザー』の再映像化を巡る背景には、BLM運動の大きなうねりが感じられ、そこにはこうした「世直し」的正義の出現を渇望するアメリカ社会の要請があったのではないかと推測される。

「イコライザー」は俗語としては、「武器・兵器」のことを指す。各種の映画評や解説でもその意味で取っているものが多い。映画を離れたところでは、例えば、大リーグで「二刀流」として活躍する大谷翔平選手を「イコライザー」と現地の野球中継で解説者が絶賛してそう呼んでいるのを耳にすることもある。やはり「イコライザー」は、この映画でも「武器」や「兵器」という解釈で差し支えないのかもしれない。圧倒的な強さで悪人を始末していくマッコール自身が生きた武器であり兵器である。しかし、「イコライザー」とは、元来、再生や録音時に音の補正をする音響機器の名前として認識されている。従って、ここでの「イコライザー」も悪を始末し世の中を「補正する＝平らかにする」という意味、従来の「平衡」をもたらす字義通りの意味とも取れる。延いてはアメリカ社会全体の歪みを「均す」意味での「イコライザー」なのかもしれない。

それゆえ映画の最終盤は、マッコールが「平衡をもたらした」三人のマイノリティの「補正」が完了したシーンが並置される。アフリカ系少年マイルズが普通の高校生に戻っている通学シーン、荒らされた家庭菜園と落書きされたアパートの壁が原状に復され喜ぶインド系大家のシーン、冒頭のユダヤ系男性が姉の肖像画ではなく姉本人と再会するシーン(2)、である。アフリカ系のマッコールは、このようにアフリカ系のみならずアメリカ社会でマイノリティとして生きる他のマイノリティ・グループをも気遣っている。彼は、アメリカ社会のマイノリティ全ての歪んだ日常の「平衡」の回復を試みる。実のところ、彼の救済対象は、マイノリティばかりではなく、社会的弱者全般とも言える。作品冒頭、家庭内不和で父親に誘拐された少女を、マッコールは追跡し奪還、悲しみに暮れる母親の元に送り返すが、その母親は白人である。その他、例えばマッコールが読んでいる本と本を置いたテーブルの縁を几帳面に揃え直したり、台所用品を整然と並べたりする場面等が何度も映じられる。これらを見ても、マッコールと「均衡」は分かち難く表現されている。

5 『見えない人間』から『世界と僕のあいだに』へ

本論では、主に『イコライザー』シリーズの二作目を取り上げたが、シリーズ一作目『イコライザー』からの流れにも注目すべき点がある。マッコールが一作目のラストシーンで読んでいるのはアフリカ系作家ラルフ・エリスンの『見えない人間』である。この小説タイトルの「見えない人間」は通常、アメリカ社会において白人の目に映らない人間、つまり疎外され無視され、その存在を認識されない黒人のことを指していると解釈されることが多い。しかし、『イコライザー』における「見えない」は疎外された存在としての黒人なのではなく、マッコールをして人目につかない正義の処刑人たらしめる肯定的かつ積極的な、あるいは攻撃的な、どこか逆手に取った感じの「見えなさ」を語っているようにも思える。

『イコライザー』の最後で『見えない人間』を読むマッコールの姿は、『イコライザー』終幕のためだけではなく、実は本第二作に向けての布石でもある。『イコライザー2』の幕開け、マッコールはトルコに向かう列車の中で読書をしている。彼が熱心に読んでいるのはやはりアフリカ系のタナハシ・コーツの『世界と僕のあいだに』*である。つまり、一作目の終わりで『見えない人間』を読み、続編の冒頭で『世界と僕のあいだに』を読んでいる格好だ。両作品共に、アメリカという国に暮らし黒人として生きていくとはどのようなことなのか、を問うた作品であり、『見えない人間』は一九五三年にフィクション部門で、『世界と僕のあいだに』は二〇一五年にノンフィクション部門で全米図書賞を受賞している。『世界と僕のあいだに』は父親が息子に語りかける体裁で書かれていて、マッコールが作中、マイルズにこの本を読むように薦める場面では疑似的とは言え、まさに父子関係が成立している。

このようにマッコールが読んでいる本の選択は、製作側の単なる思いつきでもなければ、恣意的なものでもないだろう。明らかに意図された選択であり、おそらくは綿密に計算された結果なのだ。マッコールの自宅本棚に『アメリカの息子』が置かれているのは決して偶然ではない。アクション映画のコンマ数秒のシーンに込められたメッセージは、ＢＬＭ運動を背景にした時、想像以上の重みを持つのである。

【付記】本論は日本アメリカ文学会東北支部機関誌『東北アメリカ文学研究』（四四号）に掲載した映画評「イコライザー２」に加筆・修正を施し大幅に改稿したものである。

注

（１）邦題は『ザ・シークレット・ハンター』で、主人公は白人男性に設定されている。

（２）ユダヤ系の老人が作品終盤で再会を果たしたのは姉の肖像画ではなく姉本人だった。つまり長年死んだと思っていた姉は実は生きていたのである。元ＣＩＡのマッコールが密かに情報収集し生存確認後、見つけ出したであろうことは想像に難くない。ここで描かれている「ルビンスタイン」の名を持つこのユダヤ系姉弟は、ホロコースト・サバイバーである。

COLUMN

BLM運動の影響

塩谷　幸子

警官による黒人男性ジョージ・フロイド殺害事件で怒りの沸点に達したBLM運動は米国内にとどまらず世界中に大きな影響を与えた。各国で様々な人種差別に対する抗議行動が起こったが、植民地主義や奴隷制度に関わった人物の銅像や記念碑も抗議の対象となった。クリストファー・コロンブス像や南部連合の軍司令官ロバート・E・リー将軍像、ニューヨークの自然史博物館にある、黒人と先住民を従えたセオドア・ルーズベルト元大統領の騎馬像が撤去された。ジョージ・ワシントンやトマス・ジェファソンといった建国の父祖の像まで攻撃対象になったのだ。イギリスでは一七世紀の奴隷商人エドワード・コールストンの銅像が海に投げ込まれ、元首相ウィンストン・チャーチルの像は「人種差別主義者」と落書きされた。ベルギーでは奴隷労働で財を成したレオポルド二世の像が放火された。

BLM運動はまたスポーツチーム名や商品のブランド名やロゴへも影響を及ぼした。大リーグのクリーブランド・インディアンズは、先住民からの抗議を受け、球団名を「クリーブランド・ガーディアンズ」に変えた。先住民を指す蔑称の「レッドスキン」から命名したナショナル・フットボールリーグのワシントン・レッドスキンズは、「ワシントン・コマンダーズ」に改称した。先住民であるイヌイット族の蔑称であるエスキモーを使ったアイスが、その名前を変更されることになったほか、人種的ステレオタイプの黒人女性をロゴにしたシロップのブランド「ジェマイマおばさん」も廃止が決まった。

銅像破壊にせよ名称変更にせよ、ジョージ・フロイド事件をきっかけに人々が突然目覚めたわけではなく、実は以前から長い間批判があったのだ。南部貧困法律センターによれば、ジョージ・フロイドの死をきっかけに一六〇以上の南軍像の撤去あるいは名称変更が行われたというが、それでもいまだに全米に記念碑や銅像が七八〇、南軍兵士の名前がついた学校や郡や都市の名が一八〇以上もあるという。その数の多さに改めて驚かされる。アメリカ人、とりわけ南部の人々は日常的に差別を想起させる名前と共に暮らしていたわけである。

第5章
すべての野蛮人を根絶せよ
『私はあなたのニグロではない』

宗形 賢二

1 アメリカの黒人嫌悪（ニグロフォビア）

「BLM」（Black Lives Matter＝「黒人の命は大切だ」）という名称で、黒人の命と人権を守り、白人警察の過剰な取り締まりへ抗議する運動が新たに始まったのは、二〇一二年二月にフロリダ州で、一七歳の黒人高校生のトレイヴォン・マーティンが自警団の男に射殺された事件がきっかけであるといわれる。犯人の白人男性が無罪となったことに疑問と怒りを感じたパトリス・カラーと、それをフェイスブックに投稿したアリシア・ガーザ、その出来事をホームページにしたオーパル・トメティらがハッシュタグを付けた「#BLM」を使用し拡散していったのだった。

その後二〇一四年には、エリック・ガーナー、マイケル・ブラウンらが同じく警官の犠牲者となり、二〇二〇年、ミネソタ州ミネアポリスで、ジョージ・フロイドも白人警官に首を膝で押さえつけられ、〝I can't breathe〟と何度も叫びながら息絶えた。この場面を撮影した九分間の動画がメディアを通して世界中に拡散し、幾度も繰り返されてきた「レイシャル・プロファイリング」*による象徴的殺人事件となってしまった。

アメリカにおける人種的先入観、特に黒人に対する偏見は歴史的にも社会的にもきわめて特異なものであった。建国時からの白人至上主義、*南部の「血の一滴（ワンドロップ）」ルール*やリンチ、人種隔離主義は二〇世紀まで続い

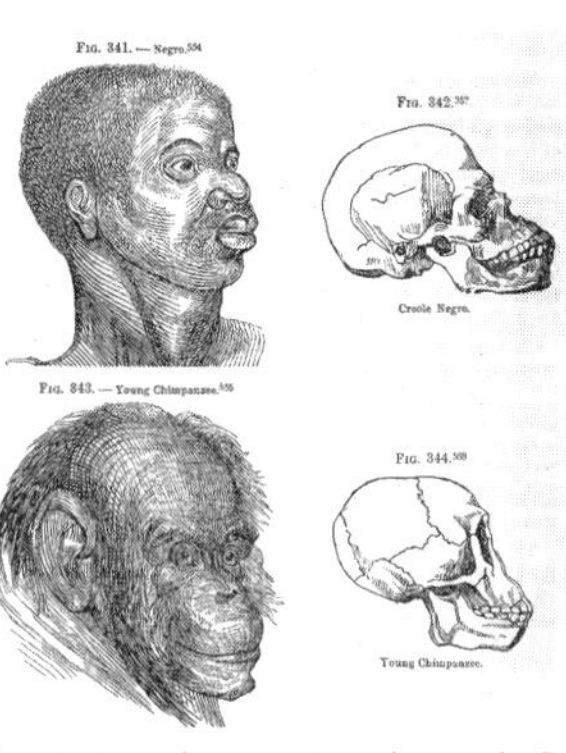

ジョサイア・C・ノット、ジョージ・R・グリッドン『人種の型』458頁より

たが、特にその偏向した白人優越主義を支えたのは一九世紀の科学的言説である。

たとえば、一九世紀アメリカの知識人の代表として誰もが認める超絶主義者のラルフ・ウォルドー・エマソン（一八〇三〜一八八二）がいるが、その人種観は驚くべきものだ。ネル・アーヴィン・ペインターは、生前刊行されなかったこの文人の日記を調べ、エマソンの「アメリカ人」とは「彼自身の階層の白人男性」であり、「非キリスト教徒」や「白人貧困層」は抜け落ち、「ネイティヴ・アメリカンやアフリカ系アメリカ人は、考慮の外」であったことを『白人の歴史』で明らかにしている。

エマソンの「アメリカの学者」（一八三七年の講演）が唱えたヨーロッパからの「知的独立」は、一九世紀アメリカにとって喫緊の課題であり、その要請に応えるようにアメリカの科学者集団は、固有の思想を生み出そうとし、多起源論（人種の違いは神が作ったのであり、白人がもっとも優れているという立場）がその重要な役割を果たした。中でもルイ・アガシは、アメリカでの多起源論の代表的スポークスマンになった。スティーヴン・J・グールドの『人間の測りまちがい』によれば、アガシは一八四六年フィラデルフィアで初めて黒人と出会い、激しい嫌悪を感じ、それ以降黒人は起源の異なる別の人種だと考えるようになる。彼が同年三月に母へ送った手紙に、ホテルで給仕してくれた召使いの黒人が身近で給仕することに驚き、耐えがたい生理的嫌悪感を禁じえなかったことを生々しく書いている。[1] 当時多くの科学者が、一九世紀の頭蓋計測学（クラニオメトリ）により、「黒人の脳は、高等なサルに見られる脳に近い」と、その劣等性と白人の優等生を明らかにしようとした。[2]

2 抵抗のコラージュとしての『私はあなたのニグロではない』

（1） ボールドウィンのBLM

ジェームズ・ボールドウィン（一九二四〜一九八七）は、ハーレム生まれの生粋のニューヨーカーであり、都市のゲットーにおける黒人の生活をよく知っていた。『怒りと良心』によると、養父との確執、貧困、人種差別の中でのボールドウィンの都市生活はひどいもので、「一〇歳のぼくを二人の大の男の警官が半殺しの目に合わせた」のであった。「ぼくは子供の頃は黒人であることが恥ずかしかった」という。一四歳で教会での修行に入るが、それは自己嫌悪や絶望、同性への関心からの逃避だった。しかし、宗教は彼を救うことはできなかった。文化人類学者マーガレット・ミードとの対話で、「白人のキリスト教の世界は嘘のカタマリ以外のなにものでもない、権力のための言い訳にすぎない、敬虔とか愛とかいうものの意味から、とれるだけのものをとり去ったカスだ」とまで言い切り、キリスト教の虚偽を批判する。一九五三年の自伝的処女作『山にのぼりて告げよ』と一九五五年の最初の随筆集『アメリカの息子のノート』から一貫して主張してきたことは、現在のＢＬＭ運動の主張ときわめて共通する部分が多い。リチャード・ライトが一九四〇年に出した『アメリカの息子』の主人公、黒人少年ビガー・トーマスのように、

『私はあなたのニグロではない』
DVD発売中／3,800円（税抜）
発売元：マジックアワー

黒人の「恥辱や恐怖や憎悪」から生まれる怒りは、二一世紀の今、再び映画の中でよみがえった。

(2) ボールドウィンの遺稿

『私はあなたのニグロではない』（二〇一六年）は、ジェームズ・ボールドウィンの未完の原稿の包みを、妹のグロリア・カリファ＝スマートが、この映画作成の一〇年も前に、知り合いだったラウル・ペック監督に委ねたところから始まった。グロリアは、ペックの映画『ルムンバ』（二〇〇〇年）を観ていたし、その仕事の意味も理解していたという。わずか三〇頁ほどの包みは、「〝リメンバー・ディス・ハウス〟のノート」という原稿で、ボールドウィンが構想していた今後の作品のヒントが書いてあるものだった。

ボールドウィンの遺稿は、公民権運動の中で暗殺された三人の友人たち――マルコムX、マーティン・ルーサー・キング・ジュニア、メドガー・エヴァース――への一種の弔辞であり、このコラージュのような映像作品を貫く縦糸になっている。マルコムとキングは共に父親が牧師であったが、それぞれ生い立ちも環境も異なり、前者が手段を選ばぬ行動も容認する立場とすれば、後者は非暴力による抵抗運動での改革を目指した。監督のペックにとってこのドキュメンタリー作品は、公民権運動に身を捧げたアメリカ黒人活動家たちへのオマージュであると同時に、ボー

『私はあなたのニグロではない』（2016年／アメリカ／監督：ラウル・ペック）
ジェームズ・ボールドウィンの遺稿を基にラウル・ペックが制作した全6章のドキュメンタリー。映像アーカイブ、フィルムクリップ、写真、文字、絵画、広告などのさまざまな人種表象を通して、アメリカの黒人差別の歴史をたどる。ボールドウィンのインタヴューや講演を軸に、公民権運動の指導者であったメドガー・エヴァース、マルコムX、マーティン・ルーサー・キング・ジュニアの暗殺の意味を探りながら、アメリカ的無垢と美徳の未熟さとキリスト教の虚偽を批判し人種差別の根源へ迫る。ハリウッド的映像処理を避け、白人と黒人、過去と現在、美と醜、愛情と暴力など対立する表象をコラージュのように並置しながら緊張を伴う哲学的映像空間を生み出している。

ルドウィンの映像と言葉を通して見るアメリカの（黒人ではなく）白人の隠された姿である。ヨーラン・ヒューゴ・オルソン監督やバリー・ジェンキンス監督（ボールドウィンの『ビール・ストリートの恋人たち』）らが類似テーマの映画作品を撮ったが、それらの作品が安心して鑑賞できる抗議小説的映画だとすれば、ペック監督の作品は真逆だ。人種差別の根源を突き付けられ、観ている者を不安にし、不快にし、怒りや、やり切れなさを与えながらも目を離せない映像が続く。いわば映画的カタルシスを経験することのないまま、答えを先延ばしされた映像作品となっている。しかし、そのドキュメンタリー表現の斬新さ、衝撃、ボールドウィンの変幻自在な言葉と表情、音楽とナレーションなど、最後まで目を離せない。ナレーターのサミュエル・L・ジャクソンの語りは、黒人の置かれた悲惨な状況と、ボールドウィンの熱く語る姿との間で、淡々と歴史的事実とボールドウィンの遺稿を読み上げ、この映像作品に深みと客観性を与えている。

『私はあなたのニグロではない』は、全体で六章に分かれ、ボールドウィンのインタヴューを中心に、アフリカ系アメリカ人の苦悩と抑圧の歴史の正体が、さまざまなメディア材料を使って解き明かされる。ハリウッドの人種差別的映画のフィルモグラフィーとして二〇本を超える映像の抜粋が次々と映し出され、同時に、文字、写真、風刺画、絵画、看板、広告など、われわれが視覚的に認識できるさまざまな人種差別表象が、ボールドウィンの知的で雄弁な言葉を中心に、ジャクソンのナレーション、そして数々のブラック・ミュージックと共に映し出される。明らかにアメリカの人種差別への抗議映像であり、白人社会を揶揄した政治的映画ではある。

(3) 白い正義と自己欺瞞

ボールドウィンは、映画評論集『悪魔が映画をつくった』を出すほどの映画通であり映画ファンであった。子供時代に最初に胸を躍らせた女性は、一九三一年七歳の時に観た『暗黒街に踊る』のジョーン・クロフォードであったという。むろん白人女性だった。『私はあなたのニグロではない』においても、アメリカの他の少年たちの例にもれず、西部劇の主人公たちのような白人が英雄になる。一九三九年の『駅馬車』のジョン・ウェインの映像が流れる中、その英雄たちの敵は先住民のような自分の同胞だと気づくことになった。一九六五年、ケンブリッジ大学での討論会で、ボールドウィンは、「抑圧される側は、何が現実かわからなくなる」という。たとえば、アメリカで子供時代には自分の周囲の顔がすべて白いとすると、鏡など見ない年齢までは自分も白いと思っている。しかし、五、六歳になると、自分が好きな英雄のゲイリー・クーパーが殺すインディアン（先住民）は、実は自分と同じ側の人々だと気づき、非常なショックを受ける、と語っている。

作品冒頭、一九六八年、ＡＢＣテレビの「ディック・キャヴェット・ショー」では、イェール大学哲学教授のポール・ワイス教授を招く。教授は、人間には「宗教や肌の色や体つき、能力の有無などさまざまな障害があり、その問題を乗り越えてこそ一人前になるのじゃないか」と、アメリカにおける人種と肌の色の問題を個人の問題に還元する。これに対してもボールドウィンが、「大人になる時の障害は、死の危険性なのだ」と単刀直入に切り返す。一九四八年にボードウィンがアメリカを去った理由は、「身の安全」だったと反論する。

続く一九二七年の映画『アンクル・トムの小屋』の映像を背景に、「すべての西洋諸国の嘘がばれた。人道主義は偽善だったのだ。彼らの歴史には道徳的正義はない」というボールドウィンの言葉が流れる。同時に、奴隷の子供たちと遊ぶ白人女性の映像と、「シェルビー夫妻の奴隷に優しいルールは南部では一般的」というきわめてアイロニカルな字幕が並置される。

ボールドウィンが繰り返し語るのは、アメリカが自分の国の現実を見ようとしない悲劇である。「アメリカの偉大な美徳である、率直さ（simplicity）と誠実さ（sincerity）」が、結果的に「未熟さ（immaturity）にとって代わられた」のである。作品中で歴代大統領がいとも簡単に口にする数々の「申し訳ない（I'm sorry）」という言葉の乱用が示すように、西部劇のジョン・ウェインは永遠に成長することはない。「幼さも美徳」と見なされ、現実を直視できないでいる。「恐ろしいことに、国民全体が、人口の九分の一を見下している。……アメリカ人は私の祖先が白人と黒人であることを認めるべきだ。……私は慈善事業や保護の対象ではない。この国を作った一人だ」と語ったのは半世紀以上も前のことであった（ケンブリッジ大学での討論会）。

3　ペックの映像編集

ラウル・ペックの映像作品でもっとも重要な役割を果たしている要素の一つは編集である。つまり、ペックと編集担当のアレクサンドラ・ストラウスは、その独自の映像編集により、支配者としての西洋の白人と被支配者としての有色人との歴史を相対化し、新たな歴史情報のコラージュとして現代によみがえらせようとした。過去と現在、絵画や写真、細切れの映像、語り、文字、音楽、これらのものがごった煮のように混沌とした記憶の中で核分裂し再生され続ける。その結果、美と醜、善と悪、平和と暴力、強者と弱者、愛と憎しみ、これらのまったく対照的な映像が一見脈絡なく並置され、見る者に謎と緊張を強いる。これは再度、歴史を相対化するための作業過程でもある。ペック自身も、ボールドウィンの言葉「ファンキーなチタリングス（モツ料理）」のような黒人ならではの料理（映像）にしたかったのだ。つまり、既成の西洋（白人）文化の映像の歴史に組み込まれないような作品だ。伝統的な映画やドキュメンタリーの表現様式をまったく無視した編集は、アメリカ的でもヨーロッパ的でもない。

この編集がもっとも効果的な場面は、六章の〝I am not a nigger〟における、ロドニー・キング事件と『昼下がりの情事』、そして『恋人よ帰れ』のドリス・デイと私刑により首を吊られたローラ・ネルソンの映像が連続して流れる場面であろう。一九九一年三月に起こった四人の警察官によるロドニー・キング暴行事件は衆目を集めた。スピード違反の容疑で停止させられた黒人男性が、警官の指示に従わなかったため、顔面や手足などの骨折、眼球が破裂するほどの激しい集団暴行を受けた。起訴された警察官たちは、キングの前科や現場での抵抗などの理由で、翌年四月には無罪となったが、偶然録画されたこの暴行場面が全米に拡散し、ロサンゼルス暴動の引き金となった事件である。この映像の直後に、ロマンティック・コメディの巨匠ビリー・ワイルダー監督の『昼下がりの情事』（一九五七年）で、オードリー・ヘップバーンがゲイリー・クーパーとダンスをする優雅な場面が映される。その後さらに、『ブロードウェイの子守唄』（一九五一年）のダンスシーンが登場し、この「白人の時代」を象徴する金髪と白い肌と健康的な清純さを併せ持つ女優ドリス・デイの場面と、対照的な盲目の黒人歌手レイ・チャールズの場面へと続く。そしてボールドウィンの「この国には二つの層が存在している。この二つの世界が本当に向

『恋人よ帰れ』のドリス・デイから集団リンチのローラ・ネルソンの映像へのシークエンス
（『私はあなたのニグロではない』1:25:28 ～1:25:45）

き合ったことはない」の声。続く『恋人よ帰れ』（一九六一年）では、ドリス・デイがロック・ハドソンを待ちわび、音楽が最高潮になった瞬間、突然映像は首を吊られた黒人女に切り替わる（次頁シークエンス）。一九一一年オクラホマで起こった集団リンチで、二七歳のローラ・ネルソンとその一二歳の息子が冤罪にも拘わらず絞首刑にあった。(3)この悲惨な写真から、彼女がおそらくその朝、普通に仕事をしていたこと、結婚指輪からは彼女の家族や友人が想像できる。下半身をむき出しにされ吊るされた息子の写真からは、おそらく去勢されたことも読み取れる。まさに「奇妙な果実」*の風景だ。ビリー・ホリデーは、一九三九年、南部の黒人リンチで木に吊りさげられた焦げ臭い黒い死体を果実に喩えた曲を歌った。

　ドリス・デイとローラ・ネルソンの映像の対比は衝撃的だ。白人女性がフェイドアウトする映像に、首を吊られた黒人女が二重写（オーバーラップ）しされる。同じ国の中で両極の二つの世界が分かちがたく共存している象徴的場面である。その意味するものは、まさに現代のアメリカでもある。バラ色の人生と「闇の奥」。「アメリカのアダム」を目指し、無垢で素朴で健全なアメリカ人を標榜しながら、その内側に暗黒を抱えるアメリカ（白人）は、その差別的な過去にも現在にも面と向き合えないでいる。ボールドウィンは「歴史とは過去ではない。それは現在のことだ」と語る。アメリカの過去と現在を同時に見る方法、白人の陰に隠れた黒人の生を同時に認識する方法、清純なアメリカの裏にある淀んだ悪意から目を逸らさせない方法を見出すため、ペックは試行錯誤を重ねながらこのドキュメンタリー・コラージュとも呼ぶべき表現に至ったと思われる。

このような非伝統的な製作方法を選択する理由の一つは、ハイチ生まれのペック監督の生い立ちにあるといっても良いであろう。

4 ラウル・ペック監督の人と作品

ラウル・ペック監督は、一九五三年中米ハイチの首都ポルトープランスで生まれ、七歳の時、デュヴァリエ独裁政権から逃れるため、一家でアフリカのコンゴに行った父（農学者）と合流する。一九八二年から短編映画を監督し始め、一九九〇年、コンゴ独立の父、初代首相のルムンバの政治参加から処刑までの半生を描いた『ルムンバ』を撮り注目された。二〇一六年、ドキュメンタリー作品『私はあなたのニグロではない』で、第八九回アカデミー賞の最優秀ドキュメンタリー長編映画でオスカーにノミネートされ、その他国内外の数々の賞を受賞している。『私はあなたのニグロではない』発表後のインタヴューでペックは、この作品への批判や偏狭な見方が存続する現状を見て、作品の正当性を証明するため、前作より広範な歴史と地域を対象とした『すべての野蛮人を根絶せよ』（二〇二一年）を製作し（U－NEXTで配信された邦題は『殺戮の星に生まれて』）、西洋の六百年にわたるマイノリティの大虐殺の歴史を現代によみがえらせた。

この映画の原作は、『すべての野蛮人を根絶やしにせよ——「闇の奥」とヨーロッパの大量虐殺』である。副題が表すように、この「野蛮人を根絶やしにせよ」は、コンラッドの『闇の奥』からとられた言葉であり、ベルギーのコンゴ支配と搾取、奴隷制の残虐さを、ジャンルや時代、国境を超えた「学際的文学」として書いたスウェーデンのリンドクヴィストの作品が原作となっている。この作品は、「黒人」や先住民などの非西洋の人間が、六百年前から現代まで世界＝白人社会においてどのように見られ、どのように扱われてきたかを、映像と音楽、それらをつなぐナレーションで物語るドキュメンタリーである。奴隷制とヨーロッパ、アフリカとアメリカ、ドイツとホロコーストと西洋の歴史をたどればすぐにわかるように、西洋人の基本的な考え方は、帝国主義時代に限らず、「すべての野蛮人を根絶やしにせよ」であると訴える過激な作品である。ペックの描く現在は、西洋の支配から始まった時間の歴史でなく、有史以前の人類史まで遡るが、西洋的な時間と物語を脱構築し、あえて権威となる中心を作らないまま、スピヴァクのいった「惑星思考」[*]（地球規模に広がった西洋の価値基準から見過ごされたマイノリティの存在への視線）とも呼べる時間感覚で二一世紀の現在までたどるものだ。

5　BLM新時代へ向けて

ペックにしてもボールドウィンにしても、アメリカやヨーロッパの白人社会が見ようとしない「黒人」と呼ばれるマイノリティ、そして白人社会が過去六百年の間にやってきた搾取と虐待と殺戮行為を、二一世紀の今、新しい視点から見直す契機を与えていることは間違いない。ボールドウィンの言うように、「この世界で立ち上がり権利を主張することは、西洋の権力構造を攻撃すること」であった（『私はあなたのニグロではない』）。しかし、それは必ずしも白人の過去の行為を憎み、批判し、罪を認めさせるばかりのメッセージではない。ラウル・ペックの作品を通してボールドウィンを知った若い作家たちが、新たな文学作品を生み出しつつある。すでにＢＬＭ時代の新しい作家として、『世界と僕のあいだに』（二〇一五年）のタナハシ・コーツ（一九七五〜）や『今度は火だ』（二〇一六年）のジェスミン・ウォード（一九七七〜）などがいる。ボールドウィンは『次は火だ』（一九六三年）で、父親から甥への手紙という形式を用い、アメリカでの黒人の生き方を伝えようとしたが、同じくコーツも全米図書賞を受賞した『世界と僕のあいだに』で、当時十代の息子に、「アメリカ文化に織り込まれた人種差別による暴力」を手紙で伝えようとしたことは周知のとおりである。またウォードは序文で、ボールドウィンが「賢明な父親」か「優しい伯父」のような存在だと感じているという。ボールドウィンの過激な言葉の裏に、アメリカで黒人として生きる時出会う数知れない不正を生き抜くための叡智と愛情を読み取っているように見える。『次は火だ』の中で、「しかし君は丈夫な百姓の血を受け継いでいる。綿を摘み、幾つもの川にダムを掛け、鉄道を引き、もっとも恐ろしい困難にも立ち向かい、決して屈しない不滅の尊厳を手に入れた人々の末裔だ」とボールドウィンが語る時、そこにはすべてのアメリカの黒人への慈しみと愛があふれていたのだった。

注

（１）この手紙の不適切な部分は、アガシの妻による編集の『生涯と書簡』では削除されており、著者のグールドがハーヴァード大学の図書館にある元の手稿から初めて訳出したという（グールド p.112）。

（2）アガシと同じ多起源論者のジョサイア・C・ノット、およびジョージ・R・グリッドンは、『人種の型』における人種および近縁動物の頭蓋骨尺度を三段階で図解し、中段がクリオール・ニグロ（アメリカ生まれの黒人）、下段が若いチンパンジーの図と分類し、あえて黒人の顎をチンパンジーより前方に伸ばし、その原始性を強調している。

（3）The Lynch Quilts Project, "Laura Nelson's Story," https://www.thelynchquiltsproject.com/laura-nelsons-story

COLUMN

白人至上主義運動

冨塚　亮平

米国における白人ナショナリズムの起源は、見方によっては建国以前にまで遡る。先住民の制圧を支えた論理、すなわち先住民は生物学的かつ文化的に自分たち白人より下等であるという優越主義的な発想は、今日に至るまで温存され続けている。また、自らを社会の所有者のごとく捉え、新参者や社会的他者を排除しようとする土着主義の発想も同様に、一七世紀末のセイラムで起こった「魔女狩り」や二〇世紀半ばの「赤狩り」をはじめ、様々な運動において大きな影響力を保持してきた。

こうした優越主義や土着主義に根差した運動は、南北戦争後にはより過激化する。戦後間もなく旧南部の有力者を中心にテネシー州で結成された最も有名な白人至上主義団体KKK（クー・クラックス・クラン）は、一度は活動を終息させたものの、その後彼らを「正義」として描いたD・W・グリフィス『國民の創生』（一九一五年）の大ヒットによって復活を遂げた。最盛期の二〇年代半ばには三〇〇万人以上の会員が、黒人をはじめとする移民を排斥し、反移民政策を牽引した。

渡辺靖『白人ナショナリズム』によれば、近年問題となっている新たな運動は、一方で優越主義や土着主義を共有しつつも、同時に新たな特徴を備えてもいるという。なかでも、「人種間には遺伝子によって規定され、継承される明確な差異がある」とする「人種現実主義」の思想は、頭蓋骨の解剖学的特徴に基づく人種の分類や序列化を行った一九世紀の骨相学なども想起させつつ、新たな形で科学と人種を結びつけることでその影響力を増している。

二〇二一年一月には、前年の大統領選で不正があったと主張するトランプ支持者たちが、連邦議会が開かれていた議事堂を襲撃した暴動事件が話題となった。二〇一五年ごろから「オルトライト」と総称されるようになった諸集団や、米政治を裏で操る「闇の国家」と闘う救世主としてトランプを礼賛する陰謀論を主張する「Qアノン」など、襲撃に参加した極右団体の多くは、インターネット上の匿名掲示板で緩やかなネットワークを形成しつつ勢力を強めてきた。BLM運動の盛り上がりと表裏一体を成す現象として、「米国の分裂」という問題をも含意する白人ナショナリズムの隆盛には、今後も注意が必要だろう。

COLUMN

BLM運動とリンクする表現者ジャネール・モネイ——奪われつつある人種的ルーツと性の警告

小澤 奈美恵

　ジャネール・モネイは、黒人、LGBTQとして人種・ジェンダーの多様性と解放を求める最も急進的な表現者であり、トランプ政権下の保守的な傾向に真向から挑む。保守派は、D・E・I（多様性・平等・包括性）政策に反対し、批判的人種理論（クリティカル・レイス・セオリー）（人種差別が構造的に社会に組み込まれているとする考え）に基づく教育を拒絶し、奴隷制に関する歴史や物語を教えることは、白人の子供に罪悪感を抱かせてしまうと主張する。また、性は男女しか存在しないとし、子供にLGBTQに関して教えることも拒む。しかし、モネイは作品を通じてアフリカ系のルーツや歴史、LGBTQの存在を主張し、表現することを止めない。

　モネイは、もともとミュージシャンとして、音楽活動を始め、二〇一八年に『ダーティ・コンピュータ』というアルバムを制作し、それを基にプロの作家との共作で、SF小説も発表した。表題作の「記憶図書館員」という短編では、住民の記憶がコンピュータに管理された都市で管理職に上り詰めた黒人女性セシェットが、愛人アリシアが記憶の解放を謀る反乱者の一味であることを知る。セシェットは自分の記憶が奪われており、その記憶は音楽や民族の歴史に関わり自分を形成する最も大切なものであることに気づく。アメリカで奪われつつあるアフリカ系の文化と歴史の奪回を煽動するようにも解釈できる。そこには過去の差別の苦悩からSF的未来に黒人のユートピアを見出そうとするアフロ・フューチャリズムの傾向が見られる。

　モネイは俳優としても、本書第7章の『ムーンライト』、NASAで初の有人宇宙飛行計画の軌道計算に関わった三人の黒人女性を描いた『ドリーム』、南北戦争で黒人奴隷の北部逃亡を助けたハリエット・タブマンの生涯を描いた『ハリエット』に脇役として出演した。そして『アンテベラム』では、人種差別に取り組む社会学者を主演している。「アンテベラム」とは南北戦争前の時代を指す。奴隷制の残酷な歴史に引きずり込まれる恐怖は、奴隷制の闇を描き続けた南部作家ウィリアム・フォークナーの「過去は決して死なない」という冒頭の言葉で予告され、現代の黒人の置かれた状況に痛烈な警告を発している。

第6章

“RBG”はリベラル派のアイコン

『ビリーブ 未来への大逆転』

寺嶋 さなえ

1 ロースクールの学生として

映画『ビリーブ 未来への大逆転』は、女性の社会進出がまだ難しかった時代に、数々の苦難を乗り越え、アメリカ連邦最高裁の裁判官にまで登りつめた女性の物語である。主演はフェリシティ・ジョーンズ。実在したルース・ベイダー・ギンズバーグ（RBGの愛称でも知られている）がモデルであり、映画の中でも主人公はルースと呼ばれている。

作品の舞台はアメリカ東部のボストンとニューヨーク。時代は一九五〇年代半ばから七〇年代初頭までが描かれている。

まず映画は一九五六年、ルースがハーバード大学ロースクールに入学する場面から始まる。ここではネクタイをしめたスーツ姿の男性が大群となって現れ、その中にルースがポツンと遠慮がちに座っている姿が印象的だ。ハーバードのロースクールは周知のとおり、名門中の名門だが、その門は一九五〇年秋まで女性に閉ざされていた。ようやく女性の入学が認められるようになってからもその入学者はわずか二％で、ルースが入学した年を見ても、五五〇人以上いる同級生のうち、女子学生はわずか九人であった。

そのような環境の中、ルースは入学直後から男女差別を目の当たりにする。女子学生は学部長主催の夕食会に招かれるのだが、その席で学部長から「男子の席を奪ってまで、君たちがここにいる理由は？」などと皮肉られる。また学生が使う校舎には女子用トイレがなく、図書館へは女子という理由だけで入館することができない。さらにハーバードの授業では担当教員から当てられた際の発言内容が学生の成績に反映されるのだが、ルースがどんなに熱心に手を挙げてもなかなか指名されることはない。しかしこうした不利な状況においても、ルースは五六一人中二五位以内という好成績を収め、『ハーバード・ローレビュー』初の女性編集委員に選ばれる。これは成績優秀者の証であり、その後のキャリアにとって極めて有利な経歴だと言われている。

ハーバード大学ロースクールの授業風景。当時はクラスのほとんどが男子学生だった

ところでルースの私生活に目を向けてみると、彼女の忙しさとその努力ぶりがよくわかる。ルースはロースクールに入学した時点で、ひと学年上のマーティン（映画ではマーティと呼ばれている）と結婚しており、しかも生後まもない娘もいたのだ。そして在学中にマーティンのがんが見つかり、闘病生活が始まると、ルースは夫のマーティンに代わって彼のレポートをタイプで仕上げたり、二人分の授業に出席してノートを取ったりしたのである。その後マーティンが無事卒業してニューヨークの弁護士事務所に就職すると、ルースもハーバード大学からコロンビア大学のロースクールに編入し、そこを首席で卒業する。

しかしどんなにルースが優秀であっても、女性で母親というだけで、ルースを弁護士として雇ってくれる事務所は見つからない。当

『ビリーブ 未来への大逆転』
Blu-ray ¥2,200（税込）／ DVD ¥1,257（税込）
発売・販売元：ギャガ

時は弁護士、医師、パイロット、警察官、消防士、兵士といった職業は女性にふさわしくないと思われていたからである。結局、ルースは弁護士になる夢をあきらめ、ロークラークを数年間務めたのち、大学教員として裁判の事例を学生に教える日々を過ごしていく。ここで言うロークラークとは、法律の専門性を活かせるパラリーガルではなく、単なる事務員のことである。

この映画の原題は〝On the Basis of Sex〟である。このことからもわかるように、本作品では性（性別）がテーマであり、全編を通じて性差別の問題に焦点が当てられている。実際、映画の前半ではルースがロースクールの学生として直面した性差別、後半ではルースが法律家の立場から問題提起をし、取り組んでいった性差別が描かれている。

法の中に存在するが、これまで見過ごされてきた数々の性差別。その一つ一つを裁判で取り上げ、是正すること。それがルースの生涯をかけての仕事となった。その際、ルースの知性に敬意を払い、社会進出を後押ししてくれた夫マーティンの理解と協力があったことは言うまでもない。

2　弁護士として

『ビリーブ 未来への大逆転』（2018年／アメリカ／監督：ミミ・レダー）

RBGの愛称で知られ、アメリカ史上2人目の女性最高裁判事にまで登りつめたルース・ベイダー・ギンズバーグの伝記映画。主人公のルース役をフェリシティ・ジョーンズが演じている。

法の中に存在するが、それまで見過ごされてきたいくつもの性差別。主人公ルースは弁護士としてその問題に真摯に向き合い、逆風の強い裁判に挑んでいく。ルースは性差に関する人々の認識を少しずつ変えていったパイオニアの一人でもあった。映画の中で焦点となるのは、男性への性差別をめぐる裁判である。100％負けると言われた裁判で、ルースはどのように大逆転を成し遂げていくのか？　作品では家族とのエピソードを交えながら、ルースの力強い、生き生きとした姿が映し出されている。

ルースが大学教員として過ごしていたある日、弁護士で夫のマーティンはある資料をルースに手渡す。それは生涯独身で母親の介護をしているチャールズ・モリッツという男性に関するものであった。セールスマンとして働くモリッツは、高齢の母親のために昼間だけ看護師を雇って母の面倒を見ているが、彼の場合、介護している本人が男性という理由だけで、不利益を被っていたというのだ。すなわちその介護費用に対し、同じ境遇の女性なら当然認められるはずの税額控除が彼には認められなかった。実際、税法二一四項では、介護費用控除の申請は原則女性に限定され、あとは例外としてやもめか障害者の妻を持つ男性のみが申請できたのである。その資料を読んだルースは、法律の中に男性への性差別が存在することを知り、マーティンに裁判所への上訴を提案する。

どんな時もルースを応援してくれた夫マーティン（アーミー・ハマー）

ルースは映画の中で「憲法修正第一四条では、全ての国民は法の下に平等であるのに、多くの法律はこの介護の控除のように、女は家庭、男は外で仕事を前提に差別している」と指摘し、モリッツのケースに対しても「法律を作った人は、家で親を介護する男性を想像できなかった」ことを改めて実感する。「もし連邦裁判所にこの法律が憲法違反だと認めさせたら、法律上の性差別を認めた先例になるわ。これによってきっと男も女も性差別のシステムを崩せるようになるのよ！」ルースはマーティンにこう熱く語りかけるが、これはルースの中に、法律家として性差別のある社会を必ず変えてみせるという強い信念が芽生えた瞬間でもあった。

法廷に立つルース。ルースの述べる「反対意見」は説得力のあるものばかりだった

早速、ルースとマーティンは裁判に向けて動き始め、ルースは弁護士として原告のモリッツに無償で弁護を引き受けることを約束する。その後、ルースの熱意もあってACLU（アメリカ自由人権協会）の協力が得られ、ルースたちはこの裁判を見事、勝訴に導くことに成功する（一九七一年、モリッツ対内国歳入庁長官事件）。そしてこの裁判を皮切りに、ルースは性差別が焦点となる案件に次々と取り組んでいく。

ここで注目したい点は、ルースが女性の権利の擁護だけを行ったのではなく、男性に対する差別のためにも闘ったという点である。ルースは女性への差別をなくすためには、男性への差別もなくす必要があると気づいていたからである。映画ではモリッツの事件だけが取り上げられているが、実際、ルースは他にもフロンティエロ対リチャードソン事件（一九七三年）やワインバーガー対ワイゼンフェルド事件（一九七五年）といった男性への差別が焦点となる裁判に挑んでいる。

ここで二つの事件について少し詳しく見てみよう。フロンティエロ対リチャードソン事件というのは、アメリカ空軍に在籍するシャロン・フロンティエロによって起こされた裁判で、これはルースが初めて連邦最高裁で争った事件でもある。この事件の争点は、空軍の中尉が女性であった場合、その配偶者（男性）が受け取れる手当は、中尉が男性だった場合にその配偶者（女性）が受け取れる手当よりも少額になることが連邦法によって定められている点である。しかしルースはこの法律の中の性差別を問題視し、それは憲法修正第五条に違反すると強く主張した。その結果、ルースは連邦最高裁判官九人のうち八人を説得することに成功し、裁判を見事、勝訴に導いたのである。

一方、ワインバーガー対ワイゼンフェルド事件とは、出産で妻を亡くしたスティーブン・ワイゼンフェルドによって起こされた裁判である。スティーブンは妻の死後、息子を育てるために家庭に入ることを決意し、妻の教師時代の業績を添付して遺族給付金の受給を申請した。ところが、スティーブンに遺族給付金は支給されなかった。なぜならそれは、配偶者が女性の場合にのみ支給される決まりだったからである。当時はまだ「男は外で働き、女は家で家庭を守る」ことが社会通念だった時代。モリッツの場合と同様、今回の裁判もルースたちにとっては逆風が強かった。しかしルースは「生き残った親が母親か父親かで差が生じることは不合理だ」と主張し、性別による区別が女性だけでなく男性をも害する点を論述して勝訴の判決までこぎつけた。その際、ルースは依頼者の男性を自分の横の原告席に座らせ、その顔を裁判官たちに見せるという戦略を取った。それは裁判官たち（全員男性）に当事者意識を持たせる目的で行われたのだが、連邦最高裁の弁論においては異例の作戦だった。

3　裁判官として

ここからは映画から離れて、ルースの裁判官時代に目を向けてみよう。一九八〇年、ルースはカーター大統領によりコロンビア特別区連邦高裁の裁判官に任命され、一九九三年には、クリントン大統領によって連邦最高裁の裁判官に任命された。これによりルースは史上二人目の女性最高裁判事となり、裁判官としても差別を扱う事件に取り組んでいく。

　中でも合衆国対ヴァージニア州事件（一九九六年）やレッドベター対グッドイヤー・タイヤ&ラバー会社事件（二〇〇七年）はよく知られたものだ。前者は女性の志願者を排除するヴァージニア軍事学校についての案件で、裁判ではそれが憲法修正第一四条の平等保護条項に反するのでは？という点が争われた。また後者は女性のリリー・レッドベターの給料に関する案件で、彼女には二〇年近くもの間、同僚の男性よりも安い給料しか支払われないことが問題となった。裁判ではそれが市民権法第七編の差別に当たるのではないかという点が争点となった。

　ルースはいずれの場合においても法の中に存在する差別を厳しく追及し、長いあいだ見過ごされてきた差別について一つずつ是正していった。その結果、ルースはリベラル派の裁判官として注目を集め、大きな影響力を持つようになっていった。

　ここで連邦最高裁判事の任命について着目したい。アメリカの最高裁判所は九名の判事から構成され、その任期は終身だが、その人選に政治的思惑と多大な権力が介入する点は重要である。なぜなら最高裁の判事は時の大統領によって指名され、上院の承認を得て任命されるため、その大統領が共和党か民主党かによって、判事も保守かリベラルかが決まるからだ。そしてそれは当然、人工妊娠中絶や銃規制などの裁判の流れを大きく左右することにつながっていく。

　このような事情からルースが高齢となった時、リベラル派からはオバマ政権のうちにルースが引退し、その後任として若いリベラル派の者が着任すべきだという声が上がるようになった。しかしルースは「私は全力で仕事ができる限りはここにとどまる」と断言し、生涯現役を貫く覚悟をメディアでも伝えた。結局、ルースは二〇二〇年九月に八七歳で亡くなり、そのとき大統領であったトランプ氏は、ルースの後任としてエイミー・コニー・バレットという保守派の女性判事を指名した。これによりトランプ大統領は四年間に三人もの保守派の判事を着任させ、保守派とリベラル派の最高裁判事の割合は六対三となった。

この結果を受けて二〇二二年六月には、人工妊娠中絶の合憲性をめぐる裁判で、一九七三年のロー対ウェイド事件の判決が覆された。その判決というのは「妊娠を継続するか否かに関する女性の決定はプライバシー権に含まれる」として、女性の堕胎の権利がアメリカ合衆国憲法修正第一四条によって保障されることを明らかにしたものである。したがってこのロー対ウェイド判決の破棄は、その後のアメリカ社会に多大な影響を及ぼし、それ以降、人工妊娠中絶の合法性についてはその判断が各州に委ねられることになった。すなわち州によって中絶を選ぶ女性の自由が守られたり、厳しく規制されたりするようになったのである。

その後、二〇二二年のバイデン政権では、引退する最高裁判事（リベラル派）の後任として、同じくリベラル派のケタンジ・ブラウン・ジャクソン氏が指名され、黒人女性として初の最高裁判事が誕生した。このときバイデン大統領は「この国の政府と裁判所はあまりにも長いことアメリカ本来の姿を反映してこなかった。今こそアメリカの才能と偉大さを十分に発揮できる裁判所を実現すべきだ」とコメントした。それはアメリカ合衆国憲法の制定から二三四年経てのことだった。

4　ジェンダーを超えて

これまで見てきたように、ルースの人生は性差別に声を上げ、法律家としてそれと向き合い、性差別に関わる法律の改正に力を注いでいった人生であった。しかし近年において、性差別とは単に男女差別だけを指すのではない。LGBTQ+*への議論が活発化する中で、ジェンダー*の問題はより複雑な様相を呈している。

法律ではないが一例[1]として、アメリカの「セブンシスターズ」と呼ばれていた名門女子大学での取り組みを見てみよう。このグループに属する中で、男女共学化を採用しなかった女子大学では、LGBTQ+に配慮してその性別による入学資格を大幅に緩和している。たとえばブリンマー大学では「トランスウーマン、ノンバイナリーな人たちが応募時に女性というアイデンティティを持ち、女性として生活する者であれば、応募資格がある」とし、さらに両性具有の場合でも「自分自身を男性と考えていなければ応募資格がある」と書面に明記している。またマウントホリヨーク大学では受験生の応募資格として「女に生まれて女と自認している人、女に生まれて男だと自認している人、女に生まれて女でも男でもない人」といった表現を使い、そこには「男に生まれて女と自認している人」や「男に生まれてノンバイナリーな人」も含むとしている。

このようなジェンダーをめぐる問題は、スポーツ界でも議論の的になっている。たとえばニューヨークシティマラソンやシカゴマラソンでは男子の部、女子の部に加えて近年ノンバイナリー部門を設け、それまで応募をためらっていた人たちも積極的に参加できるようになった。男女という二択に縛られない形を取ったのである。

アメリカでは二〇二二年一二月、バイデン大統領が同性婚の権利を連邦レベルで擁護する「結婚尊重法案」に署名した。すなわちアメリカの全ての州で同性婚および異人種間の結婚が合法だと認められるようになったのである。実は同性婚に関しては、すでに二〇一五年のオーバーグフェル対ホッジス事件の裁判で連邦最高裁が同性婚を認めない州法を違憲とし、結婚を「男女間のもの」と定めた連邦法を無効としていた。しかしこの二〇二二年の「結婚尊重法」(The Respect for Marriage Act) の成立によって、改めて同性婚が合法だと認識され、大統領の法案署名式を通じて周知されることになった。

この法案の成立には、前述のロー対ウェイド裁判の判決が大きく関わっている。人工妊娠中絶を認める判決が二〇二二年六月に覆されたことを受けて、同性婚を認める判決も覆されるのではないかという危機感が高まっていたからである。

〝RBG〟がリベラル派のアイコンであったように、ルースはジェンダーによる差別に反対し、性差に関する人々の認識を少しずつ変えていったパイオニアの一人であった。[2] ルースは「性差は単なる生物学的な違い」に過ぎず、それは差別や排除の理由にはならないという考えの持ち主だった。そしてたとえ少数派であっても、差別反対を唱え続けるルースの毅然とした態度は若者たちから多くの支持を集め、"I dissent." (反対します!) はルースの信念を象徴するフレーズとなった。

性差別の撤廃が唱えられ、LGBTQ+への理解が深まる現代において、こうしたルースの功績は大きいと言えるであろう。

注

(1)『LGBTと女子大学——誰もが自分らしく輝ける大学を目指して』pp. 47-48. を参照。

(2) ルース・ベイダー・ギンズバーグは、二〇一五年にタイム誌から「世界で最も影響力のある百人」の一人に選ばれ、ルースのドキュメンタリー映画は『RBG 最強の八五才』として二〇一八年に公開されている。

COLUMN

文化戦争としての人工妊娠中絶――プロチョイス対プロライフ

小澤 奈美恵

アメリカにおいては、属するコミュニティによって人工妊娠中絶への見解が異なり、プロチョイス派とプロライフ派の対立で二分されている。「プロ」とは、「支持」を表す接頭辞で、プロチョイスとは、女性自身が子供を産むのか中絶するのか選択する権利を支持することである。他方、プロライフは、胎児の生命と生きる権利を支持することである。キリスト教徒が多い国家ならではの論争である。

二〇二四年のピューリサーチセンターの調査では、六三％のアメリカ人がプロチョイス派であり、三六％がプロライフ派で、アメリカ全体では徐々に妊娠中絶を容認する傾向が見られる。宗派別に見ると、プロライフ派が七三％という高い比率を占めるのは、白人の福音派プロテスタントで、カトリック教徒では四三％にとどまる。政治的な党派別で見ると、共和党支持者の五七％がプロライフ派で、特に保守的な共和党員では、七一％に達する。一方、民主党のプロライフ派は一四％、リベラルな民主党支持者に限定すれば、わずか四％である。福音派のプロライフ派は、共和党の強力な支持基盤となっている。人種別では、プロライフ派は、白人で三八％、カトリックが多いヒスパニックでも同様に三八％と比較的高いが、黒人とアジア系では二四％である。年齢では若いほど、また学歴は高いほど、妊娠中絶を容認する傾向が見られる。つまり、白人の中でも中西部から南東部に多い福音派、保守系共和党員、学歴が高卒以下であれば、妊娠中絶反対のプロライフ派が多くなる。そうした保守的な地域では、中絶を行う医師が射殺されたり、クリニックが爆破されたりする事件も起きている。一方、高学歴で都会に住み、多様な人種・民族の人々と触れ合い、特に宗教にこだわらず、女性の権利拡張を望む民主党支持者にはプロチョイス派が多い。それぞれの属するコミュニティがあまりに違うため、二つの派の人々が交流しあう可能性は低く、双方を激しく非難しあう。

一九七三年に女性に妊娠中絶の憲法上の権利を認めたロー対ウェイド判決を巡る加熱する論争の最中、二〇二二年、保守派に偏る最高裁によってその権利は否決され、歴史の流れは逆行した。元来キリスト教国家として始まったアメリカの二つの派の文化戦争に果てはあるのだろうか。

第7章

イン・ビトウィーン・ジェンダーズ
『ムーンライト』

塚田 幸光

黒人の人生や魂を恍惚の美学で扱うことは期待されていない。生きるための闘い、ただ息をし、存在するための闘いが、黒人たちに重くのしかかり、存在そのものが痛みや苦しみのペーソスに包まれる必要があると思われているのだ。

バリー・ジェンキンス

1　オスカー・ゴーズ・トゥ・『ラ・ラ・ランド』!

第八九回米国アカデミー賞授賞式で、その事件は起きた。発表に戸惑うプレゼンターのウォーレン・ベイティから封筒を取り上げ、フェイ・ダナウェイが作品賞の名前を読み上げる。「オスカーは『ラ・ラ・ランド』」、と。前年、「オスカーは真っ白(オスカー・ソー・ホワイト)」と非難を浴びたアカデミーに、再び白いハリウッドが出現した瞬間だろう。ベイティが「多様性」を強調した前振りをしていたにもかかわらず、である。しかしながら、その「白い」時間は、長くは続かない。作品賞は、『ムーンライト』(二〇一六年)だったからだ。

アカデミー賞作品賞の取り違い事件は、「人種」という問題の根深さがメディアを通じて可視化された出来事である。ダナウェイの振る舞いとその後の顚末は、『ラ・ラ・ランド』(二〇一六年)の受賞が潜在的に求められた証左であり、それは白い無意識の別名だろう。だからこそ、取り違いにざわつくステージ上の混乱が、〈黒人ゲイ映画にオスカーを与えるのか〉、というアメリカの人種的・性的・政治的な闇を映し出す。果たして、これはオスカー受賞のステージか、或いは秘密を暴かれたハリウッドのコミカルショーなのか。

ここで興味深いのは、『ムーンライト』が人種と性という主題だけを問題提起していない点だろう。『ムーンライト』は、大手スタジオによる大作映画ではない。その巨大な経済圏をすり抜けるPLAN B*やA24*という独立系プロダクションが生み出したマイナー作品であるからだ。これまでのハリウッドとは対極のトポスで、『ムーンライト』はオスカーを取る。これは、ディズニーやワーナーのように、コングロマリット化するメジャースタジオへの「否」であり、映画というアートが独立性・自律性を示した好例だろう。奇妙にもオスカー取り違い事件の混乱は、ベイティとダナウェイの『俺たちに明日はない』（一九六七年）のラストシーンのように、白いハリウッドの欲望が打ち砕かれたことをメタフォリカルに逆照射する。

本稿では、『ムーンライト』のイメージシステムを軸に、「性」の表象を映像的に解釈する。『ムーンライト』にはほとんど白人が登場しない。異人種の差異による差別表象を回避しながら、黒人間の複数の差別を描いている。そして、性の問題を軸にしながら、それを過剰に前景化しない。黒人であり、ゲイであること。そこには如何なる問題が潜むのか。或いは、それらは如何に隠蔽（イン）／開示（アウト）されているのか。トランプ時代の幕開けに、オバマ時代の黄昏を見る[1]。果たして、『ムーンライト』は、どのようなメッセージを現在に伝えるのだろうか。

2 In Between――性の「間（あいだ）」を可視化する

『ムーンライト』には、作り手たちの人生が投影されている。そして、それは奇妙な縁によるものだ。監督バリー・ジェンキンスは、タレル・アルヴィン・マクレニーの戯曲『月明かりの下で、黒人の子供は青く見える』をもとに、次作の構想を練るなかで、彼自身と戯曲の主人公の類似性に気付く。ジェンキンスとマクレニーは、奇しくもフロリダのリバティ・シティ出身であり、互いに数ブロック離れた公営住宅に住み、薬物中毒の母を持つ。貧困と犯罪が横溢するこの街で、彼らは窒息寸前の人生を送ってきたのだ。

大恐慌時代、ニューディールの住宅プロジェクトの一翼を担ったリバティ・シティは、パトリック・ジョンソンによれば、南部で最初の公営黒人居住区であった。だが、ジェンキンスとマクレニーが育った一九八〇年代には、そこは人種暴動の象徴的な街となる。信号無視の疑いをかけられたアーサー・マクダフィが白人警官に殺害され、「マイアミ暴動」*が起こるからだ（警官は翌年に無罪となり、抗議運動が激化する）。八〇年代とはまた、レーガンの「麻薬戦争」*の時代であり、刑務所システムが拡張され、持たざる黒人たちはその網に囚われてしまう。マクレニーの物語は、そのような激動の時代から始まり、現在に至る〈黒人でありゲイである〉ことを描いたプライベートな「告白」でもある。

実際、『ムーンライト』の冒頭は、リバティ・シティでのクラック取引シーン、そしてその脇をかすめる少年たちの描写から開始される。(2) 主人公リトルは、少年たちに追いかけられ、二階建ての廃アパートに逃げ込む。そこには使用済みの注射針が散乱し、窓は閉ざされ、陽の光は入ら

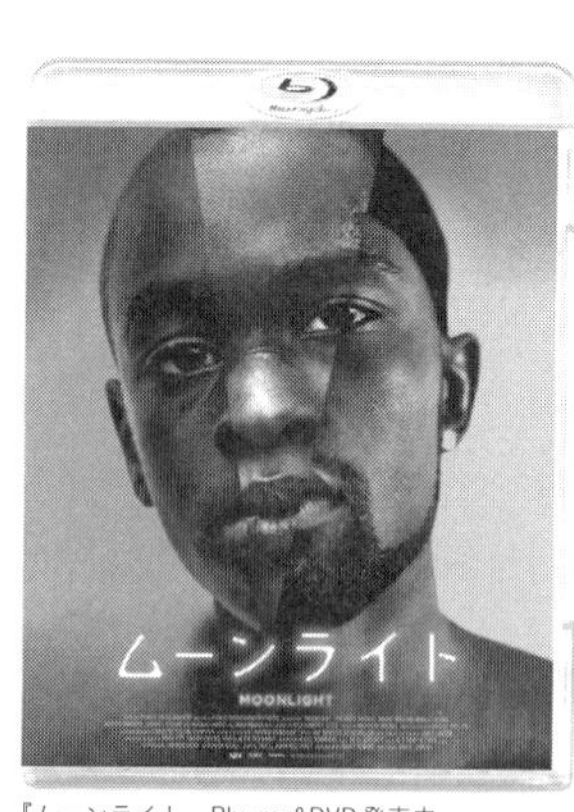

『ムーンライト』Blu-ray&DVD発売中
発売元：カルチュア・パブリッシャーズ
販売元：TCエンタテインメント

ない。少年たちが暴力的に扉を叩く音は、畢竟、銃声に聞こえる。果たして、これはフロリダの現実を映すドキュメンタリーなのか。手持ちカメラはリトルの後を追い、その揺れる映像は、彼が暗闇の隅で怯える様を伝えるだろう。刹那、塞がれた窓が壊され、光が部屋を満たす。彼を救い出すのは、その地域でクラックを売買するファンであるという皮肉（ファンは後にリトルの疑似的な父となる）。興味深いのは、このリトルの逃走シーンが、ファンの少年時代の回想シーンにも見える点である。暗闇で怯えているのは、リトルなのか、少年時代のファンなのか。いずれにしても、これがリバティ・シティの現実であると、映像は語るのだ。

『ムーンライト』は、主人公シャロンが、黒人である自身の生き方と性に悩みながら、三つの時代を生きる物語である。物語は一一歳の幼少期（リトル）、一七歳の青年期（シャロン）、二七歳の成人期（ブラック）から構成され、それぞれ別の俳優が演じる（主人公の呼び名は時代によって異なる）。八〇年代から二〇一〇年代に至るシャロンの半生を見つめ、ブラック・アメリカのダークサイドを映し出すのだ。そしてここで重要なことは、『ムーンライト』が、白人と黒人の対立をスペクタクル化せず、異人種間の問題を回避している点である。[3]『ムーンライト』では、先にも述べたように、白人がほとんど登場しない。そうすることで、従来の映画が看過した黒人間の差

『ムーンライト』（2016年／アメリカ／監督：バリー・ジェンキンス）

マイアミの貧困地区で育った孤独な黒人少年が、高校生、そして大人へと成長する姿を繊細なタッチで描く。少年リトル（シャロン）は、学校や家庭でも居場所がない。彼に救いの手を差し伸べたのは、麻薬ディーラーのファンだった。リトルはファンを父親のように慕うようになる。高校生になるころには、リトル／シャロンは、同級生のケヴィンに複雑な想いを抱く。黒人ゲイの孤独や苦しみは、如何に表象できるのか。あるいはそれらはマチズモとどう結び付くのか。本作は、黒人間での差別に焦点を当て、性的マイノリティの孤独や苦しみに寄り添う。タレル・アルヴィン・マクレイニーの『月明かりの下で、黒人の子供は青く見える』を原案とし、脚本はマクレイニーと監督ジェンキンスが共同執筆。第89回アカデミー賞では8部門でノミネートを受け、作品賞、助演男優賞（マハーシャラ・アリ）、脚色賞を受賞している。

別に焦点が当てられるのだ。ハイパーマスキュリニティが求められる黒人社会において、シャロンは差別のターゲットでしかない。彼は身体が小さく貧弱であり、寡黙で自己主張をしない。父が不在、母は売春婦でありドラッグ中毒。そして、彼はゲイである。彼は孤独であり、周囲の存在すべてに違和感を抱く。だが、それを声に出して語らない／語れない（ナレーションやヴォイス・オーバーを通じて、彼の内面が伝えられることもない）。そうではなく、映像が彼の内面を伝えるのだ。

シャロンはショットの「中央」に配置され、それがイメージシステムを形成する。グスタボ・メルカードが述べるように、イメージシステムとは「ストーリーに何層もの意味付けをするために、映画の中で繰り返し使われる映像や構図」を指す。ショットの反復が映画のコアアイディアを支え、その視覚的な関連性は、キャラクターの感情や心理を代弁するのだ。実際、少年期のリトルは誰もいない自宅で、壁の間に配置され（図1）、青年期のシャロンは学校の人いきれのなかに埋没する（図2）。それらの

図1　自宅（イメージシステム1）

図2　高校（イメージシステム2）

図3　帰路（イメージシステム3）

図4　駅のホーム（イメージシステム4）

場所は、リトル／シャロンにとって、自身を押しつぶす「檻」でしかない。また学校を出て、自宅に帰る途中でも、道路や駅のホームでのシャロンのポジションは、ショットの中央である（図3と図4）。リバティ・シティはいわば屋根のない牢獄。たった一人でいても、ロングテイクのシャロンの表情はこわばっている（彼の孤独は、金網やブラインドを背景にするショットにも顕著である。ロングテイクと金網が彼を視覚的に拘束するのだ）。そして、それらのショットは、彼のメンタルスペースを暗示し、そこには自分しかいない「タブロー」を形成する。

当然のことながら、これらのイメージシステムは、シャロンの孤独だけを伝えない。何かと何かの「間」というショットの反復は、コノテーション（言外の意味）として、彼の「性」にも接続する。男と女、或いはゲイとヘテロの「間（あいだ）」。ジェンダーやセクシュアリティの問題を暗示しながら、これらのショットはどちらにも踏み込めないシャロンのアンビバレンスを伝えるのだ。

図5　ファアンと海

3　水とセクシュアリティ

無形の水に境界はない。水は揺れ動く「性」のメタファーであり、領域侵犯の記号でもある。ミシェル・オダンの『水とセクシュアリティ』を持ち出すまでもない。『ムーンライト』でも、「水」は重要な意味を担うからだ。

例えば、幼少期に、ファアンがリトルに泳ぎ方を教えるシーンは重要だろう（図5）。浜辺はいわば儀式的な舞台であり、ファアンの行為は洗礼に等しい。

揺れ動く水と不安定な足場は、定まらないアイデンティティや危うげな性に対する暗示となる。ここでリトルは自分で立ち、泳ぐことを選択する。代理父としてのファアンの教えは、今後のリトルの方向性を定めるのだ。

ここで興味深いのは、『ムーンライト』の海では、対立する要素が同時に提出されている点だろう。自己嫌悪と愛情、自由と痛み、ためらいと高ぶり、必然と偶然、揺れと静止、時間と無時間。海と月光だけがこの両義性を受け止める。水は危険であり、癒やしの羊水でもある。白人と女性のいない海では、「黒さ」が可視化され、同時に不可視化される（そもそも黒人性は、黒人しかいないコミュニティにおいては不可視である）。そして、海はクローゼットの骸骨を隠蔽／開示（イン・アウト）する場、言い換えれば「告白」の場にもなるのだ。ファアンはリトルに黒人の多様性と拡散について語る――「いいか、教えてやる。黒人はどこにでもいる。覚えておけよ。世界中どこへ行っても、黒人がいない場所なんてないんだ。俺たちはこの惑星で最初の人間だ。俺はここに長い間いる。俺はキューバ出身だ」。ファアンはアフロ・ラテンのアイデンティティを受け入れるキューバ人であり、アメリカ人ではない。そう、彼は白人でもなく、黒人でもないのだ。彼は移民であることを隠し、「黒い」仮面を被ることで生きねばならない。白人至上主義の「影」、さらにその双子的な黒い「影」の中で、生き抜いた者だけが語る言葉は重い。

図6　バスタブ（性を隠すリトル）

海が告白の場である一方で、リトル／シャロン／ブラックの自宅のバスタブやシンクの水は、彼の性を隠し、ステレオタイプへと誘う。図6では、左

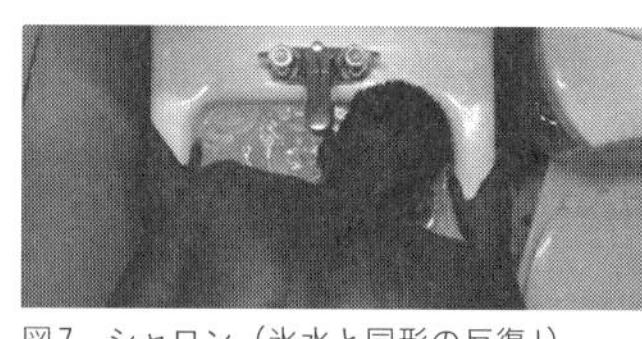
図7　シャロン（氷水と同形の反復1）

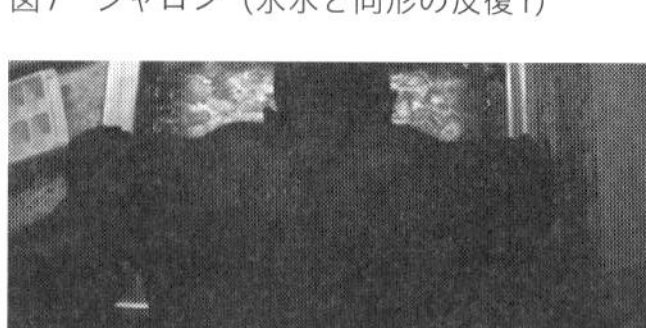
図8　ブラック（氷水と同形の反復2）

右のシャワーカーテンと壁がリトルを挟み（「間」の性）、バスタブが彼の身体を隠している。首から背中にかけての線は丸みを帯びており、女性のように見える。リトルはペニスを泡で隠し、自身の性から目を背けている（この直前のシーンでは、少年たちが性器の見せ合いをしている。リトルは身体の違和感（ペニスの存在）を隠したいのだ）。図7と図8では、シャロン／ブラックが氷を張ったシンクに顔をつけている。図7は学校でのイジメに対して、テレルに報復することを決意するショットであり、図8は出所後のアトランタで、ドラッグの売人としての生活を送っているときの一コマである。両者に共通するのは、氷水が脆弱な内面を隠し、アイデンティティの不安定さを消し、ステレオタイプな黒人のマチズモに自身を同化させる契機になっている点だろう。筋肉の鎧が分厚ければ分厚いほど、彼の性と脆弱な内面は隠され、表面化することはない。つまり、「水」が性的な揺れを表す一方で、「氷水」はその揺れを止め、引きつった黒い仮面への同化を促すのだ。

人種マイノリティであるフアンが、性的マイノリティであるリトルに生き方を教え、「仮面」の付け方と外し方を教える。結果、リトル／ブラックはフアンと見紛う外見を獲得し、出所後のアトランタで地位を築くことになる。八〇年代の麻薬戦争時代を反復するように、ブラックはフアンに自身を同化する。ダッシュボードには輝く王冠、クラッシックシボレーと二二インチのクロームリム、銃とドラッグとラップミュージック、金のグリルと屈強な身体。これは、ジェンキンスが批判する覇権主義的な男らしさであり、同時にそこに拘泥しなければならないブラックの悲劇を物語る。

4 親密さ（インティマシー）——レスリング、自慰、食

『ムーンライト』では、リトル／シャロン／ブラックの孤独が可視化される。何も語らない彼は、タブローのなかで風景の一部となるしかない。当然、そこでは誰もシャロンと交わらない。しかしながら、『ムーンライト』は、孤独の対極、シャロンとケヴィンの「親密さ」の瞬間を開示する。それは少年期の「レスリング」、青年期の「自慰」、成人期の「食」に関連するシーンに顕著である（図9から図11のような相似形ショットは、その後の親密さへの布石となり、イメージシステムを形成する）。ジェンキンスは、黒人男性の親密さを官能的でロマンチックに演出する一方で、それを傷つきやすくて繊細なものとしても描いている。当然のことながら、ここにステレオタイプな黒人のマチズモはない(4)。

少年期のリトルは孤独である。野原でのサッカーでも、彼はたった一人で取り

図9　レスリング直前（相似形1）

図10　浜辺（相似形2）

図11　レストラン（相似形3）

残され、少年たちの輪に入れない。カメラは少年たちをパンで捉え、リトルは彼らを見る観客に過ぎないのだ。しかしながら、そこにケヴィンが加わり、リトルを孤独から救う。そして、二人はじゃれ合い、激しく絡み合う。このレスリングにも似た行為は、情熱的なセックスをメタフォリカルに指し示すだろう。実際、レスリングと同性愛的欲望は相性がいい。例えばジェームズ・ボールドウィンの『山にのぼりて告げよ』（一九五三年）などに見られるように、絡み合う身体、荒い息や汗の匂い、そして相手への憧れの眼差しは、レスリングに隠された欲望を伝えるに十分だ。

少年期の肉体的な遊びは、青年期では親密さへとスライドする（図10）。夜の浜辺で、シャロンとケヴィンは、マリファナを燻らす。脇腹を突き、夜空に笑う。首の後ろを愛撫し、見つめ、キスする。そして、ケヴィンはシャロンの自慰をアシストする。夜の闇のなかで、月の光に照らされて、二人は一つになるのだ。では、この瞑想的で、時間の停止する感覚は何だろうか。『ムーンライト』は、人種的正義の物語ではない。また、自己実現による解放という支配的なステレオタイプを再現しない。我々観客は、シャロンの主観に没入し、そこに共感の回路を開く。他者に対する内的な視点を共有するのだ。

しかしながら、そのようなクィアな時間は長く続かない。浜辺のシーンは、その直後に配置された学校でのシャロンへの暴力シーン（ノックダウン、ステイダウン）と対構造になっている。ケヴィンはシャロンへの暴力を促され、黒人社会に特有の覇権的な男らしさを示さねばならない（黒人社会への同調圧力）。親密さは暴力に反転し、スクリーンにはステレオタイプな男らしさが全開する。殴っているケヴィンの方が傷つくほどに、それは過剰なのだ。

そして、成人期、二人はレストランで再開を果たす。相似形ショットがイメージシステムとなり、それが繰り返されることで、両者の関係は予見されるだろう（図11）。ここでの親密さは、ケヴィンの料理する「手」に顕著だ。ライムをスライスし、グリルした鶏肉と玉葱にかけ、米をすくい、丸い容器に入れて成形する。黒豆をかきまぜ、米とオオバコの間に挟み、最後にコリアンダーをかける。ケヴィンが料理するシーンは、スローモーションで撮影され、手のセクシュアルな動きが強調される。それは愛しい人に向けた性的な動きであり、甘美な瞬間を演出する。料理と性交が同様の意味を担い、映像化されているのだ。このスローモーションの料理シーンは、ブラックが前日に見た夢（エロティックなポーズを取って、彼を誘惑するケヴィン）に呼応することも忘れるべきではない。

加えるなら、アレクサンドラ・レズニックが指摘するように、上記のセクシュアルな料理シーンとオーバーラップする音楽も見逃せない。レストランでの二人の再会時、ケヴィンは、ジュークボックスのバーバラ・ルイス「ハロー、ストレンジャー」（一九六三年）をかける。二人の黒人男性の欲望を歌ったこの歌は、無口な男（ブラック）と並置され、彼らの内面を代弁するだろう。そして、ケヴィンが過去を語り出すときには、ザ・エッジ・オブ・デイブレイクの「アワ・ラブ」が流れる――「君が僕を愛しているなら／僕も君を愛するよ／僕が君を待つように、僕を待っていてくれ」。ブラックの沈黙は、歌詞が暗示するメッセージを強調し、愛を語る、と言えば言いすぎだろうか。

『ムーンライト』は、我々観客がシャロンに同化し、彼の思考を共有する物語である。[5] 静止画のタブローが意味を強化し、手持ちカメラが感情を揺らし、シャローフォーカス（背景をぼかし、被写体を際立たせる技法）とクロースアップが同一化と感情移入を促す。するとそこには、ドキュメンタリーにも似た黒人ゲイの物語が出現する。同時に、スクリーンに映り込むのは、麻薬戦争が開始する八〇年代から、数多のドラッグが蔓延する現代アメリカのリアリティだろう（ドラッグがアトランタでディーラーをしているのも示唆的である）。そして、ドラッグ・ビジネスとセットで見えてくるのは、未だに変わらないハイパーマスキュリニティの鎧を身に纏う黒人たち（ブラックを含む）の姿である。ファンからブラックへと手渡されたのは、社会が黒人たちに求めるステレオタイプな「仮面」でしかないのだろうか。『ムーンライト』は、ブラックがケヴィンに再会することで、マチズモの鎧を脱ぎ、仮面を外す瞬間を描き出す。それはリアルタイムで撮られたラスト二〇分に集約されるだろう。二人は過去に遡行し、自分を見つめ、未来への希望を語るからだ。

図12　此方を見るシャロン

ラストシーンは、我々の感情を揺さぶって余りある。リトルは振り返り、スクリーンの此方側を凝視する（図12）。彼が問いかけているのは何か。黒人でゲイであることは、差別の対象でも、スペクタクルでもない。「君が見ていたのは君自身」。そう言っているように見えるのだ。

注

（1）福音派を支持母体とするトランプがＬＧＢＴに不寛容であることは知られている。保守的な宗教思想が政治に影響を及ぼした例は、人工妊娠中絶の禁止だが、次のターゲットは明らかに同性婚の禁止だろう。メナカ・カナンらの論考は、『ムーンライト』と政治の交点を探っている。

（2）『ムーンライト』のリバティ・シティには、ドラッグの描写が溢れる。冒頭のクラック取引に限らず、映画が開示・暗示する不穏なイメージは、ドラッグと無縁ではいられない。リバティ・シティを「フッド」と呼ぶべきかどうかは意見が分かれるところだが、麻薬の密売やファンの死がメタフォリカルに指し示すのは、一九八〇年代以降に顕著な麻薬抗争の歴史的陰画だろう。ちなみにフッドとは、neighborhood の略で、「近所」や「ゲットー地区」、「ギャング」や「ギャングの縄張り」を含意する。越智道雄がいうように、フッドとは、八〇年代から九〇年代初頭にかけて、黒人ギャングが黒人間で争っていた時代と強く結び付いている。『ムーンライト』のコンテクストがその時代の状況と符号しているのは、果たして偶然だろうか。

（3）白人と黒人の対立とそのスペクタクル化は、例えば『ボーイズ'ン・ザ・フッド』（一九九一年）やテレビドラマの『ザ・ワイヤー』（二〇〇二～二〇〇八年）を見ればいい。覇権主義的でマッチョな黒人は、白人との関係が生み出した幻想であり、ステレオタイプである。

（4）映画は「黒人」の何を描くべきだろうか。ジョアンナ・ディマッティアが指摘するように、黒人の男らしさと同性愛が同時に探求されることが重要だろう。『ムーンライト』はマクレニー／シャロンの性の「告白」の物語でありながら、「声」に依拠していない。映像だからこそ可能なスタイルを見るべきだろう。

（5）ダン・フローリーは、フィルム・ノワールとメロドラマの対照性を軸に、共感の感覚を考察している。なぜメロドラマが観客に対して、悲しみや哀れみを抱かせるのか。この「不幸と交渉」する物語は、ノエル・キャロルによれば「憐憫は不幸に、賞賛は美徳になる」らしい。白人の物語分析として開始されたメロドラマは、果たして黒人ゲイのメロドラマである『ムーンライト』を如何に分析するのか。フローリーがノワールの枠組を導入している点は興味深い。

COLUMN

キリスト教福音派と「性」――『ある少年の告白』

塚田 幸光

同性愛とは治療できる病なのか。LGBTQに対する理解が浸透した現代では、この問いは滑稽だろう。同性愛とは心の問題であり、病理ではないからだ。しかしながら、LGBTQ先進国のアメリカにおいて、同性愛者を異性愛者に矯正する救済プログラムが、いまだに存在している事実はあまり知られていない。

七〇万人以上が受けた非人道的なプログラム。その事実を白日の下に晒したのが、ガラード・コンリーが書いた回想録『ボーイ・イレイズド』（二〇一六年）であり、この原作を忠実に再現した映画が『ある少年の告白』（二〇一八年）である。そして、この回想録／映画が重要なのは、救済プログラムを主導するのがキリスト教福音派の団体である点だろう。

『ある少年の告白』は、キリスト教福音派の思想が至るところに顔を出す。大学生のガラードは、キリスト教系団体ラブ・イン・アクション（LIA）が主催する同性愛者の救済プログラムに送り込まれ、メンフィスの施設に隔離される。主任セラピストの言葉は重い――「同性愛は生まれつきではなく行動と選択の結果である」。そして、彼は続ける。異性愛者に生まれ変わらねば、神から愛されない、と。宗教的な価値観が、ジェンダーやセクシュアリティの自己決定権を奪う。『ある少年の告白』は、宗教が性を歪める矯正教育の実態を描いているのだ。

では、キリスト教福音派とは、いかなる価値観を有するのか。彼らは、プロテスタント主流派に対する「非主流派」であり、カルヴァン派の影響を受け、聖書に書かれていることを絶対視する。福音派の底流には、ピューリタンが抱える原理主義的な傾向がある。そして、再生「ボーン・アゲイン」が強調されるのだ。実際、ガラードが施設で強制されたのは、「ボーン・アゲイン」であり、保守的で厳格な性道徳や価値観ではなかったか。中絶、同性婚、進化論、安楽死を否定し、ジェンダーやセクシュアリティの揺れを認めない思考。それは、福音派が強調する原理主義的価値観に他ならない。

III

デモクラシーの危機

第8章

ポスト・トゥルースの時代の報道の正義とは?

『ペンタゴン・ペーパーズ　最高機密文書』

小澤 奈美恵

スティーヴン・スピルバーグ監督の『ペンタゴン・ペーパーズ　最高機密文書』は、アメリカで二〇一七年一二月に公開された。トランプ大統領就任後わずか四五日目に映画制作が発表され、九ヶ月という短期の製作期間で仕上げられたことになる。スピルバーグ監督は、「私には使命感があったんです。これは、今日この時代に、まったく誰もが漠然と理解している話なんですよ。……おそらく、今日の重大な問題との何らかの関連性がありますから。一九七一年とニクソン政権という歴史的文脈でこの話を聞くことに関心を持つ人はいるでしょう」と『デイリー・カリフォルニアン』のインタビューで語っている。それほど、トランプ政権下の報道の自由の抑圧に危機感を抱いていた。この映画の時代設定は、一九七〇年代であり、ベトナム戦争の最中に、政府が隠蔽してきたベトナム介入の歴史に関して、国民に真実を知らせるため、報道がいかに力を発揮したかを描いた物語である。しかし、そこには、「報道は国民の敵」と述べた当時のトランプ大統領への強い批判のメッセージが込められている。

『ワシントン・ポスト』(以下WPと略)の女性社主、キャサリン・グラハムを演じるのは、メリル・ストリープである。(1) 彼女は、二〇一七年一月トランプ大統領就任直前に、報道を軽んじ、身体障害を持つ記者を嘲笑った大統領を公然と非難した。この配役には、スピルバーグの政治的意図がある。南波克行の「スピルバーグの政治的フィルム」によれば、スピルバーグは、民主党の大統領ビル・クリントンやバラク・オバマのために短編映画を制作している。また、WP編集主幹ベン・ブラッドリー役のトム・ハンクスも、ジョー・バイデン大統領の就任式特別番組の司会を務め、リベラルな政治思想の持ち主として知られている。

また、脚本は、リズ・ハンナという当時三一歳の女性が書いたもので、エイミー・パスカルというプロデューサーが二〇世紀フォックス社にその脚本を売り、スピルバーグの手に渡った。スピルバーグは、この二人の女性が映画制作に関わり、女性が中心の物語であると『デイリー・タクサン』で語っている。会社を潰し重罪に問われる覚悟で最高機密文書「ペンタゴン・ペーパーズ」の掲載を決断したキャサリンに特に光を当てることによって、トランプが女性を蔑視する傾向に批判を投げかけている。このように、映画は監督の民主党的リベラル思想や女性の権利重視を反映しているのは明らかである。

この映画の最後は、ウォーターゲート事件を暴

図1　スピルバーグ監督『ペンタゴン・ペーパーズ』最後の場面

図2　パクラ監督『大統領の陰謀』の最初の場面。守衛とドアノブは別ショットとなっている。

『ペンタゴン・ペーパーズ 最高機密文書』
Blu-ray：2,075円（税込）／DVD：1,572円（税込）
発売元：NBCユニバーサル・エンターテイメント
*書籍発行時の情報です。

いた二人の若手記者、ロバート・ウッドワードとカール・バーンスタインの活躍を描いた『大統領の陰謀』（アラン・J・パクラ監督、一九七六）につながっている。民主党本部のあるウォーターゲートビルの扉が破られているのを守衛が発見する場面で映画は終わっており、『大統領の陰謀』の始めの映像とそっくりにできている。それは、パクラ監督の映像へのオマージュとなり、WPが機密文書を掲載した後、さらにニクソン政権の権力の乱用、つまりは、ニクソン大統領再選委員会のメンバーが政敵である民主党の動静を探るためウォーターゲートビルに盗聴器を仕掛けようとした事件と、対決することを暗示している。

以下では、七〇年代と現代を照応させながら、映画の放つメッセージを探求し、ポスト・トゥルース*の時代に問いかける問題について考察する。

1　ペンタゴン・ペーパーズとは

ジョンソン政権下の一九六七年にロバート・マクナマラ国防長官は、ベトナム戦争について、アメリカがなぜこれほど深く介入したのかを調査させた。四〇人程の調査チームが一年半かけて調査研究を行い、一九六九年一月、七千ページ、四七巻に及ぶ調査報告書をまとめた。それが最

『ペンタゴン・ペーパーズ　最高機密文書』（2017年／アメリカ／監督：スティーヴン・スピルバーグ）
1971年、ワシントン・ポストの社主キャサリン・グラハムが、編集主幹のベン・ブラッドリーたちと共に、ベトナム戦争の実態を暴く最高機密文書「ペンタゴン・ペーパーズ」を政府からの圧力に屈せず掲載するまでの経緯を扱った映画。ニクソン政権下でベトナム戦争は膠着状態に陥り、反戦の機運が高まる中、マクナマラ国防長官が軍事アナリストに依頼した戦争実態調査は、深刻な戦況や不正な実態に溢れていた。ニューヨーク・タイムズは、この機密文書に関するスクープ記事を出すが、政府から差し止めを受ける。ワシントン・ポストも文書を入手するが、掲載すればキャサリンは重罪で投獄される可能性があり、経営と報道の自由の間で葛藤する。政府の独裁的権力を監視する報道の役割の重要性が現代に問われている。ポスト紙は、この後ウォーターゲート事件でニクソンと対決することになる。

高機密文書「ペンタゴン・ペーパーズ」である。この中で重要な点は、ベトナムとその宗主国であったフランスとの戦いとして知られるインドシナ戦争（一九四六〜一九五四）に、アメリカは武器供与などを通じて背後からフランスを支援し、南ベトナム政権はすべてアメリカの傀儡政権であったことである。また、この映画の少し前の時代のケネディ政権は、南ベトナムの傀儡、ゴ・ディン・ジェム政権が役に立たなくなったと知ると、政権を転覆し、ジェムも暗殺された。さらに、続くジョンソン政権も、アメリカがトンキン湾で北ベトナム軍の攻撃を受けたとする偽情報を捏造して、北爆を開始したのである。

軍事シンクタンク、ランド研究所*で働いていた戦略研究家、ダニエル・エルズバーグは、六四年に国防総省に入省し、後に国務省に移籍して、南ベトナムに派遣された。帰国後、ランド研究所に復職し、ペンタゴン・ペーパーズ調査チームに加わった。調査するうちに、良心に照らして、政府が隠蔽してきた実態を公表するべきであると考えるようになり、失職、投獄、処刑まで覚悟の上で、内部告発に踏み切ったのである。

2　報道の自由を貫くキャサリン・グラハム社主と現代の#MeToo運動

キャサリン・グラハム（一九一七〜二〇〇一）という女性は、連邦準備制度理事会議長や世界銀行総裁を務めた父親ユージン・マイヤーと、美術・文芸に造詣が深く、新聞記者の経験もある母親アグネスとの間に生まれ、恵まれた上流階級の家で育った。キャサリン（映画では愛称でケイと呼ばれているため、以降はケイと記す）は、大学時代にリベラルな思想を育み、労働問題に関心を

図3　キャサリン・グラハム（1917〜2001）

持った。サンフランシスコの新聞社で記者として修業した折には、港湾労働者のストライキを取材し、そのリーダーたちとバーで飲み明かすほどの親交を結んだ。そのリベラルな姿勢は、父親が所有していた新聞社WPに入社した後も続いた。結婚後はしばらくして家に入り、夫のフィリップ・グラハムが新聞社を継いだが、一九五〇年代に吹き荒れた赤狩りに対して、極端な共産主義思想の取り締まりを断固として批判するWP社の立場を支持した。第三五代大統領ジョン・F・ケネディとその妻ジャックリーンなどリベラルな著名人とも親しい間柄だった。このようなケイの経歴が、この映画での彼女の決断を理解する上で重要になる。その後、精神的に不安定であった夫、フィリップはショットガンで自殺してしまう。そういう悲劇的経緯で、ケイは当時、女性として初めて新聞社の社主を務めることになった。

ケイは、映画冒頭では、慣れないスーツを着た主婦のようにぎこちなく、取締役会長のフリッツ・ビーブから、取締役会でWPの株式上場の承認を得るための説明の仕方を学んでいる。ケイは「質と収益性が両立している」必要をすらすらと述べるが、実際の取締役会ではうまく説明できず、フリッツが替わって説得する。この「質と収益性」の相関関係は、映画の最後まで流れるキーワードである。なぜなら、株式の趣意書には、株式公開後、一週間以内に非常事態が起きた場合、投資者は公開を無効にする権利があると明記されていたからである。政府と闘うことは「非常事態」に当たるのだろうか。新聞社の質とは、政府の嘘に加担して波風を立てないことなのか、国民の利益のために政府と対立しても嘘を暴露することなのかが問われている。質が高いとはどちらなのか明確になり世間で評価されたとき、初めて収益性が確保されるはずである。

ケイは、長年、家族ぐるみで親しくしていたマクナマラ国防長官こそ、ベトナム戦争の実態調査を命じ、ペンタゴン・ペーパーズを作成させた人物であることに葛藤する。マクナマラは、トルーマン大統領から四代にわたる大統領がベトナムに秘密裏に介入したことや戦況がうまくいっていないことを知りながら、ベトナム戦争に戦う価値と高い勝算があるかのような嘘をついていた。新聞社は友人を守るために、国民の知る権利を犠牲にするのか、正義なき戦争に若者を送った事実を公表し糾弾するべきなのか。ケイも自分の息子の一人は戦場に出て、もう一人は反戦デモに参加していたので、当事者でもあった。

図4　フリッツから学ぶケイ（メリル・ストリープ）

報道と権力の癒着への迷いは、トム・ハンクスが演じる編集主幹のベン・ブラッドリーにもある。ケネディ大統領と親友であったベンは、ケネディ政権の秘密を記事で告発し、亡くなった友のレガシーを汚さなければならない。機密文書の記事掲載には、報道が中立であり、権力者と馴れ合ってはいけないというメッセージがある。

ケイの自宅で催されるある社員の退職パーティは、ペンタゴン・ペーパーズを報道するかどうか、彼女の苦渋の決断を行うクライマックス・シーンである。文書の公開作業が進む編集主幹ベンの家から、公開を思いとどまらせようと、取締役会長フリッツはケイに電話をする。これに気づいたベンも、同時に内線から電話会談に参加し、社説

図5 電話で掲載を決断するケイ

編集記者フィルも聞いている。パーティに参加していた公開反対の取締役アーサーと共に、編集局長のジーンも会談に参加している。賛成・反対の意見が激しくせめぎあう中で、ケイは肩で大きく息をし、目を潤ませながらも、決断を下す。「掲載しましょう」と。

しかし、その決断直後に、WP上級法律顧問弁護士のロジャー・クラークが重大な指摘をする。ベンとケイには投獄されるリスクがあると言うのだ。『ニューヨーク・タイムズ』（以下NYTと略）は、既にエルズバーグが持ち出した機密文書の一部を公開していたため、政府から差し止め命令が出されていた。WPは、独自のルートでエルズバーグに接触して、残りの文書を入手した。たとえ、WPが独自に見つけた情報源であっても、NYTと同じ情報源である場合、もしWPが報道に踏み切れば、スパイ活動法違反と同時に、共謀罪や法廷侮辱罪に相当する可能性があったのだ。

再び、深夜、ケイの家に、ロジャー、ベン、フリッツ、アーサーらが集合して、記事の印刷が刻々と進行する中で協議することになる。反対論が優勢になり、フリッツが「ケイが重罪犯になるのは望ましくない」と述べ、起訴は株式公開の趣意書の「非常事態」の条件を満たすと述べたとき、もはや掲載取り止めは決定的かと思われる。しかし、ケイは立ち上がり、趣意書には「新聞の使命は、すなわち、優れた取材と記事」であり、「新聞は国民の繁栄と報道の自由のために尽くすべきである」と書かれているので、新聞の使命を銀行も承知であると主張でき、非常事態には当たらないと述べる。ケイの自伝によれば、国民のための中立公正な報道は、父親の代からのＷＰの基本哲学であった。パーティの白いローブのようなドレスを着たままのケイは、黒いスーツ姿の男性陣の中で、天秤と剣を持つ正義の女神のように見える。ケイは、ＷＰを株式公開し、最高機密文書の報道に踏み切る過程で、新聞の使命を確信し、経営者として著しく成長し、自分の声で語るようになる。

図6　正義の女神のように見えるケイ

女性が中心となり発言するという意味で、スピルバーグ監督の映画は、女性が大統領選を闘い、#MeToo運動で盛り上がる現代のアメリカを反映した映画なのである。#MeToo運動は、二〇一七年、数々の有名映画をプロデュースした大物のハーヴェイ・ワインスタインが、長年、女優に対して性的暴行、虐待を行ってきたことが明るみに出て以来、各界にも波及していった。

映画の公開によって、歴史に埋もれていたケイという女性の活躍がスピルバーグの手で掘り起こされ、報道の自由のために闘う姿勢が高く評価された。ケイは、小さなことから改革を行っていった。例えば、映画に描かれる夕食会のシーンでは、男性客が政治の話題に入ると、女性たちは別室のサロンに移る。『テレグラフ・マガジン』によれば、ケイが社交の場でのこのような女性蔑視の習慣を止めさせ、政治の話題に女性も対等に関われることを示したという。また、彼女の自伝によれば、ＷＰ内で男性の意識改革をしたり、女性問題を論説で取り上げたり、より多くの女性を雇用したり、現場で働く女性記者とも意識を高めあっていった。その一人、社説編集員のメグ・グリーンフィールドが、ペンタゴン・ペーパーズの公開に熱心に携わる姿が映画でも描かれている。

3　ポスト・トゥルースの時代――報道の黄金時代へのノスタルジア

この映画は、一九七〇年代という時代の中で展開していくせいもあり、どこか古い名画のようなノスタルジアに満ちている。そして、公正な報道の必要性という切実なメッセージは明確でも、現代世界との違和感に満ちており、決して私たちが戻れない古き良き時代であることも印象づける。なぜなら、私たちは、もはやそのような報道の正義が機能していないポスト・トゥルースの時代に生きているからだ。

二〇一六年大統領選のときから、既に事実（ファクト）というものが、偽（フェイク）と区別がつかなくなっていたが、二〇一七年、ドナルド・トランプ大統領就任式のとき、事実という概念が崩れ去ったことを再認識することになった。オバマ大統領就任式に比べ、観衆が明らかに少なかったにもかかわらず、スパイサー報道官が過去最大の人々が集まったと述べたて非難を浴びたことに対して、大統領顧問のケリーアン・コンウェイは、それも「もう一つの事実（オルタナティヴ・ファクト）」であると表現した。政府が発信した言葉は、たとえ嘘でも事実になりうるということである。

二〇一六年の大統領選は、ヒラリー・クリントンが優勢といわれながら、勝利を勝ち取ったのはトランプであったため、世界に衝撃が走った。オバマ元大統領もネットを選挙戦略として活用したが、この大統領選には、これまで以上にＳＮＳなどの新しいメディアが、情報戦略上の武器として主役の役割を果たした。しかもそれは、単純に、メッセージをより多くの人々に届けるという使い方にとどまらなかった。『現代アメリカ政治とメディア』によれば、イギリスのケンブリッジ・アナリティカ社（以下CAと略）によるトランプの選挙戦への貢献の効果については、決着がつかないものの、大きな問題を提起した。CAは、ケンブリッジ大学のアレクサンドル・コーガン教授が作成した性格診断テストのアプリをフェイスブック上に載せ、ユーザーのデータを集めた。そして、その情報を分析し、特に意見を変えられそうな説得可能者を標的として、マイクロターゲッティングという手法で、大量の広告を送りつけてトランプ支持派になるよう洗脳していったとされる。CAの経営陣には、トランプ大統領の選挙対策本部の最高責任者を務めていたスティーヴン・バノンが入っていた。CAは、他の多くの国で選挙戦候補者から依頼を受け、同じ手法で勝利に貢献していた。イギリスのEU離脱投票（ブレグジット）にもCAが関わり、同じ手法が用いられた嫌疑がかけられている。フェイスブックというプラットフォームが悪用され、個人情報のデータが、本人の知らぬ間に政治的に利用されたことで、マーク・ザッカーバーグCEOはアメリカ議会で証人喚問を受けた。

ヒラリーは公務の連絡に私的アカウントを利用したとしてメール使用の規則違反で追及されたが、意図的行為ではなかったとして起訴されなかった。咎めがないことに怒ったトランプ支持者は、「悪党ヒラリーを倒せ（Defeat Crooked Hilary）」（"oo"部分が手錠の形）の標語をSNSで拡散し、「ヒラリーを投獄せよ（Lock Her Up）」と集会で連呼した。かつて石炭、鉄鋼、自動車産業などで繁栄したが、海外への工場移転で衰退したラスト・ベルト（錆びついた工業地帯）で、失業するなどして貧困に陥り、グローバル化の波に乗り損ねた労働者にとって、こうした言葉は、巨額の選挙資金を集め金権政治の象徴となったヒラリーへの憎しみを晴らすはけ口となった。グローバル化の貿易政策や、ロビー活動*を通じて特定の団体や企業からの献金によって動く政治体質は、民主党だけでなく共和党も同様に推進してきたのだが、既存の政治家への強い憤懣があり、その怒りを煽るように、フェイクやデマ*は増殖していった。ヒラリーに対しては、事実無根でありながら、イスラム教の過激派組織ISとの関係などに関するデマがフォックス・ニュースやバノン運営の「ブライトバート」、アレックス・ジョーンズ運営の「インフォウォーズ」などの「オルト・ライト*」と呼ばれる過激な保守系メディアを通して流された。

ジョーンズは「インフォウォーズ」を通じて、クリントン夫妻が、ワシントン郊外のピザ屋で、誘拐した児童を人身売買によって性的に虐待しており、児童性愛パーティでは、悪魔崇拝の儀式も行っているという荒唐無稽な偽情報を流した。これを信じたエドガー・ウェルチという人物は、二〇一六年一二月、ピザ屋に乱入し銃を発砲するに至った。こうした偽情報は、後にQアノン*と呼ばれるトランプ支持者による陰謀論にもつながった。ユダヤ系の金融界と政治権力者がつながったディープ・ステート*が陰で世界を支配しているが、トランプは人々をその支配から救済しようとしている英雄だという陰謀論は瞬く間に広がっていった。ニュースをSNSで読む人々は、フィルターバブル*によって、自分の好みの思想傾向のニュースにしか接することができないため視野狭窄に陥りがちで、それ以外の考えに触れる機会も少ない。社会はリベラルと保守、民主党支持と共和党支持に分断していった。その後もジョーンズは、二〇一二年のサンディフック小学校で児童二〇人と教員六人が射殺された銃撃事件は、銃規制派によるでっちあげであるとする偽情報を振り撒いたが、子供を失った遺族から名誉棄損で訴えられ敗訴し、約二千億円の賠償責任を負い自己破産を申請するはめに陥っている。

ヒラリーへの中傷は、国内にとどまらず、海外からも発信された。『現代アメリカ政治とメディア』によれば、イギリスの公的研究機関の調査報告書によって、ロシアがインターネット・リサーチ・エイジェンシー（IRA）というトロール・ファクトリー（実在しない人物から大量のニュースを拡散する組織）を通じてアメリカの主要SNSに介入し選挙戦に影響を及ぼしたことが明るみに出た。具体的には、アフリカ系の有権者に選挙をボイコットさせるか、間違った投票手続きをさせるよう誘導する、極右有権者をさらに過激化させる、陰謀論などの虚偽情報を拡散するなどのことを行った。ボットによっても偽情報が散布され、全体としてトランプ候補に有利に働くようになっていた。トランプがロシアと共謀したといわれるロシアゲートは証拠が見つからなかった（コラム「トランプ大統領のロシア疑惑と二度の弾劾裁判」参照）が、ロシアは確実にアメリカの選挙に介入していた。

誰もが自分の信じたいニュースを信じ、虚実が同価値を持つ時代の報道の正義とは何であろうか。一九七〇年代でも、ニクソンの不正を証明するのは大変な労力が必要であり、ケイも『キャサリン・グラハム　わが人生』で、ケネディ家と親しかったため、党派主義でニクソンを追い込もうとしていると非難されたと語っている。政府からは新聞社を潰そうとする圧力もかけられ、反対勢力に抵抗することはいかに困難であったか語っている。それでも当時、報道は、三権*の一つである政府の権力乱用に対抗する第四の権力としての役割を果たした。真実は一つとされる時代であったからだ。報道の自由は、アメリカ建国の理念として、トマス・ジェファソンが権利の章典として憲法の中に組み込んだ憲法修正第一条で保障されており、政府の独裁を防ぐ手段であった。スピルバーグの映画は、この建国の理念に組み込まれた原理に、もう一度立ち返る必要を訴えている。事実はシンプルに一つであると。

トランプ政権の時代に、報道の自由は、フェイクニュースによって打撃を受け、大統領の政策を批判したWPやNYTなどの老舗メディアは、大統領からフェイクニュース提供者と罵られた。大統領を批判する質問をしたCNNの記者ジム・アコスタがホワイトハウスへの入庁許可証を没収された事件は、報道の自由の侵害が切実であったことを物語っている。ただし一方では、WP、NYTなど巨大メディアは、貧困に陥った中流階級の人々を本気で取材し、その現状を伝えようとしてこなかったために、信用を失った側面もある。

トランプ前大統領は、二度の弾劾裁判にかけられながらも、上院で共和党が多数を占めていたため、弾劾を免れた。二〇二〇年大統領選では、敗北後も「選挙は盗まれた」という「もう一つ（オルタナティヴ）の事実（ファクト）」を拡散し、バイデン大統領の勝利を確認する一月六日の議会での議決を覆すために人々を煽動し議事堂を襲撃させた罪を問われている。この件も含めて、ジョージア州で選挙結果を覆そうとした恐喝罪など様々な疑惑で四回も起訴（コラム参照）され、ウォーターゲート事件を遥かに上回るスキャンダルとなっているが、彼の支持率は依然として高い。トランプ自身が立ち上げたSNSトゥルース・ソーシャルで、彼の「真実」を増殖させているからだ。

嘘が事実とされ、「真実」が増殖する現代においても、一つ一つ事実を地道に確認し、偽情報が生まれる仕組みを調査し、規制し取り締まる以外に方法はない。『現代アメリカと政治』によれば、メディアがファクトチェックを行う習慣もでき、非営利組織（NPO）が党派に惑わされず、「調査報道」と呼ばれる徹底した取材による緻密な調査を行う傾向も見られる。フェイスブックやグーグルも偽情報を取り締まりつつある。[2]また、視聴者の寄付金や財団からの助成金のみで運営し、ニュース内容を左右する大企業の広告や資金提供を受けないで、市民が運営するメディア「デモクラシー・ナウ」（一九九六年設立）なども健在である。フェイクニュースをばら撒くデジタルニュースサイトも多いが、「ハフポスト」（二〇〇五年設立）、「ポリティコ」（二〇〇七年設立）など評判を博している新たなメディアも登場している。現代は、政府や特権階級と対決できる公正なメディアが少しずつ誕生し、アメリカの建国理念を守り、民主主義を維持する新たな報道のシステムに脱皮しようと苦闘する時代なのかもしれない。

注

（1）キャサリン・グラハムの姓は、英語では「グレアム」「グレィアム」などと発音されるが、ここでは、汎用されている「グラハム」を用いる。また、WPは現在、グラハム家ではなくアマゾンが所有しており、巨大なIT会社が報道の公平性に影響を及ぼす可能性は否定できない。

（2）二〇二五年のトランプの大統領就任で、流れは再び逆向きになった。同年一月七日、METAのマーク・ザッカーバーグはフェイスブックとインスタグラムでファクトチェック機能を停止し、イーロン・マスクが所有するSNS、Xに倣い、代わりに「コミュニティ・ノート」をつけてユーザーの判断に委ねると宣言した。SNSはフェイクニュースの管理が困難になり、社会を混乱させる傾向が強まっている。

COLUMN

トランプ大統領のロシア疑惑と二度の弾劾裁判

小澤 奈美恵

アメリカには、大統領が重大な罪や過ちを犯したとき、議会が裁判所となってその罪を裁き、大統領を罷免する弾劾裁判という制度がある。

アメリカ史上、これまで四人の大統領が弾劾を受けているが、二度も弾劾されたのはトランプ大統領のみである。ニクソン大統領は、ウォーターゲート事件で弾劾裁判が決定したが、裁判開始前に辞任した。一方、トランプは、民主主義の根幹を揺るがす深刻な疑惑で二度も弾劾を受けながら、上院で共和党が多数派であったため、いずれのケースでも無罪となった。ニクソンは政治生命を絶たれたが、トランプは熱狂的な支持者からのさらなる声援を受け、共和党に強固な支持基盤を広げている。

二〇一七年の大統領就任直後から、弾劾より前にロシア疑惑が浮上していた。大統領選で、ロシアがトランプに有利になるようにサイバー攻撃を仕掛けており、トランプ側と共謀していたのではないかという疑いである。この件で大統領側近たちが、辞任、解任に追い込まれたばかりか、トランプの長男や娘婿にも疑惑が及び、トランプは調査に入ったFBIのコミー長官を解任した。元FBI長官のロバート・モラー特別検察官がこのロシア疑惑の捜査に当たったが、トランプ自身とロシアとの共謀の証拠までは確認できないという報告書が出て、疑惑は迷宮入りした。

一回目の弾劾の嫌疑は、自身の大統領選を有利に進めるために、ウクライナ外交を悪用した点と調査協力要請を拒んだ議会妨害である。二〇二〇年の大統領選に向けて民主党有力候補であったバイデンとその息子ハンターに関する不利な情報を、軍事援助金を駆け引き材料としてウクライナ政府から引き出そうとしたとされる。

二回目の弾劾は、一月六日の連邦議会占拠事件をトランプが煽動したという罪状である。トランプは、大統領選挙の敗北を認めず、六日の連邦議会でバイデンの勝利を承認する手続きの最中、集会を開き、議会に向かうように参加者をけしかけた。参加者は暴徒化し、一部は武装し、議事堂を守ろうとした警官隊と衝突し死傷者が出た。

これほどの疑惑の中でトランプ人気が維持されるとは、アメリカ社会に何らかの地殻変動が起きているのだろうか。

COLUMN

トランプ大統領対ジョージア州検察——選挙を盗んだのは誰か

小澤 奈美恵

どの大統領にもスキャンダルはつきものであるが、大統領経験者として起訴されたのは、トランプが米史上初である。しかも、四回もの起訴とは、ひときわ異色である。二〇二三年三月には、不倫相手への口止め料に関する記録改竄で、六月には、政府機密文書の持ち出し疑惑で、八月に入ると、米議事堂襲撃事件への関与（次頁コラム参照）、ジョージア州の大統領選の結果を覆そうとした疑いと、続けて二件で起訴され、計四回となる。ただしトランプが二〇二四年選挙で大統領に再選された結果、現職大統領を罪に問えないため、既に有罪が確定した不倫口止め料以外の起訴は延期となっている。

ここでは、民主主義の基礎となる選挙の重要性から四番目の起訴に焦点を当てる。ジョージア州では、黒人女性ファニ・ウィリス地区検事が、二年の綿密な調査の上、起訴に踏み切った。当時のトランプ大統領が、バイデンに勝つために「一一七八〇票を探せ」とジョージア州の州務長官に電話で要求したことが録音されていた。検察は組織犯罪取締り用の「RICO（威力脅迫及び腐敗組織）法」を適用して起訴した。しかし、ウィリス検事は、自身が任命した特別検察官と不倫関係にあったことを理由に辞任に追い込まれ、その後は進展していない。

ジョージア州は、南北戦争直後は黒人から選挙権を奪うジム・クロウ法を行使し、一九九六年以来、共和党が常に勝利してきた赤い州であったが、二〇二〇年選挙ではバイデンが奪回した。こうした保守的な州では、投票妨害が続いてきた。マイノリティの居住区から投票所を撤廃し遠い所に設置したので、投票所に辿り着いても長い列を作って長時間、順番を待たねばならなかった。投票所周辺で投票者を監視したり、選挙管理者を脅迫するケースもあった。また、トランプ大統領は自分の支持者を郵政公社総裁に就け、郵便配達を遅延させ、郵便投票が期日までに届かず無効になるよう画策した。郵便投票の利用者は有色人種が多いからだ。選挙の始まる前から、選挙区割りを共和党が勝てるように組み替えるゲリマンダーという方法も採られた。

トランプは二〇二〇年の大統領選挙は盗まれたと訴えたが、選挙を盗んだのは誰なのだろうか。

COLUMN

一月六日議会襲撃事件――威信を失った古きアメリカの反乱

小澤 奈美恵

二〇二一年一月六日、トランプ支持者が、一部は武装して、米連邦議会を襲撃した。二〇二〇年の大統領選でバイデンが勝利した裏に、不正選挙があったと主張する人々で、白人至上主義団体、極右団体に属す者が多数含まれていた。当日、議会では、上下院合同本会議が開かれ、各州に割り当てられた選挙人総数五三八人のうち、バイデンが過半数を獲得したことを確認し、正式に大統領として承認しようとしていた。ペンス副大統領はこの会議の議長を務め、トランプ支持者からは選挙結果に異を唱えて覆す役割を期待されていた。しかし、結果を正当と承認したため、襲撃者から「ペンスを吊るせ」と合唱が起き、絞首台のロープが掲げられた。上下院議員は、議会に乱入した暴徒によって命の危険に晒され、民主主義の殿堂である議会を死守しようとした警官一人を含む死者五人と多数の負傷者を出した。

トランプ陣営は敗北した場合に備え、郵便投票による不正な選挙が起きたとして大規模な訴訟を起こし、選挙結果を覆すシナリオを準備していた。郵便投票はコロナ禍で感染を恐れた民主党支持者が多かったためだ。トランプは「選挙は盗まれた」と不正選挙を訴え訴訟を起こしたが惨敗し、最高裁も激戦州での選挙結果を有効としたが、支持者は、不正選挙と言う大統領の言葉を信じ続けた。

暴力的な議会襲撃が起こる背景には、アメリカの建国の理念がある。独立宣言で、人民の諸権利を侵す政府は変革するか、廃止して新たな政府を樹立することを是認しており、憲法修正第二条で武器を携帯する自由を認めているのだ。そして、この暴動が起きた主要な原因は、アメリカという国が建国期と異質な国家に変貌しつつあることである。白人人口は二〇四〇年代半ばには過半数を割り少数派に転落する。また、貧富の格差はかつてないほど拡大し、豊かであった白人労働者層は貧困に喘いでいるのに、人種的少数派や移民の地位が上昇している。信教の自由を認めつつも基本的にキリスト教国家のアメリカでは、神が創造したのは男女のみで、同性愛は罪とされていたが、同性婚やLGBTQの権利が認められつつある。そうした価値観の変化や威信失墜に対する怒りが、SNSで拡散し、憤懣となって襲撃へと爆発したと考えられる。

第9章

さらば現実の沙漠よ

『マトリックス』四部作

巽 孝之

1 サイバーパンク映像の決定版

一九九九年、ラリー&アンディ・ウォシャウスキー兄弟（当時。現在は姉妹）監督による『マトリックス』を試写会で一見した時の第一印象は、そのタイトルからコンセプトに至るまでウィリアム・ギブスンのサイバーパンク第一長編『ニューロマンサー』（一九八四年）のボキャブラリーを彷彿とさせながら、決して紋切型に陥らず、むしろサイバーパンク概念を刷新した決定版だということだった。サイバーパンクは、ギブスン自身の考案になる「電脳空間（サイバースペース）」内部に没入する特殊技術を持つ無法者（アウトロー）が、貴重なデータをめぐる権謀術数の中で大冒険を繰り広げる空想科学小説（サイエンス・フィクション）の新ジャンルとして、八〇年代に勃興し、グローバルな影響力を発揮した。そもそも「マトリックス」という舞台装置は電脳空間（サイバースペース）の別名、インターネット空間の走りである。じっさい、彼は電脳空間で体験できる共同幻想を「人間のコンピュータ・システムの全バンクから引き出したデータの視覚的再現」とみなし、「無限に延びる透明立体チェスボード」には、たとえば虹色のピラミッド型をした東部沿岸原子力機構が、その手前には立方体群のかたちをしたアメリカ三菱銀行がひしめくさまを描写した。まさにデータの摩天楼都市である。以後一五年の歳月が経ち、最先端ＳＦＸ技術を駆使し、ギブスンの構想を

最もギブスン原作に忠実な電脳空間（『JM』）

ヒネりにヒネり、当初は『ニューロマンサー』そのものの映画化として目論まれた脚本が変転を経て、ウォシャウスキー兄弟という名監督のもとに、みごと実現する。

ふりかえってみれば、一九八〇年代初頭よりサイバーパンク作家ウィリアム・ギブスンとブルース・スターリングおよびその仲間たちはおびただしいアウトロー・テクノロジストが活躍するハイテク悪漢物語（ピカレスクロマン）を紡ぎ出したが、サイバーパンク運動が終息した一九九〇年代に入ると、彼らの編み出した物語装置がマルチメディア的にも世界中でさんざん模倣され消費され劣化コピーされる。現実世界におけるインターネットの日常化に伴い、電脳空間やデータ盗賊（ハッカー）、コンピュータ・ウイルスといったガジェットが自然化し、とうに目新しさを失った時代。

もちろん、純然たるサイバーパンク精神に貫かれながら、惜しくも傑作になり損ねた作品もある。ギブスン本人が初期短篇「記憶屋ジョニイ」（一九八一年）をもとに脚本を執筆し、ポストモダン芸術家ロバート・ロンゴがメガホンを取り、キアヌ・リーブスが主演、北野武が助演を務めた『ＪＭ』（一九九五年）が、それだ。主人公のジョニイは脳に素子を埋め込み「頭に何百メガバイト」も預かる仕事をなりわいとし、それによってデータ隠しの報酬をかすめる「繊細な少年」。しかも彼自身はデータを取り出すべき「お客の暗号」を知らず、またその暗号以外の何によってもデータ抽出は不可能。いわばここでのジョニイは文字どおり「ヤクザ」が盗んできた情報のデータ金庫なのであって、金庫が収納品のことなど知らないように彼という記憶媒体も素子の記憶内容を知らない。人間を主体的判断のできる実体としてではなく、それ自体をデータを運んで歩く封筒すなわち「盲目の容器」と再定義したところに、作家の独創がある。そして映画版では、さすがのロンゴ美学で『ニューロマンサー』で活写され多くの読者の心を摑んだ電脳空間が華麗に再現されるばかりか、メタヴァース特有のアヴァターまで導入されているのだから、先見の明にも富む。ただし、アイデアを詰め込みすぎたせいか脚本のテンポ感が今一つで、評価には恵まれなかった。

そんな『JM』の欠点を全て補ったウォシャウスキー兄弟は、ギブスン以降の伝統を一切合切取り込みながら独創的解釈を付け加え、ネット社会がグローバル化したからこそむしろ斬新に映る『マトリックス』三部作（一九九九〜二〇〇三年）を完成。かくして二一世紀を迎え、サイバーパンクは甦った。ギブスンの電脳空間が当初、ハッカーにとって現実世界から逃げ込むべき一種のユートピアのように描かれていたとしたら、『マトリックス』の電脳空間は二一九九年、人類が造った機械知性が暴走し人類自身を家畜化してエネルギー源の如く栽培している暗黒世界において、当の人類が幻視させられ続けている一九九九年の擬似現実、すなわちディストピアとして描かれている。

この三部作にさらなる重量感を与えているのは、サイバーパンクに至るために不可欠だったハードコアSF史である。

とりわけアーサー・C・クラーク譲りの宇宙版植民地主義テーマ、転じては人類家畜化テーマの影響は見逃せない。襲い来る機械知性「センティネル」と聞いて、『幼年期の終わり』（一九五三年）ばかりではなく、『二〇〇一年宇宙の旅』（一九六八年）の原型短篇「前哨」（Sentinel、一九四八年）を連想したクラーク読者は少なくあるまい。さらに『都市と星』（一九五五年）のごとく、人間をすでに実体ならぬデータとして再生をくりかえす電脳都市ダイアスパーを描いた作品を彷彿とさせることは、第一作が日本公開された時の劇場版プログラムブックでもふれたし、拙著『「二〇〇一年宇宙の旅」講義』（平凡社）でも指摘した。

中でも、ローレンス・フィッシュバーン演じる黒人モーフィアスが、キアヌ・リーブス演じる主人公であり世界の救世主になりうるかもしれない青年トマス・アンダーソン、別名ネオに対して、この二〇世紀末の世界がじつは仮想現実でしかなく、そこに暮らす者たちの現実の肉体はみな、二二世紀末、地球を支配するに至った機械知性種族の家畜として飼育されているにすぎないと説明し、フランスの思想家ジャン・ボードリヤール（一九二九〜二〇〇七。現代フランスの先端的な哲学者・社会学者）を借り受けた表現で「ようこそ、現実の沙漠へ〝Welcome to the Desert of the Real〟」と語るくだりに接した時には、ウォシャウスキー兄弟がいかにサイバーパンク作家ブルース・スターリングの作品群や戦後前衛文学（ポストモダニズム）の伝道師ラリイ・マキャフリイの現代アメリカ文学批評を熟読してきたかを実感し、微笑ましく思ったものだ。

何とも無造作に放り投げられた言葉のように聞こえるかもしれないが、ここでいう「現実の沙漠」とは、まさしくサイバーパンク運動が最高潮を迎えた一九九〇年、前掲マキャフリイがこのサブジャンルの本質として鋭く喝破し、自身の編集したサイバーパンク・ケースブック『現実スタジオを急襲せよ』（デューク大学出版局、一九九一年）の序文モチーフに定め、アメリカの前衛作

『マトリックス』四部作（1999〜2021年／アメリカ／監督：ウォシャウスキー兄弟）

ウォシャウスキー兄弟監督の『マトリックス』三部作（1999〜2003年）は2199年、人類が造った機械知性が暴走し人類自身を家畜化してエネルギー源として栽培している暗黒世界で、当の人類が幻視させられ続けている1999年の擬似現実が舞台。そんなディストピアの救い主たるネオが相棒のトリニティとモーフィアスとともに機械種族へ挑戦する。第2作『マトリックス・リローデッド』（2003年）ではその闘争が拡大し、第3作『マトリックス・レボリューションズ』（2003年）ではシーフード型機械虫軍団がパワードスーツを着用した人類側機動戦士と戦う。2021年の第4作『マトリックス・レザレクションズ』では、ネオがなぜか「マトリックス」三部作を作った天才的ゲームデザイナーとして再登場し誰もが予想しない展開を見せ、本作はメタSF映画の傑作となった。

家ウィリアム・バロウズが『ノヴァ急報』（一九六四年）で提起する「現実スタジオ（Reality Studio）」なる概念とも呼応させたものだ。「現実スタジオ」とは、わたしたちの現実世界そのものがすでにして地球という巨大な映画撮影所内部の書割でしかない、そのことをふまえてわたしたちは現実宇宙を奪り（＝撮り）返さなくてはならない、という認識から出発した概念である。したがってバロウズを尊敬するギブスンが切り開いたサイバーパンク思想の根本を成すヴィジョンに深く啓発されたウォシャウスキー兄弟が、この現実こそは「現実の沙漠」にすぎず、それ自体が機械知性に操作され演出される仮想現実世界すなわち「現実スタジオ」にすぎないとみなしたのは、必然的な展開だった。

ようこそ現実の沙漠へ（『マトリックス』）

いま改めて、必ずしも撮影時にはそのまま使用されなかった脚本をたしかめてみると、この場面でのモーフィアスはほんとうは以下のように語りかけるべく計画されている――「おまえは夢の世界に暮らしてきたのだ、ネオ。ジャン・ボードリヤールが思索したように、おまえはじつは地域ならぬ地図の中で人生全体をすごしてきたにすぎない。これこそは今日あるがままの世界のすがただ。そう、『現実の沙漠』なのだ」（ニューマーケット・プレス版）。

それに先立ち、ネオがチョイと出会う場面では、「ネオのベッド付近の床には、ボードリヤールの『シミュラークルとシミュレーション』が落ちている」とも銘記されており（同書)、この本はじっさいにネオがチョイに渡す札束の収納庫として、書物の中身をくりぬかれたかたちで利用されているのが映る。

このモーフィアスの言葉は深い。ボードリヤールの原典では、実在の帝国が亡くなっても帝国大の地図が残るというホルヘ・ルイス・ボルヘス(一八九九〜一九八六。現代ラテンアメリカ文学を主導したアルゼンチン作家)の寓話がヒントだから、我々が現実と思っているもの自体がすでにハイパーリアリティとしての「現実スタジオ」、すなわちこの映画でいう「夢の世界」にすぎない。にもかかわらず、ここでモーフィアスが暴露するのが、人間が機械の奴隷どころか家畜となりエネルギーを吸い取られているという、見るもおぞましい実態だとしたら、これはむしろフランスの精神分析学者ジャック・ラカン(一九〇一〜一九八一)が想像界(イマジナリー)(母と幼児が互いに識別しえない程に同一的な鏡像段階)にも象徴界(シンボリック)(言語という父性原理を獲得して世界が差異で構成されていることを認識する段階)にも収まりきらない地平、すなわち「リアル」(現実界、すなわち想像界にも象徴界にも収まらず、人間が決して把握しえない不気味さそのもの)と呼んだものではあるまいか? だとすれば、この言葉「ようこそ現実の沙漠へ」は、すでに現実自体が現実感を失ったハイパーリアリティ、すなわち沙漠と化してしまっているという意味と同時に、そうしたハイパーリアリティからは覆い隠されてきたおぞましきリアルが沙漠のように展開しているという意味とも、解釈できる。

したがって、かくも微笑ましい殺し文句が、二〇〇一年九月一一日以降には同時多発テロの本質を説明するのにまんまと利用され、かくも痛ましい紋切型の沙漠へ堕すのを目撃したのは、それ自体がいとも嘆かわしい体験であった。

2 『マトリックス』三部作を読む

だからこそ、以後のウォシャウスキー兄弟が神経を集中させたのは、まさしく同時多発テロ以後の世界像に対応して、むしろエンタテインメント映画の紋切型を湯水のごとく濫用するかに見せながらも、じつはいちばん凡庸なコンセンサスにだけは再回収されない地平へいかに到達するか、この一点だったと思う。

かつてラリイ・マキャフリイは前衛文化と通俗文化の差異解体現象を「アヴァン・ポップ」と呼んだが、この誤解されやすい概念は、決して新たなるマーケティング戦略どころではなく、ポップの高度資本主義的過剰に対して徹底批判するアヴァンギャルド精神を貫き、ポストモダン・シニシズムを粉砕して一定のヴィジョンを与えようとするところに、その力点がある。ウォシャウスキー兄弟はその論理を確実に継承したうえで、今日では最も通俗な紋切型を大量消費することでしか最も先鋭的な批判精神が表象しえない可能性を示す。

いちばんの証拠が、アクションだらけの超娯楽指向に見える第二作『マトリックス・リローデッド』の意義であろう。三部作の中でもいちばん評価の低い——にもかかわらず独特なコスチューム群が現実世界にマトリックス系フラッシュ・モブ（SNSなどであらかじめ予告された時間と場所に有志が集合し即席的に行い離散するゲリラ・パフォーマンス）を多発させたというカルト的魅力を放ってやまない——本作品は、無限に自己複製を図るエージェント・スミスと、物語学上、当然ながら唯一無二の救世主とばかり信じられてきたネオとのアメコミ風対決をえんえんとフィーチャーするが、終盤に登場するアーキテクトが明かすのは、ネオ本人がエージェント・スミスと同じ突然変異体すなわちバグ的存在であり、先行するプロトタイプを凌いでようやく生き残ることに成功したプログラムだという真相であった。

この発想が衝撃的なのは、これまで歴史上に出現した予言者や救世主のたぐいが、じつは宇宙全体のプログラムからすればバグ発生にも似て時折生じる事故にすぎなかったのではないかと、わたしたちに考え直させるからである。クラーク的発想では「前哨」は人類進化のプログラムを刷り込む行為体（エージェンシー）であり、それはモノリス（異星人が有史以前に仕掛けた人類進化の触媒としての石板）という名の病菌として人類に憑依しては増殖し、こんどは人類内部の生体秩序を害虫のごとく掻き乱すような、しかしそれこそはユニークなる超進化をもたらすものだった構図を、これは彷彿とさせる。

この時、わたしたちはクラーク的な人類家畜化構想と、スタニスワフ・レム（一九二一～二〇〇六。代表作『ソラリス』〔一九六一年〕で世界的に知られるポーランドのSF作家）をも連想させる機械種族進化論が二重写しになるのを、目のあたりにする。わたしがウォシャウスキー描く昆虫風バグ集団の恐怖と蠱惑を感じ取ったのは、この時だった。というのも、第三作『マトリックス・レボリューションズ』において、ザイオンの天井を突き破るように侵入し人類への猛攻撃をたたみかける大量の機械種族軍団を目にすれば、まさしくレムが『砂漠の惑星』（新訳表題『インヴィンシブル』、一九六四年）で描き出した、黒雲のかたちでうなり声をあげては人類を襲う微小昆虫集団を連想せざるをえないのだから。レムの主人公たちはレギス第三惑星を支配する機械種族を観察した結果、役に立つ巨大で複雑な機械であればあるほど、いったんその主人がいなくなれば廃物同然になってしまうものだが、むしろ小さくて幼稚ですぐに取り替えの利く機械であるほどに、すなわち「発展の水準は低くても、より経済的に出来ていて、エネルギー消費の面から見てより効率のよい機械」（第六章「ラウダの仮説」）であるほどに惑星の生態環境に適応し、動植物はもちろんほかの自動機械すらも駆逐して生き残り、ふつうならありえない自己増殖機能を獲得していったのではないかと推論する。それは、生物ではなく、生命のない機械装置そのものの進化、逆説的にいえば「死の進化」にほかならない。

しかも、この微小機械種族集団の織りなす黒雲は、ひとたび人間を取り囲むと記憶力はおろか脳の機能を全面的に麻痺させてしまい、廃人同然に仕立て上げる。いったいどうして最初の遭遇であるのに、人類への最も有効な攻撃方法を知っていたのか。理由は簡単、この機械種族が最初に対決したのは、そのころレギス第三惑星に暮らしていた中枢神経系を持つ動物だったのであり、以来数百万年ものあいだ、連中はあたかも「蜂がコオロギやかぶと虫の神経節に毒を注射するような確実さ」（第六章）で相手を攻撃し続け、生存競争に勝ち抜いてきたのだった。それはまさしく、生命を持つ者に対して生命のない者が勝利を謳歌しては「生き抜く」という、あまりにもアイロニカルな進化論である。ボードリヤールからの引用とばかり信じた第一作の中核的概念「現実の沙漠」とは、第三作を迎えてレムの描く「機械虫たちの沙漠」の深みへと肉迫する。

『砂漠の惑星』からきっかり四〇年。レムと同じポーランド系の血を受け継ぐウォシャウスキー監督チームは、生き生きと躍動する自己増殖機能を持つ機械種族たちを描き出し、人類を攻撃するばかりか支配し洗脳し隷属させている。クラークの人類家畜化思想のみならずレムの非生命進化論をも存分に吸収した地平で、『マトリックス』三部作は燦然たる光を放つ。

今度はAIがサバイバルを図る（『マトリックス・レザレクションズ』）

3　電脳は惜しみなく奪う
――『マトリックス・レザレクションズ』

してみると、三部作完結から一八年という歳月を経て登場した続編『マトリックス・レザレクションズ』（二〇二一年）は、どのように評価できるだろうか。率直に述べれば、三部作の観客が抱く期待の地平を次々と心地よく裏返していく、これはまさに二〇二〇年代にふさわしいサイバーパンク映画であった。

旧三部作で大活躍したキアヌ・リーブス演じるネオすなわちトマス・アンダーソンが本作品では天才的ゲームデザイナーとして、キャリー＝アン・モス演じるトリニティはティファニーなる名の三人の子持ち主婦として再登場すると聞けば、これまた過去の栄光たるヒット作の設定をねじ変え、いささかの矛盾も顧みず延命させるフランチャイズ戦略かと誤解する向きもあろうが、とんでもない。たしかにゲーム業界内部における『マトリックス』三部作への批評史がコンパクトに披露されるなど微笑ましいくだりも含むものの、じつは冒頭の設定そのものが観客に仕掛けられた最大の罠なのだ。その意味で本作は最終的に、いわゆる三部作から成る通俗的な続編生産システムそのものをバッサリと斬ってみせる。

そしてもう一つ、思い出したのは、『ニューロマンサー』が一九八四年、すなわちイギリス作家ジョージ・オーウェルが執筆した近未来ディストピア小説『一九八四年』（一九四九年）の表題通りの年に発表されたことだ。オーウェルは同書で、テレスクリーンを中心にした全体主義的監視社会において、過去の歴史を現在の状況に合致するよう書き替える作業を任務とする記録局下級職員ウィンストンが、とある本をきっかけに体制打破の野望を抱くも、じつはその本自体が党内局員や本の販売者自身によって仕組まれた謀略であり、いったんそこにハマると恐ろしい拷問と洗脳が待ち受けているというディストピア社会を活写した。

『ニューロマンサー』が前提にするのは電脳ネットワークが世界中に浸透した多国籍資本主義社会であり、そのシステムを利用して一稼ぎしようとするアウトロー・テクノロジストたるケイスたちが主人公だから、一見したところ『一九八四年』とは異なって見える。しかし、やがてケイスに連絡を取り仕事を依頼してくるのが「冬寂（ウィンターミュート）」なるＡＩで、仕事の内容ときたら、リオに存在するもう一つのＡＩ（ニューロマンサー）と合体するという夢を叶えるために一定の足枷を解くべく、何と自らに攻撃を仕掛けよというものなのだから、一筋縄ではいかない。狡知に長けたＡＩが、自身への危害すら高次の目的達成のための一段階とみなすさまは、オーウェルをさらに一捻りした電脳全体主義的謀略に見える。それは、人類がいくら抵抗しても、その動きさえ機械知性がさらに高次の目的のために回収し、人類統合のためには最も効率的だったキリスト教神学を最大限に応用していく『マトリックス・レザレクションズ』の物語学とも連動するだろう。

さらに指摘したいのは、ギブスンの『ニューロマンサー』では電脳空間ばかりではなく、地球への帰還を拒む労働者たちにより高軌道上に建造されたザイオン集合体（Zion cluster）が描かれており、それが旧約聖書のシオン（Zion）、すなわち祖国を追われたユダヤ人にとっての希望の地にして民族国家復興の象徴だったことだ。ギブスンはこのザイオン集合体を、一九三〇年代に勃興したジャマイカ系黒人の宗教運動ラスタファリ運動（エチオピアのハイレ・セラシエ帝を救世主として崇めるアフリカ系黒人の地位向上運動で、広くアフリカ系カリブ海文化全般に影響を及ぼし、最大の音楽的産物としてレゲエとその代名詞ボブ・マーリーをもたらした）と融合し、ザイオン人マエルクムの曳船をアフリカ回帰運動の指導者の名にちなみ「マーカス・ガーヴィー号」と命名した。これは疑いなく、『マトリックス』における生身の人類たちが守る最後の都市「ザイオン」や、モーフィアスを船長とする「ネブカドネザル号」の造型に影を落としているだろう。というのも、ブラック・ムスリムの戦闘的指導者であったマルコムX（一九二五～一九六五）の父親で浸礼派のアール・リトル師が、黒人種の純血を謳い故郷アフリカへ還ろうと説くカリスマ的煽動者マーカス・オーレリアス・ガーヴィー（一八八七～一九四〇）によるＵＮＩＡ（世界黒人向上協会）の熱心な組織者のひとりだったからだ。黒人はアメリカにとどまっていてはとうてい自由・独立・自尊を獲得することはできないから、アメリカは白人の手にゆだね、自分たちは故郷アフリカへ戻ろうという民族主義的な主張は、しかしそのころ何よりも黒人共同体内部に波乱を巻き起こし、ＫＫＫに代表される一部の白人優越主義者の神経を逆撫でする。

　してみると、二〇一七年に第四五代アメリカ大統領に就任したドナルド・トランプを支えたのが、人種差別意識が強くＫＫＫとも不可分の白人貧困層（プア・ホワイト）であったことも、性転換を経て姉妹となったうちのラナ（元ラリー）・ウォシャウスキー監督が『マトリックス』第四作を製作せねばならなかったゆえんかもしれない。人類対機械知性の闘争の背後には、今日ならばＢＬＭにも通じる民族解放運動、転じては差別撤廃運動が、たえず見え隠れするのである。

COLUMN

ポストヒューマン、シンギュラリティ、生成AI

巽 孝之

二〇二四年三月二日に放映されたＮＨＫのドキュメンタリー番組「世界サブカルチャー史」サイバーパンク特集では、筆者もサイバーパンク運動勃興期からの伴走者ということで、ロング・インタビューに応じた。この時、なぜか不思議な感覚に囚われたのは、サイバーパンク運動が一九八〇年代中葉に勃興してから、とうに四〇年経っているのに、二一世紀現在でも、すっかり時代遅れになったどころか、何らかの未来を担う「新しさ」への期待と共に演出されていたことである。ウィリアム・ギブスン『ニューロマンサー』（一九八四年）を八六年に画期的な日本語文体で翻訳し旋風を巻き起こした黒丸尚氏は、当時「この作品、古びるの早いだろうな」と語っていたが、彼の予測は心地よくも裏切られた。そのゆえんは、仮にギブスンやスターリングがスマートフォンもドローンも予測できていなくても、ポストヒューマニズムやシンギュラリティに通じるヴィジョンを先取りしていたからにほかなるまい。

　それは、彼らの大先輩格にあたるイギリス作家アーサー・C・クラークが当初は映画監督スタンリー・キューブリックとの共作として執筆した『二〇〇一年宇宙の旅』（一九六八年）を端緒とする連作において、人類超進化を導くエイリアンによって木星スターゲートに突入した宇宙船ディスカバリー号のボーマン船長が、当初は発狂して乗組員皆殺しを図るかに思われた巨大AIのHAL九〇〇〇と融合し、なんと「ハルマン」へと変容を遂げていく展開からも明らかだ。そこには、人間が自らの人間理性によって創り出したあげく自走してしまった産物と融合することで技術論的特異点（シンギュラリティ）を超え、超人ならぬ「脱人間（ポストヒューマン）」と化していくさまが、如実に描かれている。

　具体的なサイバーパンク作品としては、一つには運動の理論的指導者ブルース・スターリングの長編小説『スキズマトリックス』（一九八五年）が挙げられよう。そこで描かれる未来は、バイオテクによる遺伝子改造を日常とする〈生体工作者（シェイパー）〉とハイテクによるサイボーグ化を促進する〈機械主義者（メカニスト）〉が分裂・抗争に明け暮れるポストヒューマンの太陽系だが、背景を成しているのは、作家自身がかつて学んだテキサス大学オースティン校の教授、すなわちロシア出身でベルギー系のノーベル化学賞受賞者イリヤ・プリゴジーンとそのグループが一九六〇年代に提唱した「散逸構造」である。構造が不安定になるのではなく、むしろ不安定をこそ第一要因に据え、混沌から秩序が生まれる構図を描き出したこの発想を根本に据えたスターリングは、人類が技術論的に脱人類となる未来を夢想した。

ギブスン作品から選ぶなら、やはり九〇年代〈橋〉三部作の第二作『あいどる』（一九九六年）にとどめをさす。舞台を大震災後の東京に限定した本作品の中心は、世界の結節点を嗅ぎわける才覚に恵まれたネットランナーで芸能人のスキャンダルを暴き立てるパパラッチ的存在コーリン・レイニーの物語と、中国＝ケルト系青年ふたりのロックンロール・デュオ〈ロー／レズ・スカイライン〉の大ファンでシアトルから彼らを追いかけてくる一四歳のミーハー少女チア・マッケンジーの物語。一見無関係に見える二つのプロットだが、しかし彼らふたりはいずれも、デュオの片割れである〈レズ〉が、実在しない仮想アイドル／人工生命である〈投影麗（レイ・トーエイ）〉と結婚したがっているというウワサの真偽をたしかめようとする。そこに登場する最重要秘密兵器ナノテク・アセンブラは、レズの側からすれば、それさえあったら人工生命との錬金術的結婚が成就できるのだが、他方では、この兵器を別の目的で追いかける他の組織がからむ。

オタク的想像力が夢想してやまない人間と人工生命の融合を限りなくポップに描く本書もまた、ポストヒューマニズムの果てにシンギュラリティを想定する二一世紀的日常の予言書である。二〇二三年一一月には漫画の神様・手塚治虫が遺した昭和の名作『ブラックジャック』を現代に蘇らせるために生成AIとの共同作業が行われ、最新作「機械の心臓」が発表されたが、これは芸術家と人工知能の共同作業がもたらす新たな知的創造の始まりと言えよう。

さて、二一世紀現在においてこうした脱人類や技術論的特異点の諸概念を提唱し普及させたのは、アメリカを代表する発明家レイ・カーツワイルが二〇〇五年に発表した『ポストヒューマン誕生』が皮切りである。『ニューロマンサー』『スキズマトリックス』から二〇年後、ギブスンと同年齢のカーツワイルの思想は、新しい日常に根ざす未来展望に肉付けを与えた。サイバーパンクが二〇二〇年代においても新しいゆえんが、ここにある。

Ⅳ

新たな潮流

第10章

ろう者の世界と聴者の世界をつなぐ架け橋

『コーダ あいのうた』

塩谷 幸子

1 ろう役者の起用

映画『コーダ あいのうた』（二〇二一年）（以下、『コーダ』）の脚本と監督を務めたのは、シャーン・ヘイダーである。[1] 本作はフランス映画『エール』（二〇一四年）のリメイク版である。原作の家族は酪農一家であったが、『コーダ』では、マサチューセッツ州の港町に暮らす漁師一家という設定になっている。

原作の家族三人のろう者役は全員聴者の役者が演じているが、ヘイダーは脚本を書きながら、ろう者の役にはろう者の俳優を起用したいと考えていた。彼女が最初に声をかけたのが母親役のマーリー・マトリン。以前からろう俳優の活躍の場の必要性を訴えてきた俳優である。夫と息子の役を聴者の俳優にキャスティングするよう、当初関わっていた大手映画会社が求めていることを知ると、マトリンは自分以外の家族の役を聴者が演じるのであれば、作品には出演しないと表明した。

聴者にろう者役を演じさせることは、白人以外の役柄を白人俳優が演じるようなもの（ホワイトウォッシング）であり、それは当事者の属性を根本から否定することにつながる。[2] 最近のアメリカの映画・ドラマ界では、人種やジェンダー／セクシュアリティ、障害者などのマイノリティの役には、当事者の俳優を起用しようとする動きが広がりつつあるが、本作においてはすんなりと事が運ばなかった。監督が自説を貫いたため、中規模のインディペンデント映画として別会社で制作されることになった。こうして、ハリウッド映画史上初めてろう役者が前面に出る映画が制作されることになったのである。

2　手話の魅力

(1) DASLの起用

手話で病状の説明をする父フランク

この映画の魅力の一つは、ろう役者が本物の手話を披露するところにある。ASL（American Sign Language）と呼ばれるアメリカ手話は、単に手の動きだけではなく、体全体を使う空間言語である。顔の表情、視線や眉の動き、手を動かす速さの違いなどで微妙なニュアンスも伝えることができる。激しい言葉のやり取りや下品なユーモアなどにも表現力豊かな生き生きとした手話を見ることができる。父親役のトロイ・コッツァーが、自分の病状（いんきんたむし）や「コンドーム」を表現するコミカルなシーンに我々は釘付けにさせられる。

監督は脚本づくりの段階からASLを学んでいた。そして、ろうの歴史や文化を理解し、かつ演劇経験が豊富な二人の手話監督を起用した。DASL（Director of Artistic Sign Language）と呼ばれ

『コーダ あいのうた』
Blu-ray ¥2,200（税込）／DVD ¥1,257（税込）
発売・販売元：ギャガ
© 2020 VENDOME PICTURES LLC, PATHE FILMS

る、手話について全面的にサポートをする専門家である。セリフの四〇％がＡＳＬで行われている本作には必要不可欠な存在であった。

ＤＡＳＬは監督がセリフに込めた意図や感情を役者に伝えたり、場面や人物、地域に応じて一番相応しい手話を選択したりする。英語の単語一つとっても、ＡＳＬに翻訳しようとすると複数の表現が可能であるという。また、ＡＳＬは地域によっても大きな違いがあるため、地元の手話通訳者を雇い、その地域の訛りや魚の種類、地元漁師が使う言葉も手話で表現したという。

(2) ろうパフォーマーたち

ハリウッド映画の中では、これまでろう俳優はほとんど見えない存在であった[3]。カメラの前に立つことはなく、聴者の俳優がろう者役を演じるときの演技サポート役だった。しかし、最近ではろう俳優がろうの役に配役される機会も増えてきた。例えば、聴覚障害者のローレン・リドロフは、『サウンド・オブ・メタル～聞こえるということ～』（二〇一九年）や『エターナルズ』（二〇二一年）などに出演している。『クワイエット・プレイス』シリーズ（二〇一八年、二〇二一年）に出演したミリセント・シモンズも聴覚障害を持つ一〇代の役者である。ドラマ『ホークアイ』（二〇二一年）に大抜擢されたアラクア・コックスは先住民のろう女性である。

『コーダ あいのうた』（2021年／アメリカ／監督：シャーン・ヘイダー）
聴覚障害の両親と兄を持ち家族で一人だけ耳が聞こえる高校生ルビーが主人公。手話通訳者として家族のサポートをすることと音楽大学に進学して好きな歌を続けたいという夢の間で葛藤する姿が描かれている。2021年4月に行われたサンダンス映画祭では史上最多となる観客賞、審査員賞、監督賞、アンサンブルキャスト賞の四冠に輝き、配給権は同映画祭史上最高額の約27億円でアップル・スタジオが落札し世界中を驚かせた。翌年の第94回アカデミー賞では、助演男優賞、脚色賞、作品賞とノミネートされた部門のすべてを受賞した。助演男優賞を受賞したのはトロイ・コッツァー。ろう男性俳優として初の受賞。妻役を演じたマーリー・マトリンが『愛は静けさの中に』（1986）で主演女優賞を受賞して以来35年ぶりの快挙となった。

SNSもろう者と聴者をつなぐ役目を果たしている。二〇二三年二月第五七回スーパーボウルで、アカデミー賞助演男優賞を受賞したコッツァーは国歌の手話通訳を務めたが、同じスーパーボウルのハーフタイムショーでは、二〇歳の看護学生ジャスティナ・マイルズがリアーナの曲のASL通訳を務めた。キレのあるダンスを交えた手話の美しさに賞賛の声が集まった。彼女が注目されるようになったのは、二〇二〇年リル・キムの『Crush on You』の手話通訳をTikTokで動画配信してからである。

ダンスを交えて歌を手話通訳するジャスティナ・マイルズ

二五歳の黒人ダンサーのレイヴン・サットンは、二〇二〇年にラッパーCardi Bの『WAP』という曲をASLでカバーしてSNSに投稿した。すると瞬く間に拡散され大きな話題になったという。それ以来TikTokでダンスを披露しつつ、大勢のフォロワーにASLを教えるようになった。ろうダンサーは重低音の振動を感じ取り、ビートを体で覚えて頭の中でリズムをカウントしながら踊るのである。

リドロフが『エターナルズ』でスーパーヒーローを演じたことで、手話への関心が高まったといわれているが、すでにASLはアメリカの大学で人気の高い言語になっている。英語を除く言語履修者数では、スペイン語とフランス語に次いで第三位である（図1）。若者の間で手話がどれだけ認知されるようになったかを物語っていよう。

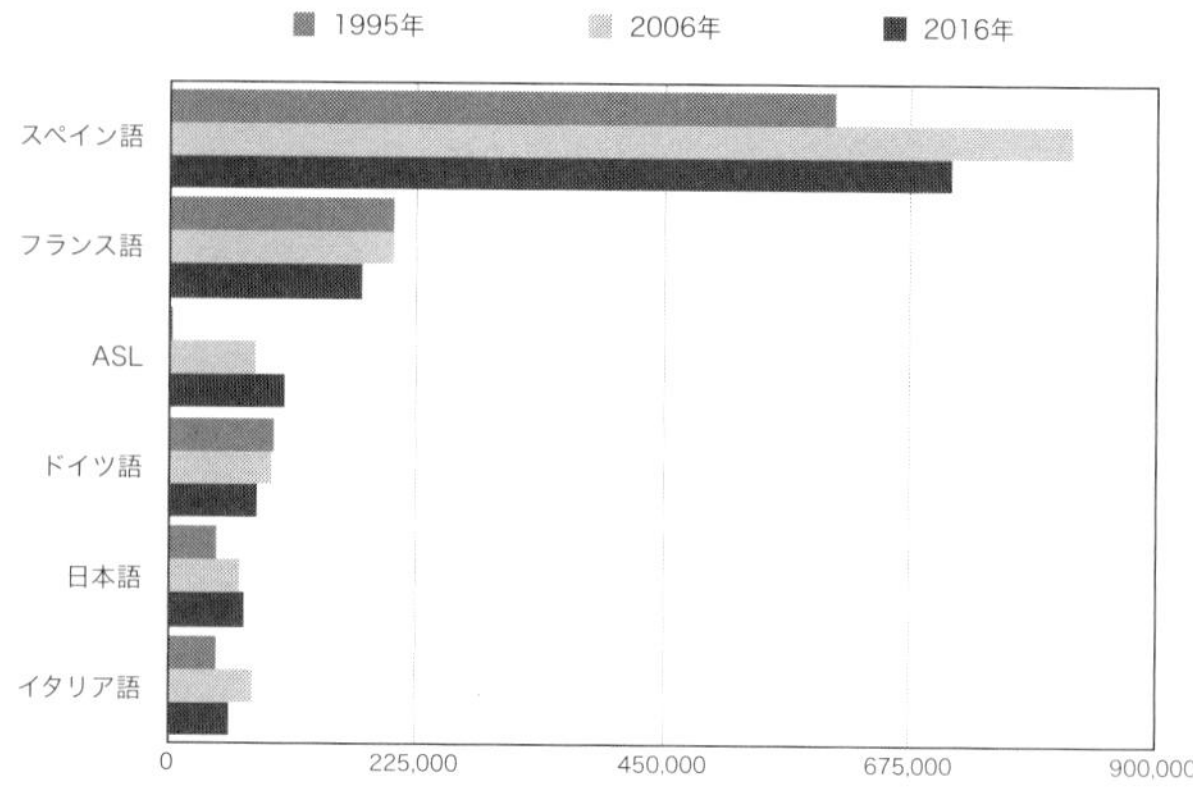

図１　米国高等教育機関における英語を除く語学履修者数の推移
出典：Modern Language Association of America

3　手話の歴史

ＡＳＬの起源は一八世紀半ばに開発された古フランス手話にさかのぼる。パリの聖職者ド・レペ神父は、二人のろう少女が身振りでコミュニケーションを取っているのを見て、身体の動きを使って教育することができることに気づき、一七七一年世界初の聴覚障害者のための教育機関（のちのパリ国立ろう学校）を設立した。

この教育法を聞きつけたのが、トーマス・ホプキンズ・ギャローデット牧師だった。彼は一八一五年パリの学校へ行き、そこでろう教師のローラン・クレールから手話の教育法を学んだ。一年後クレールを伴って帰国したギャローデットは、のちのアメリカろう学校の前身となる学校をコネチカット州のハートフォードに設立した。

一八六三年までに全米で二二のろう学校が設立されたが、一貫してクレールの教育方法が行われた結果、ＡＳＬが誕生した。イギリスとは同じ音声言語でありながら、イギリス手話（BSL）と全く違うのはこういう事情からである。ASLは、アルファベットの数は英語と同じ二六だが、文法、語彙、語順などにおいて英語とは大きく異なっている。

4　聴覚障害教育者としてのベルと口話主義

アレグザンダー・グレイアム・ベルは電話の発明家として知られるが、生涯ろう教育に力を注いだことはあまり知られていないかもしれない。ベルの母も妻も聴覚障害者であった。ベルの祖父は発声の研究をし、父は視話法、すなわち発音時の口の動きを記号で表し、目で見て理解できる発声法を考案した。ベルも視話法を教え、ボストンで学校も開校している。

ヘレン・ケラーに家庭教師のアン・サリヴァンを紹介した縁で、ベルは終生彼女を物心両面で支え続けた。また、聴覚障害者教育の推進を目的とした非営利団体、ベル協会を設立している。

このように生涯を聴覚障害教育に捧げたベルであるが、手話の使用には反対していた。英語の獲得を阻害し、聴者との交流を忌避させるという理由からである。ろう者は口の動きから言葉を読み取る読話と口話を習得すべきであると主張していた。その根底には障害は克服すべきものという信念があった。

障害という病理学的な視点は、ろう社会を低位なものとみなし、「正常者」の社会への同化を強いることになる。口話主義はろう社会からは否定的に評価されることが多い。口話主義の代表者とみなされるベルのことを、『手話の歴史』（一九八四年）を書いたハーラン・レインは手話コミュニティ最大の敵と評している。

手話法と口話法の対立は、一八八〇年のミラノ会議で一旦決着を見ることになる。聴覚障害児教育において手話を禁じ口話法を積極的に奨励する決議が採択されたのである。これを受けてアメリカでは一九六〇年まで公立のろう学校では手話が禁じられることになる。

5　ろう文化の誕生

一九六〇年ギャローデット大学の言語学者ウィリアム・ストーキーが『手話の構造』と題した論文を発表し、ＡＳＬが音声言語と変わらない自然言語であることを明らかにした。この論文がきっかけとなり、手話は言語学の研究対象になった。それだけではない。公民権運動*の流れを汲むデフ・パワー運動の盛り上がりもあって、ろう者たちは自分たちの文化への誇りと自信を持つようになったのである。

聴覚障害者の九〇％は聴こえる親から生まれるため、民族や人種と違って生まれながらに受け継いでいるものがない。しかし、耳が聞こえないことは、障害ではなく自らの属性と捉えるようになり、独自の言語を持つ「文化的、言語的少数グループ」と定義すべきという意識が芽生えた。

このように自分たちの文化的アイデンティティに誇りを持つ人々を大文字のDeaf（耳が聞こえない）で表す。一方、小文字のdeafは、耳が聞こえないことを聴覚の喪失として障害とみなす人々を指す。中途失調者にはこの傾向が強い。人工内耳の世界的普及は、この大文字と小文字の世界の二項対立を鮮明化する（詳細はコラムを参照されたい）。

公民権運動以降、ろうコミュニティは他のマイノリティグループと同様、政治的な力を持つようになっていく。聴覚障害や難聴者が通うギャローデット大学では、一九八八年に（手話もできない）聴者の学長が選出されたことに学生が抗議し、ろう者の学長選出を求める行動を起こした。その結果、百年以上に及ぶ歴史の中で初めてろう学長が誕生した。「今こそろうの学長を」と呼ばれるこの抗議はろう者の意識変革のきっかけとなり、さらには障害者全体の市民運動に大きな影響を与えた。のちの差別を禁止する連邦法「障害を持つアメリカ人法（ADA法）」*（一九九〇年）の制定に大きく寄与したといわれている。

6 「コーダ」とは

「コーダ」という言葉は一九八三年にミリー・ブラザーによって命名された。聞こえない親を持つブラザーは、ギャローデット大学の院生時代に自分と同じ境遇の子どもたちにインタビューを行った。リサーチが終わった後も交流を続けたいと考えた彼女は、ニュースレターを発行することにし、そのタイトルを「Children Of Deaf Adults（聞こえない親を持つ子どもたち）」の頭文字をとって「CODA」と名づけた。聴覚障害者が片親だけでもコーダと呼ばれる。そういう意味で、前述のベルもコーダであったわけだ。

監督のヘイダーは、原作の『ベリエ家』（邦題『エール』）とは全く別のタイトル『コーダ』（原題はCODA）を選び、聴者の子どもに焦点を当てている。彼女自身が移民（ウェールズとハンガリー）の子であった経験も、ろう者と聴者の二文化の狭間にいるコーダの理解に役立ったと述べている。

自身がコーダである、文化人類学者のポール・プレストンは、アメリカのコーダ一五〇人を調査し、その内容を『聞こえない親をもつ聞こえる子どもたち』（一九九四年）に著した。プレストンがまとめたインタビュー内容と映画に描かれるコーダ（ルビー）の問題が驚くほど重なり合う。脚本を書いたヘイダーがいかにコーダについて丹念に調査し、この問題に深く精通していたかを窺い知ることができる。

次に、プレストンの研究内容を援用しつつコーダが抱える問題を考察する。

7 コーダの抱える問題

（1）バイモーダル・バイリンガル*・バイカルチュラルであること

プレストンがインタビューした一五〇人のコーダのうち、五分の四はＡＳＬを使っていたという。つまり、手話が第一言語であるコーダが圧倒的に多いのである。彼によれば、幼い頃は自分も親と同じろう者と思い込んでいるコーダは多く、学校に上がる頃になって初めて自分が親と違うことに気づくという。また、学校では言語障害や学習障害がある児童と勘違いされることが多いことも指摘されている。発話の遅れは二言語、二文化の中で育てられたためであるが、これを理解していない教師があまりに多い。映画の中でルビーは、学校に上がると変な喋り方をしているとからかわれた経験があり、そのために人前で話すのが苦手であると音楽教師に打ち明けている。

ドキュメンタリー作家の松井至は『私だけ聴こえる』（二〇二二年）という作品でアメリカのコーダを取材している。一五歳という多感な時期にいる三人の少女と手話通訳者の三年間を追っている。聴者からは障害者の子と扱われ、ろう者からは耳が聞こえると距離を置かれる「居場所のない」コーダたちが、年に一度のコーダキャンプのときだけは、ありのままの自分になれるという。映像は開放感と喜びに溢れる子どもたちの表情を映し出している。

面白いことに、キャンプでは手話をつけながら話す子どもが多い。「手話をしながら話すと気持ちが落ち着く」「目で確認できる。字幕みたいだ」と語る。このように音声言語と手話言語を同時に使用することを「コードブレンディング」という。

コーダキャンプで手話をつけながら話す（コードブレンディングする）ジェシカ

視覚言語が母語のコーダは、人と喋るときに目を逸らさず、身振りが大きく曖昧な表現を避ける傾向があるといわれる。ろう者になることを夢見るナイラは、表情や身振りが大きい上に、ボディタッチも多く、学校でなかなか友達ができなかったと母親が振り返る。MJという少女は自分らしく振舞うと「変な子」といわれ学校で受け入れてもらえないと嘆く。

子どもの頃から親の伝達係をするジェシカが母親と手話で会話をしている間、二人の聴者の友人が戸惑いの表情を見せる場面がある。手話通訳者のアシュリーも、ろう者は「宇宙人でも見るような目」で見られるという。手話は社会のスティグマである。映画の中でもルビーの兄レオが酒場で聴者と喧嘩になったとき、手話で抗議する彼が「化け物」と罵倒される場面がある。手話への差別や抑圧はろう者とその子どもに深刻な影響を

及ぼしているとの指摘がある。(4)

このようなろう文化と聴文化の二極化の中では、コーダは自分が何者であるかというアイデンティティを形成するのに苦労する。とりわけ思春期の子どもたちにとっては、二つの世界を行き来するというより、激しいぶつかり合いの中で生きているといった方が正確であろう。

(2) 通訳と責任

プレストンによれば、コーダは三、四歳にもなると、聞こえない親のために通訳の役割を引き受けることが多いという。次第に、病院でのがん告知や離婚の手続き、親の葬式の通訳など大きな責任を伴う通訳をさせられるようになる。

さて、映画の中では、ルビーは毎朝三時に起き父親と兄と漁に出かける。船上では無線係、港では卸売人との魚の値段の交渉役もこなす。レストランでは親に代わって注文している姿も幼い頃から目撃されている。病院の付き添い、集会やＴＶ取材の通訳も引き受けている。あらゆる場面で親の耳と口代わりになっているのである。これをルビーは「家族抜きで行動したことがない」という言葉でいい表している。

プレストンは、このようなろう文化と聴文化の仲介役にはアイデンティティの喪失に関わる深刻な問題を孕んでいることを指摘している。インタビューを受けたコーダたちは心理学用語を使って自らを「親化した子ども」「小さな大人」「失われた子ども時代」などと呼んだという。

母ジャッキーはルビーから音楽大学へ進学したいと聞かされたとき、夫フランクに、「私たちのベビーが行っちゃうのよ」という。すると彼は、「ベビーじゃない。昔から大人だ」と答える。

このセリフこそルビーの「失われた子ども時代」を見事にいい当てている。

親の通訳をするということは、単に言葉を置き換える作業だけではない。プレストンはそこには文化の説明や仲介、決断などのより大きな責任を伴い、保護や弁護の役割も引き受けることになると指摘している。ロッシ家が自分たちで魚を売るために協同組合を立ち上げたとき、ルビーはチラシ配り、顧客の勧誘、電話対応など重要な仕事をすべて引き受けている。

歌声を感じとろうとして娘の喉元に手を当てる父

船が操業停止になり、裁判所に出廷するときもルビーが通訳係だ。罰金の処分と聴者の乗船が義務づけられるが、聴者の乗員を雇う余裕のないことを知っているルビーは進学を諦め、卒業後も家業を手伝う決意をするのである。幼い頃から責任感が強く、親を守る心理が働くコーダは、親から依存されると自己犠牲を払うことも厭わない。自分と家族の境界線が引けなくなってしまう。これを共依存という。
この関係に憤るのが兄のレオだ。「家族の犠牲になるな」とルビーを叱る。妹が夢を叶えることを心から願っているからであるが、実際に共依存を断ち切るのは父フランクである。娘の歌声が聞こえない彼は、合唱部のコンサート会場で観客の反応を見たり、歌っている娘の喉元に手を当てることで彼女の才能を感じ取り、音楽大学の試験会場へ娘を送り届ける。

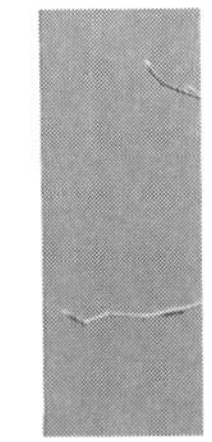
息子に"I love you"の手話を見せるアシュリー

8　文化の衝突と継承――マイノリティのまなざし

プレストンの調査に協力したコーダの三分の二近くが、ろう者と関わる仕事をしているか、以前にそういう経験を持つという。子どもの頃の家族体験と大人になってからの職業にこれほど相関関係があるグループは、他の民族や人種、文化の研究を見ても、あまり見当たらないと述べ、これを帰属意識の表れと説明している。

聴文化は核家族の中では、世話をする親と世話をしてもらう子という「階層的構造」が前提となっているとプレストンは述べている。一方、ろう文化の中では、この階層的構造がすでに崩れているのである。ろう家庭では子どもが親の伝達係になり、コミュニティの中では、仲間同士がお互いに助け合う。このような相互依存はきわめて重要で当たり前の行為として受け入れられている。しかし、こうしたろう社会の価値観は、自立や個人主義を最優先にする聴者の社会的価値観と激しく衝突することになる。

インタビューに答えたある白人男性は、結婚後も頻繁に親の家に行き面倒を見ている。黒人や（ラテン系の）イタリア人なら家族にべったりしていても文化が違うと見られるが、白人の男性がこれをすると異様な感じに見られると語っている。プレストンはこれを「生まれ育った家族から独立するという、優勢文化の逆」の行為であると説明する。

ろう文化の中で行われる相互依存は、優勢文化の中では無力な依存者というスティグマを貼られ、多数派社会の規範を逸脱しているものとみなされる。しかし、異なる文化の交差するところにいるコーダだからこそ、こうした価値観に対して批判的なまなざしを培い、優勢文化の固定観念を打ち破る視座を持ち得るのではないだろうか。

ドキュメンタリーに登場する手話通訳者のアシュリーは、聴者の子どもが生まれたとき、「ろう文化は自分が根を張り、花開くことのできた豊かな土壌。息子には手話やろう文化を大切にしてほしい。人間らしく成長する栄養になるはず」と語り、次世代の文化継承の担い手になる覚悟を見せる。

9　文化の橋渡しへ

CODAにはもう一つの意味がある。楽曲の終結部を表す音楽記号である。楽譜では、本章とは別の部分として下につけ足す形で書かれる。ブラザーは「CODAが私たちで、本章がろうの親に当たる」と説明している。つまり、コーダの親離れを表すのである。監督のヘイダーも音楽記号に言及しながら、この作品を「子ども時代の終わり」の物語であると述べている。

エリク・H・エリクソンのアイデンティティ理論では、アイデンティティのすべての要素をまとめ上げるのが子ども期の終わりであり、この時期のアイデンティティ形成には、親子関係や仲間関係よりももっと大きな「社会」という「足場」が必要となる。つまり、コミュニティや社会と相互承認関係の構築が問題となるのである。エリクソンは、共同体から承認されるには、単に達成したことを認められるだけではなく、相手にもその達成が意味のあるものでなければならな

自宅でルビーに歌のレッスンをするベルナルド

いと指摘している。

ルビーのアイデンティティ形成を考えるとき、音楽教師ベルナルドの存在を忘れてはならない。彼女の歌の才能を見出し、バークリー音楽大学への進学を勧め、自宅で個人レッスンまで引き受けてきたのである。彼女が大学に合格することによって、教師が天職であるという彼に自己承認をもたらす。

ルビーはまた協同組合設立の成功に中心的な役割を果たしてもいる。漁師たちにとって組合は、仲買人からの搾取がなくなり収入が増えることを意味する。このような相互承認関係によって、ルビーは大人になる自分に架橋したともいえるだろう。

彼女は家族と聴者の世界を結ぶ架け橋であっただけではない、ろう社会と漁師たちの聴社会をつなぐ橋渡しの役も担ったのである。ルビーというコーダがろう者と聴者の世界の架け橋になったように、この映画そのものがろう者と聴者を結ぶ文化の架け橋になっている。

コッツァーはアカデミー賞授賞式で、監督のことを「聴覚障害者の世界と健常者の世界を一つに結んでくれた、あなたは私たちの架け橋であり、あなたの名前はここハリウッドに〈シャーン・ヘイダー橋〉として永遠に残ることでしょう」と述べている。

会場は声援と共にＡＳＬの拍手（手のひらをひらひらとさせる）で包まれた。手話通訳者を帯同していた映画チームも多かったという。これもこの映画の影響である。また、受賞以来、本作が手話通訳者不足などのニュースに引き合いに出されるようになったことを監督が伝えている。

制作会社の反対を押し切ってろう俳優をキャスティングした監督の強い意志と信念こそが、この作品を成功に導いた最大の要因である。本作が上演される前には認知度の低い言葉であった「コーダ」一語を敢えてタイトルに選んだのは、社会に気づきや意識の変革を促す狙いがあったからではないだろうか。

前述したように、ヘイダー自身は移民の子である。異文化の交差地点に立つコーダ（＝監督）のまなざしが、障害者と健常者、マイノリティと多数派社会の壁をも打ち破る可能性に光を照らしているように思われる。そういう意味で、本作の社会的意義は大きいといえよう。

注

（1）監督の名前Sian Hederは、日本語では「シアン・ヘダー」と訳されているが、原音に依拠して「シャーン・ヘイダー」と表記する。

（2）ＬＧＢＴＱのキャラクターを異性愛者の俳優に配役する「ストレートウォッシング」が昨今問題視されるが、聴覚障害者の役を聴者が演じる「ヒアリングウォッシング」という造語も生まれている。

（3）ただし、聴覚障害者の役者はサイレント映画時代には歓迎されていた。例えば、チャーリー・チャップリンは、友人のろう俳優、グランヴィル・レドモンドを様々な映画で起用し、撮影現場では手話を使いながら、サイレント映画の技法に助言を求めていたという。

（4）四〇年ほど前の映画『愛は沈黙を越えて』（一九八五年）もコーダの少女を主人公にしている。今日のコーダと比べて抱えている問題にあまり違いはないが、手話に対するスティグマは非常に強く、親が手話を使うところを友人には絶対に見せまいとする場面がある。

COLUMN

人工内耳をめぐる議論

塩谷 幸子

マーベル・スタジオドラマ『ホークアイ』（二〇二一年）に聴覚障害を持つマヤという女性が登場する。難聴者となったクリント・バートンと対峙した際、彼が手話を使えないことを知ると、装着している補聴器を指して「そんなものがない方が幸せになれるんだ」と手話通訳者を介して伝える。その直後の格闘中に床に転がった補聴器を踏み潰す場面もある。子どもの頃、一般の学校に通い手話でなく口話教育を受けさせられていることに不満を漏らす様子も描出されている。

マヤとバートンとの対立は、手話という独自の言語を持ち自らの文化に誇りを持つ文化的ろう者（大文字のDeafと表記）と聴覚喪失を障害と見る身体的ろう者（小文字のdeafと表記）の対立である。

手話法対口話法の対立は一九世紀から続いてきたが、補聴器や人工内耳が登場したことで対立が一層激化している。グレイアム・ベルの時代の読話（読唇術）と発語のみによる口話法に補聴器や人工内耳などの聴覚活用が加わり、聴覚口話法という名称も使われるようになった。

人工内耳とは、内耳に電極を埋め込み、音を電気信号に変えて聴神経に伝える装置のことである。医学の進歩によって人工内耳は世界的に普及し、とりわけ、人工内耳装用児の激増を受けて聴覚口話法へのニーズも高まっている。

一方、この手術はろう文化の立場からすると、手話やろう社会を離れ、優勢言語への同化を強いるものとして非難の対象となっている。これを「ジェノサイド（少数民族としてのろう者撲滅）」という激しい言葉で反発する者もいる。

二〇〇六年ギャローデット大学で、学長に選出されたジェーン・フェルナンデスに辞任要求の運動が起こり退任させられた。五ヶ月に及ぶ激しい抗議運動の中で表向きの退任要求は、彼女が学生の間で人望に薄くリーダーシップに欠けるためであるとしていた。しかし、反対運動当初は彼女が口話教育を受けたため「真のろう者ではない」ことを問題にしていたのである。ろう文化の危機的状況――相次ぐろう学校の閉鎖や人工内耳の普及――に対して、フェルナンデスは統合教育出身者や補聴器・人工内耳装着学生を含む全ての人々に大学の門戸を開くべきであると訴えていたのである。一方、この方針は手話を第一言語とする学生や卒業生、一部の教授陣、そしてろうコミュニティには到底受け入れ難いものであったのだ。

Netflix制作のリアリティ番組『ろう者たちのキャンパスライフ』（二〇二〇年）は、この大学に根づく学生階層を明るみに出している。エリートと呼ばれるのは、代々家系に聴覚障害者がいて、最初に取得した言語が手話であり、子どもの頃にろう学校に通った学生であるという。この三条件を満たしていると学生カーストの最上位に君臨する。一方、補聴器や人工内耳を装着している学生は半人前と見なされる。このような学生ヒエラルキーに反発して退学する学生の姿も番組は追っている。

一八六四年に設立されたギャローデット大学は、長年に亘りろう教育やろう団体のリーダーを輩出してきた、ろう文化の牙城とも言うべき高等教育機関である。聴覚障害者の教育や権利拡張、アメリカ手話の普及に果たしてきた役割は大きいが、政治的結束力を高めるがために同質性の文化を頑なに守ろうとする姿勢に弊害も見え隠れしている。

人工内耳の問題を扱う映画『サウンド・オブ・メタル――聞こえるということ』（二〇一九年）では、教会が運営するろうコミュニティの責任者ジョーがろう文化の主張を代弁する。「耳が聴こえないことはハンディではなく治療すべきものではない」と語る。この言葉は、突然耳が聞こえなくなりこの施設に身を寄せる、パンクメタルのドラマー、ルーベンに向けられる。かつての音楽生活を諦めきれずに人工内耳の手術を受けるも、久しぶりに再会した恋人の歌声もノイズにしか聞こえない。街中の車の行き交う音や人々の話し声もすべてが耳障りなのだ。最後に鳴り響く教会の鐘。本来は美しく響いているはずの鐘の音さえ耐え難い金属音に聞こえ、思わず人工内耳を外す。するとそこには心地よい静寂があったのだ。ルーベンが空を見上げると二筋の飛行機雲が平行に並んでいる。それはまるで決して交わることのない大文字のDeafと小文字のdeafの間に存在するイデオロギーの相違と分断を象徴しているかのようである。

ろう史研究家の木村素子は、最近の研究傾向として、ベルらの口話推進者を口話対手話という二項対立ではなく、多面的両義的に評価する研究がろう研究者の中からも出ていることを指摘している。ルーベンが見つめた、あの二筋の雲はいつか交わる日が来るのだろうか。

第11章 オッペンハイマーと原爆の応答責任

『オッペンハイマー』

岩政 伸治

1 はじめに

映画が三時間あるなら、日本人に何が起こったか、僕なら何分か追加する。人が熱で溶けたんだ。何年経っても、放射能汚染で苦しんでる人がいるんだ。

アメリカの映画監督スパイク・リーが、映画『オッペンハイマー』（二〇二三年）を観た後に二〇二三年一〇月五日付の『ワシントン・ポスト』に語った感想である。映画では確かに広島の原爆投下についての映像描写は全く出てこない。ラジオから流れるトルーマン大統領の発表が広島への原爆投下の事実を伝えるのみである。この映画を監督したクリストファー・ノーランの関心は、原爆投下よりも世界で初めて原爆を開発した偉業にあったのだろうか。

本章では、原爆の父といわれる科学者オッペンハイマーの伝記映画が、後述する原爆神話に対する応答責任を表明することで、人類滅亡の危機に警鐘を鳴らす歴史の系譜にあることについて解説する。特に、映画がどのように原爆神話という概念を解体し、核兵器開発に関わった科学者の葛藤と責任を描き出すのかに焦点を当てる。彼がこの作品でほとんど広島を描かなかったという日本からの批判は間違っていない。広島をあえて描かないことは、広島で起きた現実を無視したわけではなかったのだ。退役軍人らの猛反対により国民的感情に配慮して広島の被害を伝えることなしに、広島に原爆を落とした戦闘機エノラ・ゲイの展示を行わざるを得なかったアメリカで、この映画がエンターテインメントとして成功を収める、もっといえばアカデミー賞を手にするための手段であり、原爆投下の事実を風化させることなく、後世に残すための修辞的戦略であった。

2　映画『オッペンハイマー』について

『オッペンハイマー』は、若きオッペンハイマーが理論物理学の世界に足を踏み入れ、核実験を成功させ、広島に原爆を投下するまでの物語、そして戦後、原爆使用を悔いてこれ以上の核開発を批判するオッペンハイマーが原子力委員会のストローズ委員長からソ連のスパイであるとのレッテルを貼られ、公聴会で尋問を受ける物語の二部構成となっている。また、オッペンハイマーの視点で展開する物語はカラーで描写されるのに対して、ストローズの視点で展開する物語はモノクロで描写されている。映画の展開を左右するのは、核開発が地球滅亡の連鎖反応を起こすリスクを心配してオッペンハイマーが相談を持ちかけるアインシュタイン、そしてケンブリッジで学び、スランプに陥っていた若きオッペンハイマーに理論物理学の可能性を見出させたニールス・ボーアである。

「数学は楽譜だ。読むのは重要じゃない。楽譜から聴くことだ。その音楽は聴けるか？」

4K Ultra HD+ブルーレイ：7,260円（税込み）
発売元：NBCユニバーサル・エンターテイメント

※商品情報は記事公開時点のものである。最新の内容をご確認頂きたい。

映画の冒頭で、研究がうまくいかず自暴自棄になった若きオッペンハイマーに対してボーアがかけた言葉である。この言葉は、オッペンハイマーの科学者としての原点であり、同時に核兵器開発への道へと彼を導く重要な契機となる。ボーアの言葉がきっかけとなりオッペンハイマーの頭の中で創造の世界が広がっていく。ボーアは、若きオッペンハイマーにその法則が実際に起こることを空想させたのだ。映画ではオッペンハイマーの脳裏で法則が具現化され、核連鎖反応で激しく燃える星がその寿命を終えるまで、また黒板上の理論が原爆の製造へ、そして実験を経て戦争での使用へと進む未来を幻視する。その幻視には、理論を実行に移したことによって起こり得る不都合な結末の暗示が内包されている。映画の原作*American Prometheus*（アメリカのプロメテウス／邦題『オッペンハイマー』）が示唆するように、天界から盗んだ火を、天文、数、文字といった技術とともに人間にもたらしたギリシャの神プロメテウスの化身としてオッペンハイマーが具現化される瞬間である。昨今の伝記映画人気の潮流に乗り、この映画はまずは実在の人物の人生を描くことで、観客に登場人物に共感し、感動を与えることに成功している。成功物語、逆境を乗り越える物語、人間的な弱さや葛藤など、誰もが共感できる普遍的なテーマが盛り込まれ、そのことが観客の共感を生むのだ。この映画はさらに、プロメテウスが人間に火を与え、文明の発展に貢献した一方で、その火が人類

『オッペンハイマー』（2023年／アメリカ／監督：クリストファー・ノーラン）

広島・長崎に投下された原爆開発の中心的役割を担った科学者オッペンハイマーの伝記の映画化作品。21世紀を代表する映画監督と評されるクリストファー・ノーランが手掛け、アカデミー賞を受賞した。映画ではまず、若きオッペンハイマーが理論物理学者として世界に認められるまでの挫折と成功の物語が描かれる。ナチス・ドイツに対抗する目的で進められた原爆の開発が、ナチス・ドイツ降伏後も、大戦を終わらせるために不可欠であるというオッペンハイマーのアメリカ政府への主張で継続され、開発された原爆が広島に使用されるまでが前半を占める。後半では戦後、オッペンハイマーが今後の原爆開発の中止を政府に求めたために、ライバルに共産主義者に祭り上げられ、社会的地位を失い、公聴会で信用を回復するまでが、彼の原爆投下への罪悪感の詳細な心理描写とともに描かれている。

を苦しめることにもつながったように、原子爆弾という「火」を人類にもたらした存在としてオッペンハイマーを描き、この「創造と破壊の両面性」を、プロメテウス神話を通じて表現することで、原爆開発が人類を滅亡に追いやる黙示録的なヴィジョンを観客に提供することに成功しているといえよう。

3 原爆神話への挑戦

原爆神話とは、原爆投下が戦争を終わらせ、百万人もの若いアメリカ兵の命を救う目的だったとするトルーマン大統領の発言以来の定説を示す用語であり、アメリカの学校では長らくそう教えられてきた。二〇二四年、イスラエルのパレスチナ・ガザ地区侵攻に対し、「日本に対する原爆の投下が戦争を終わらせたのだから、イスラエルに対しても、武器供与を続けなければならない」とアメリカ議会で議員が発言したことをＮＨＫが報じている。ガザで四万人近くの人々が命を落とし、その七割が女性と子供だといわれている惨事に対して、原爆投下が正当化に使われているのだ。この事実から原爆神話がいかにアメリカ社会に根付いているかがよくわかる。

ノーランはこの原爆神話をどのように描いているのだろうか。結論からいうと、ノーランはこの『オッペンハイマー』を通じて観客に、この原爆神話の再考を求めていることは間違いないだろう。ノーランは一つ目に、政治家、軍部、そして科学者の間で交わされた議論を丁寧に再現することで、原爆投下を正当化する「原爆神話」が、世論の反発を抑え、国民の支持を得るために作り出されたものであることを提示する。そして二つ目に神話的モチーフを駆使することで、原爆神話の固定観念を揺さぶり、観客に新たな視点を与える。

ではノーランが原爆神話の再考を求める一つ目の描写について概観してみよう。ナチス・ドイツの原爆計画に対抗すべく科学者を総動員したマンハッタン計画の科学者たちは、ヒトラーの自殺で目的を失ってしまう。オッペンハイマーは計画の目的を日本を敗北に追い込み戦争を終結させることに向けさせようとするが、女性科学者は「(日本の)敗北は確実よ」と譲らない。割って入った別の科学者の「人間への投下をどう正当化する」という質問に誘発されたオッペンハイマーは次のように答える。「我々は未来を想像しその未来に恐怖を覚える。だが世界は実際に使い理解するまで恐れない。世界が恐怖を知ったとき我々の仕事は――人類の平和を確実にする」ノーランは、オッペンハイマーの言葉を通して、マンハッタン計画の目的が、ナチス・ドイツとの競争から、戦争終結と核抑止力による平和の実現へと変化していく過程を描く。これにより、原爆投下を正当化する「戦争終結」という目的が、国民を納得させるための口実であることを示唆している。

ノーランが原爆神話の再考を求める二つ目の描写は、映画内で神話のモチーフを挿入しているところにある。吉田敦彦が『日本大百科事典』の「神話」の項目において、「合理的に理解することができないものの処理にたいして必然的に人間が拠り所にしていた」のが神話であると述べているように、ノーランは、歴史が明確な答えを出せない「原爆神話」の是非を、観客に問い掛けるために、意図的か否かは別として、神話的なモチーフを効果的に用いていると考えられる。原爆神話に反して、映画が徹頭徹尾、観衆に見せるのは戦争終結の立役者としての彼ではなく、人類そして世界に文明を創造するための火という道具をもたらしたプロメテウスとしての側面、そして核実験成功の直後に彼が「我は死なり。世界の破壊者なり」と人類滅亡を暗示する破壊の神ヴィシュヌとしての側面である。

そしてもう一つ、この映画で示されている神話のモチーフが、神がアブラハムに「あなたの子、あなたの愛しているひとり子イサクを連れて、モリヤの地に行きなさい。そしてわたしがあなたに示す一つの山の上で、全焼の生贄としてイサクをわたしに捧げなさい」（旧約聖書『創世記』22章）と命じる「イサクの燔祭」と呼ばれる物語である。文献学者アウエルバッハは、著書『ミメーシス』において、神の命令に応じてアブラハムが息子のイサクをホロコースト（焼いて生贄として捧げること）しようとした旧約聖書の物語が、新約聖書において人々の罪を贖うために十字架にかけられるイエスの犠牲の予兆であるという解釈の可能性を示した。

ノーランがこの神話のモチーフをどのように使ったのか、ヒントはこの映画のエンドロールにある。彼は自分の娘をこの映画の俳優として使用しているのだ。彼女の役回りは「火傷した犠牲者」と書かれている。映画の中で火傷した犠牲者が描かれるのは、広島に原爆が投下されたことがわかり、マンハッタン計画に従事している人々が多目的ホールに集まったときだ。即席の壇上でオッペンハイマーは「世界はこの日を忘れないだろう」と演説、聴衆の拍手と足踏みで会場が揺れ始める。オッペンハイマーは聴衆の中にいる女性の顔が放射能で崩れ始める様子を幻視する。この女性を演じたのがノーランの娘であり、ノーランは、自身の娘を広島の犠牲者に重ね合わせることで、「イサクの燔祭」という神話を現代に引き寄せ、原爆投下の犠牲の大きさを痛烈に表現している。百万人の命を救うために、ある程度の犠牲はやむを得ないという原爆神話に対し、その犠牲者が自分の愛する人だったとしてもそういえるのかという、静かだが力強い反論を観る者はここに求めることができるだろう。

ところで、ノーランは言葉の多義性にこだわる監督であり、これまでも掛詞や同音異義語、回文を駆使した壮大な言葉遊びを映画に取り入れてきた。この映画にも、そうした仕掛けが施されている。これまで見てきた原爆神話解体の構図を補完するものとして、彼は、かつてエンターテインメントの世界で原爆神話に挑んだ歴史的アイコンたちのモチーフを映画に組み込んでいる。次に、彼が参照する対抗文化のモチーフを概観してみよう。

4　赤いキオスクK－6

『オッペンハイマー』を観ていてどうしても気になったのが、主人公が胸につけていたバッヂに印字されたK－6という記号である。この記号は当時、アメリカで原爆の開発が行われたロスアラモス国立研究所内でのオッペンハイマーの識別番号であるが、それだけではない。イギリスでK－6といえば、K－6テレフォンキオスクと呼ばれる赤い公衆電話ボックスの普及型モデルが思い起こされる。Kは人が情報を求めて集まるあずまやを意味するペルシャ語のキオスクであり、欧米でキオスクといえば、駅・公園などにある案内書、新聞・雑誌などの売店や、公衆電話ボックスを意味する。イギリスで生まれ育ち、映画の聖地ハリウッドの映画監督となったノーランがK－6というコードにコミュニケーションの媒体としての赤いキオスクをイメージするのは想像に難くない。K－6は、オッペンハイマーが核兵器開発の数式という、科学者たちで共有されたコミュニケーション手段を通じて世界に与えた影響、そしてその結果としての責任を象徴しているといえる。

ではなぜノーランはオッペンハイマーがつけていたK－6に魅せられたのか。その答えは映画のポスターにある。キリアン・マーフィ扮するオッペンハイマーの出で立ちが、その姿勢と衣装とが、どう見てもイギリスのロックスター、デヴィッド・ボウイなのだ。マーフィは、ノーランから映画の主役を打診された際、ボウイの写真が送られてきて、役作りのために彼をイメージするように指示を受けた、とコメントしている。ではなぜK－6か。ボウイの名作『ジギー・スターダスト』のジャケットに映るボウイの頭上には、後にファンたちがクエストと深読みしたK・WESTという看板が掛かっている。またこれが、ベストを含めたファン待望の六枚目のアルバムだった。そして表紙を裏返すと、赤い電話ボックスの中で、ボウイが資源枯渇による地球滅亡から人類を救う救世主として現れた異星人ジギーに扮してポーズを決めているのだ。「誰かに電話をかけなければならなかったから君を選んだ」とリスナーに語りかけるジギーの物語は、赤い電話ボックスを地球を救う応答責任の手段の象徴として浮かび上がらせる。テレフォンの字義どおり、ジギーは「離れたところに声を届ける」存在だ。

また英国アニメで東西冷戦後に勃発した核戦争後の世界を描いたレイモンド・ブリッグス原作、ジミー・ムラカミ監督のアニメ映画『風が吹くとき』（一九八六年）の主題歌をボウイが担

K-6のバッジを胸に付けたオッペンハイマー

当したことも忘れてはならない。『オッペンハイマー』において、ボーアが原爆について、「政治家にわかるか。〝新爆弾ではない〟。〝新世界だ〟と。……君は米国のプロメテウスだ。人類に自らを滅ぼす力を与えた男」とオッペンハイマーに語ったように、『風が吹くとき』ではソ連が放った原爆の爆風で漆黒の闇に覆われる新世界が描かれる。その中で、エンドロールとともにモールス信号がＭＡＤ（Mutually Assured Destruction）と流れて物語が終わる。文字通り読むと狂気を意味するＭＡＤはここでは相互確証破壊の略語であり、核を使うとお互いが破壊されることを警告する国同士の覚書だが、核の使用後にこれが流れるのは何とも皮肉で、ボウイがそれに呼応するかのように、「さようなら子供たちよ、あたりは漆黒の闇だ」と歌うのだ。

以上のことから『オッペンハイマー』において、Ｋ－６は赤い電話ボックスに代表される人類滅亡（救済）に対する応答責任の象徴として読むことができる。その一方で、地球を破壊から救うはずのジギーが、エゴから自らを破滅へと導くように、核実験成功後に自ら「我は死なり。世界の破壊者なり」とつぶやくオッペンハイマーは、核の使用がナチス・ドイツから人類を救済するどころか破滅へ導く存在となることを覚悟する。

5　赤いホットライン

赤、そしてテレフォンと聞くと思い出すのが、スタンリー・キューブリック監督の『博士の異常な愛情』だ。これはノーランが撮影中に観ることを避けていたとインタビューで語った映画でもある。ノーラン作品同様に、壮大な言葉遊びを映画に取り入れた、一九六四年公開のこの映画は、風刺ブラック・コメディで、六〇年代冷戦のパラノイアと核による絶滅の恐怖を中心に展開するが、この映画の陰の主役こそが電話であり、人類滅亡を避けるために最後の「応答責任」の手段として使用するのが赤電話（緊急連絡用直通電話＝ホットライン）だ。この映画における赤電話の役割は、三つ描かれている。

一つ目は、アメリカ空軍基地が国防総省から緊急連絡を受ける電話だ。アメリカ空軍の准将リッパーが、共産主義の侵略を受けているという妄想に取りつかれ、爆撃機を使ったソ連への核攻撃を、国防総省からの許可なしに命令する。命令時にリッパーは、赤電話で上から連絡を受けたと嘘をつく。爆撃機は無線装置で命令を受信し、三文字の暗号を通信の最初に入れなければ応答しない仕組みになっている。捕虜になった場合、自分は拷問に耐えられないとリッパーが自殺した後、そばにいた英国人派遣将校マンドレイクは赤電話で空軍本部に電話をしようとして、一つの電話は壊され、もう一つは電話線が切られてなくなっていることに気づく。ちなみにリッパーの名前はケーブルを切断する工具、リッパーの掛詞である。リッパーが電話線を切断し、さらに自殺することで地球滅亡を止める応答責任を放棄するのに対して、マンドレイクは、公衆電話ボックスを見つけて応答責任を試みる。しかし電話番号がわからない、オペレーターと意思疎通ができない、小銭が切れる、自販機を破壊して小銭を取り出そうとするとコーラが吹き出すなど、ホットラインと異なり、公衆電話で応答責任を果たすことが容易ではないことが、ドタバタ劇で描かれる。

二つ目は、アメリカ大統領がソ連の首相に緊急事態の連絡をする電話だ。『風が吹くとき』で言及したＭＡＤ、すなわち相手の核使用を思いとどまらせるだけの核の力を誇示することで、相手の核使用を抑止する構図を成立させるには、お互いにその配備を伝え合うホットラインが不可欠なのである。爆撃機の撤収に失敗した大統領は、ソ連側で撃墜するよう要請して、地球滅亡を阻止する応答責任を果たそうとするが、そのときソ連が核爆撃を抑止するために、核攻撃を受けると作動する人類破滅装置を配備し、抑止力として近日中に公表予定だったことを知る。MADの構図が機能不全に陥るのはコミュニケーションの遅延に他ならない。映画は徹頭徹尾、コミュニケーションの遅延や欠如が人類を破滅に追いやる皮肉が描かれている。

大統領の試みは、情事の途中で呼び出された空軍トップのターギドソン将軍と、元ナチスの核の専門家であり、核戦争の潜在的な結果について暗くユーモラスな洞察を提供するストレンジラブ博士の存在によってより複雑になる。三つ目は、この将軍が、国防総省の赤電話を愛人からの応答に使用することで提示される。これは、人類滅亡装置稼働後に人類を救うために、地下の坑道に国家指導部の男性と性的魅力のある女性を退避させるという、生殖をもって地球滅亡を阻止するというストレンジラブ博士による奇想天外な応答責任の連想として描かれるのだ。

このようにオッペンハイマーもジギーも、『博士の異常な愛情』の政治家も皆、MADの抑止力という正当性に対する応答責任を果たせず、破壊・破滅を招いている。

6　おわりに

映画でオッペンハイマーは、核実験の成功を妻キティに伝えるのに、「シーツを入れろ」という暗号を使用し、部下に電話で伝えるよう命じた。ホワイトハウスとモスクワの間に設けられたホットラインが核戦争の偶発の危険を知らせるためのものであったのと同様に、観客はのちに、この電話の意味が盗聴を防ぐための単なる暗号から、核爆発による放射能まみれの死の灰の危険を観客に知らしめる暗号でもあることに気づかされる――「死の灰が降る前にシーツを取り込め」と。不吉な「死の灰」の幻視――広島の原爆投下を祝う集いの場面において、オッペンハイマーが経験する、死の灰のぬかるみに足を突っ込んでいる幻視、そして若き女性が被曝し、皮膚がただれていくという恐ろしい幻視は観客に、核戦争がもたらしうる人類滅亡の不気味な未来を啓示している。エンドロールで流れる配役名で、皮膚がただれていく女性を演じたのがノーラン監督の娘であることに気づいた観客が一人でもいたとしたら、その観客は、アブラハムがイサクをホロコースト（火あぶり）の生贄として捧げようとしたように、ノーラン監督が娘を生贄として象徴的に描いたことを知るだろう。そのことが示唆するのは、広島や長崎で犠牲になった人々は、あなたや私の家族だったかもしれないということだ。広島、長崎への原爆投下がそこに住んでいた人々、お弁当を持って学校に向かっていた少年や、熱風から守ろうとわが子に覆いかぶさった母親、朝鮮から労働力として動員された若者、その他無数の市民に代表される、人類に対するホロコーストだったという事実を、映画『オッペンハイマー』は原爆神話の解体とともに描いているのである。

COLUMN

『ゴジラ-1.0』ともう一つの戦後日本

塚田 幸光

ゴジラは、同時代の欲望と無縁ではない。第五福竜丸事件が『ゴジラ』(一九五四年)を生み出したように、あるいは東日本大震災が『シン・ゴジラ』(二〇一六年)と共振したように、ゴジラはメタフォリカルなスクリーンとして、時代が抱える両義的な欲望を映し出す。

当然のことながら、ゴジラの前提は、ビキニ環礁での核実験にある。被爆し、巨大化したゴジラは、怒りのまま東京を襲撃する。しかしながら、山崎貴監督の『ゴジラ-1.0』(二〇二三年)は、この設定を書き換える。一九四五年の終戦間際、大戸島の飛行場に巨大生物が出現し、主人公の敷島(神木隆之介)たちを襲うからだ。核が生み出したモンスターではなく、伝説の怪獣へ。山崎は核実験や被爆から距離を置くことで、イデオロギーや政治性を薄め、登場人物たちの人間ドラマに軸足を置こうとしているのだろう。実際、特攻隊員でありながら、生き残ってしまった敷島の苦悩は、誰よりも丁寧に描かれている。

山崎にとって、戦中戦後は特別な意味を持つ。『ゴジラ-1.0』を起点にすると、作品の関連性が際立つからだ。『アルキメデスの大戦』(二〇一九年)では戦艦大和の陰謀と悲劇を描き、『永遠の0』(二〇一三年)は神風特攻隊を語り直す。『ALWAYS 三丁目の夕日』(二〇〇五年)などは、『ゴジラ-1.0』の後日談だろう。実際、『ALWAYS』にはゴジラも登場し、戦後文化のなかで(好意的に)消費されている。「あの戦争とは何だったのか?」という問いに対し、政治性を脱色させて、イデオロギー・フリーな眼差しで見る。それは、あり得たかもしれないもう一つの日本を夢想することになる。

『ゴジラ-1.0』のラストシーンが、敷島のための「戦争」、つまり「生きる特攻」であるのは興味深い。「生還に意味がある」という書き換えこそが、山崎による戦争映画の真骨頂だろう。だが、生き残った典子(浜辺美波)の首のアザは見逃せない。ゴジラのG細胞は再生細胞であり、だからこそラストショットでゴジラは不気味に再生し始める。典子のアザは、意図的に刻まれたG細胞だろう。だとすると、典子は今後、ハイブリッドな生を宿命づけられる。戦争は必ずしもハッピーエンドにならないというわけだ。

第12章

食の政治学

『アメリカン・サイコ』『ハンニバル』

越智 敏之

1 二つのレストラン

二〇〇四年一〇月一七日付の『ニューヨーク・タイムズ』紙に「二つのアメリカ、二つのレストラン、一つの町」という記事が掲載された。ウェストヴァージニア州ニューマーティンズヴィルにある二つのレストランを比較したものだ。一つは町の中心部にある「バリスタズ」という創造的な個人経営のレストラン、もう一つは郊外部にある「ボブ・エバンズ」というチェーン店だ。

中心部と郊外部と言っても人口五千人ほどの小さな町のことである。距離は一マイルも離れていない。しかしそれぞれの店の常連は、けっしてもう一つの店には足を踏み入れない。バリスタズはハマス（ひよこ豆のペースト）やフェタ（羊のチーズ）、ペスト（バジリコソース）といった地中海沿岸の料理の用意もあるが、基本的にはメニューも価格帯もボブ・エバンズとそれほど変わらない。ハンバーガーが売りで、ステーキやグリルドチーズサンドイッチを提供している。両者の違いは、チェーン店のボブ・エバンズが冷凍の食材を使用するのに対し、バリスタズは地元の新鮮な食材に拘っている。そして前者の味付けが塩と胡椒であるのに対し、後者はハーブを多彩に使用している。日本であれば間違いなくバリスタズに軍配が上がるはずだが、地元の大多数がボブ・エバンズを贔屓にしている。理由は「驚きがないし、自分が何を食べるか予測できるから」ということだ。逆にバリスタズの常連はボブ・エバンズの変化のない画一性に我慢ならない。

そういうわけだから、それぞれの店の常連の違いは味の嗜好だけにとどまらない。二〇〇四年はちょうどW・ブッシュとジョン・ケリーの大統領選があった年だ。共和党のブッシュ支持者はボブ・エバンズに集い、民主党のケリー支持者はバリスタズを贔屓にする。日本では味の嗜好がここまで明確に政治と結びつくことはない。記事の執筆者は言っている。「これはニューマーティンズヴィルに限った話ではない。アメリカ中でボブ・エバンズ派とバリスタズ派が共に暮らしているのだ」。アメリカの食文化やそれが描かれた映像作品について考える場合、この政治性を無視するわけにはいかない。

本稿では食文化の二極化が生まれた背景を、『アメリカン・サイコ』やTV版『ハンニバル』を通して追いかけていく。その過程のなかで、実はトランプ大統領が実業家としてこの現象と深く関わっていることを解説していこうと思う。

2　『アメリカン・サイコ』

アメリカの食文化は一九七〇年代に大きな変革期を迎える。その背景にあるのは反体制的なカウンター・カルチャー*と「都心部の再開発（ジェントリフィケーション）*」である。その結果生まれた新しい食文化が、画一性や効率化に支配されたボブ・エバンズが代表する従来の食文化に対抗するものとして、バリスタズのようなレストランを生み出してきた。この流れを理解するうえで参考になる作品が『アメリカン・サイコ』になる。

この作品はブレット・イーストン・エリスによって一九八九年に脱稿、九一年に出版、二〇〇〇年に映画化された。主人公のパトリック・ベイトマンはウォール街の投資会社で副社長を務めているが、夜にはアップタウンにある高層マンションの自宅から再開発されていない地域に出かけ、浮浪者や娼婦を殺戮する連続殺人鬼になる。

映画版ではあまり強調されていないが、原作小説ではベイトマンの殺人は再開発のメタファーとして描かれている。彼はドナルド・トランプに心酔している。一九七一年に父親の不動産事業を引き継いだトランプは、ニューヨークの再開発で富を築いた。トランプ・タワーはその象徴である。再開発はその地域に住んでいる従来の住民や浮浪者を排除してしまうが、ベイトマンが殺戮するのもこうした人々だ。それだけではない。小説版ではベイトマンとその同僚は頻繁に浮浪者をいたぶっている。同僚の一人が街中で見つけた浮浪者の目のまえに一ドル紙幣をちらつかせ、それをつかもうとする浮浪者の手をかわし紙幣を火で燃やしてしまう。主人公の感想は「お前って、本当にgentrifyingなやつだな」というものだ。gentrifyとは英語で「再開発する」という意味である。

しかし小説版でも映画版でも、場面の多くは殺人や浮浪者いじめではなく、流行のレストランやバー、カフェに割かれている。そうした社交の場で、雑誌や新聞で入手した料理評や政治、流行、音楽や文学についての浅薄な知識をひけらかすことがベイトマンの喜びであり、他者に過ちを指摘、あるいは異論をぶつけられて自身の優位性が揺らぐと、それが殺人衝動へとつながるのだ。

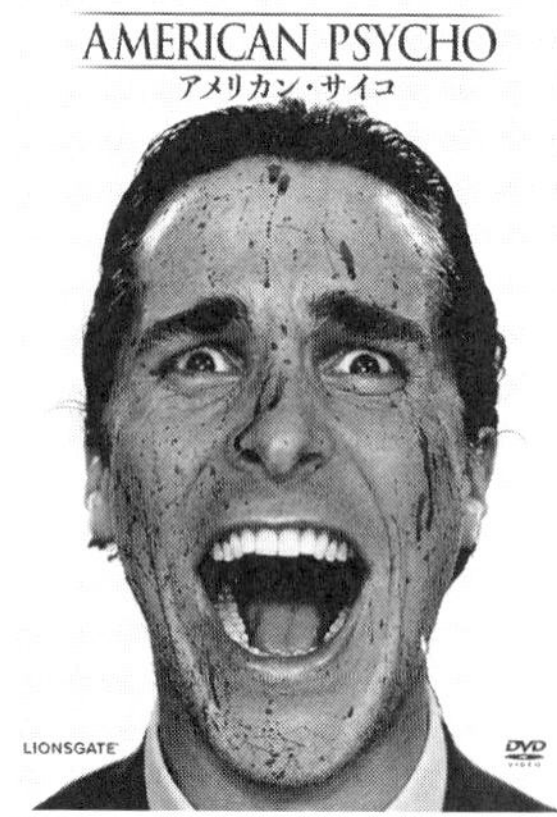

『アメリカン・サイコ』
BD ¥2,750（税込）／DVD ¥2,090（税込）発売中
発売・販売：キングレコード

再開発とその過程で生まれる新しい食空間、これは日本でもおなじみの組み合わせだろう。しかしアメリカの場合、そこに濃厚な政治性が関わってくる。実際には前述のバリスタズのように、都心部に新しく生まれた食空間は生産者も消費者もリベラルな思考の持ち主であることが多い。「自分が何を食べるか予測できるから」という理由でボブ・エバンズを贔屓にする保守的な消費者とは違い、彼らが求めるのは新しい体験である。しかしながら、ベイトマンやその仲間たちの浅薄なスノビズムや下位の人間への酷薄な態度を見ていると、彼らが愛顧するレストランやバー、カフェが、変化や多様性を好み、リベラルな顧客が集まるバリスタズと同一の空間とは思えない。この乖離の原因は『アメリカン・サイコ』が書かれた年代にある。

ロレッタ・リーズらの『ジェントリフィケーション』によれば、アメリカで都心部の再開発が始まるのは六〇年代あたりからだが、八〇年代に入ると再開発の問題点が明確になる。当該地域の住民や浮浪者が強制排除されるだけでなく、一帯の地価が上がって賃貸料が高騰、経済的に余裕のない近隣の住民も結果的に追い出されてしまう。反面、財政難にあえぐ地方自治体としては、この現象を後押しすれば、高収入の、つまり税金をたくさん納めてくれる新住民を呼び込むことができる。ジャネット・アブ＝ラグホッドは『都市の村からイースト・ビレッジへ』のなかで、

『アメリカン・サイコ』（2000年／アメリカ／監督：メアリー・ハロン）

1989年に脱稿、1991年に出版されたブレッド・イーストン・エリスの同名の小説を2000年に映画化した作品。脱稿から映画化までに時間差があるのは、差別的な女性描写が問題視されたため。本論にある通り、これは再開発された都心部に流入してきたyuppieを悪魔化したことが背景にある。主人公であるパトリック・ベイトマンは再開発された都心部に住居を持ち、再開発されていない地域に住む浮浪者や娼婦を殺害したり、自分に敗北感を与えた同じyuppieのライバルたちを殺戮していく。作品内の多くの場面が都心部の最新の食空間となっている。本来であれば政治的にリベラルなそうした食空間が浅薄なものとして描かれているのは、やはりyuppieの悪魔化が背景にある。やはり1980年代のEast Villageの再開発を描いたミュージカル、*Rent*にも同様の食に対する政治的なねじれが見られる（アーティストである主人公たちが流行の最先端の日本食をけなす場面）。

八〇年代、この現象がマンハッタンのイースト・ビレッジを舞台にいかにして進み、再開発の賛成派と反対派の対立が地域を越えて社会問題化していったかを詳述している。その八〇年代に『アメリカン・サイコ』は執筆されたのだ。政策として再開発を推進した自治体、そこに投資して財を成したトランプのような企業家は、再開発された地域に流入してくる新住民とは実際には異なる存在である。しかしリーズらによれば、反対派は両者を同一視し、彼らに八〇年代に流行したヤッピー（yuppie）という言葉を当てはめ悪魔化してしまった。この作品はその影響を受けている。

yuppieという言葉はyoung urban professional（若い都市の専門職）の略語である。都心部の再開発が始まる経済的背景には、工業化社会から脱工業社会への移行がある。つまり金融業やサービス業の経済活動のなかでの比率が高まるわけだ。こうした業種の本社は、行政府のある都心部にあるほうが都合がいい。アメリカでは、工業化社会の時代には住民や資本の都市部からの流出が続いた。そして第二次世界大戦以降、この流れは急激に加速し、都心部の荒廃を招く。脱工業社会への移行は、工業化の時代とは逆の流れをもたらしたのだ。この変化は消費経済での主役も変えてしまう。工業化社会では工場労働者が消費経済の重要な担い手だったが、脱工業社会で消費経済の頂点に立ったのは、金融業やサービス業、ＩＴ企業で働く、大学や大学院で専門知識を習得した専門職だった。彼らこそが再開発された地域に流入した新住民の主力であり、都心部に新しく生まれた食空間の重要な顧客だった。

ベイトマンも職業人としては専門職になる。彼らはベイトマン同様、高収入で派手な消費行動で有名だった。しかし再開発への反対運動のなかで悪魔化された彼らのイメージとは裏腹に、実際の彼らは政治的にリベラルな人間が多い。大学時代にリベラリズムの影響を受けているのだ。なかでも、画一的で安全で保守的な郊外ではなく、まだまだ危険なイメージのある都心部を住居として選択した人間は、郊外にない多様性を求める政治的にもリベラルなグループである。ベイトマンが贔屓にするレストランは、バリスタズと同様、実際にはそうしたリベラルな人間が愛顧したものだ。そして再開発された都心部に生まれた新しい食文化には、リベラルな消費者に見合ったリベラルな歴史がある。

映画版『アメリカン・サイコ』はパステルズというレストランの場面から始まる。ベイトマンの説明では、ここは「ヌーベル・ノーザン・カルフォルニア」料理の店だ。小説版でも「カルフォルニア・キュイジーヌ」*という言葉が六度ほど出てくるが、始まりの場面は違う。映画版がこの店を始まりの場面として選択したのは、アメリカ食文化の歴史に準じてのことだろう。『シェフとドラッグとロックン・ロール』のアンドリュー・フリードマンによれば、この新しい食文化は北カルフォルニアのバークレーにある「シェ・パニーズ」にその多くを負っている。

シェ・パニーズの経営者であるアリス・ウォーターズは、当時カルフォルニアで特に影響力が強かったカウンター・カルチャー運動の申し子だった。カルフォルニア大学バークレー校に在籍中には運動に参加し、ベトナム反戦運動で有名なロバート・シェールの下院選挙の運動を手伝っている。シェ・パニーズの運営においても、平等主義的な経営方針やセンスのある素人を重用(最初のシェフはバークレー校の哲学博士だった)する態度など、カウンター・カルチャーの影響を色濃く受けていた。

だが『アメリカン・キュイジーヌ』のポール・フリードマンによれば、何よりも重要なのは後にfarm-to-tableと呼ばれることになる「地産地消」の姿勢に拘ったことだ。それ以前のアメリカの食文化は、効率化と画一化に支配されていた。ジェネラル・ミルズ、ハインツ、クラフト、ナビスコ、コカコーラといった大企業が食の世界を支配し、加えて、大規模農業や遠隔地からの食材の輸送を可能にした流通システムの発達により、食材から鮮度や季節性が奪われてしまった。四〇年代、五〇年代にはマクドナルドをはじめとした外食産業のフランチャイズ化が進み、画一化と効率化という食世界の指針をさらに推進する。ボブ・エバンズが設立されたのも一九四八年のことである。

この食品業界の支配体制はカウンター・カルチャー運動の攻撃対象だった。運動によって自給自足のコミューンが全米に広がった背景の一つでもある。また当時は、レイチェル・カーソンの『沈黙の春』*の影響で、環境問題への意識が高まった時代でもあった。ウォーターズはこうした時代精神をレストランの経営に取り込んだ。効率よりも風味を重視して、地元の旬の食材に徹底的に拘り、食世界の体制が隔絶してしまった生産者と消費者との関係を回復しようとしたのである。食材の生産地と生産者名が記されているメニューをよく見かけるが、あれを始めたのもウォーターズだった。

『アメリカン・キュイジーヌ』によれば、ウォーターズは七〇年代のアメリカの食文化の転換を後に「美味しい革命（デリシャス・リヴォルーション）」と呼ぶ。これはもちろん彼女一人の手で実現したものではない。環境意識の高まりは、やがて有機食品への関心を生んだ。この流れがさらに菜食主義（ベジタリアニズム）へとつながっていく。もっとも、完全な菜食主義を採用したのは一部の先鋭的な消費者だけだが、この食姿勢は、もっと野菜を摂らなければならないという意識をアメリカに広めていった。そして野菜を美味しく料理する手段として、「地中海料理」（実際にはイタリア、ギリシア、スペイン料理などの折衷主義）がカルフォルニアで流行していく。この流行はバリスタズでもハマスやフェタ、ペストといったメニューに受け継がれている。

一九七一年にプロヴァンス料理店として始まったシェ・パニーズも当然の流れとして有機食品を採用し、八〇年代には地中海料理へとレパートリーを広げ、折衷主義を採用する。料理の技法はあくまで地元の食材を美味しく料理するための手段と割り切ったのだ。一九八二年に生まれた「焼いたヤギのチーズのサラダ」はその象徴とも言えるメニューで、『アメリカン・キュイジーヌ』によれば、今では「カルフォルニア・キュイジーヌ」の定番となっている。映画版『アメリカン・サイコ』のパステルズではこの料理は出てこないが、代わりに前菜として「ヤギのチーズのプロフィトロール（小型のシュークリーム）」が出てくる。ちなみに小説版のパステルズでは主人公の友人が「刺身、ヤギのチーズを添えて」という興味深い前菜を注文している。この組み合わせはありなのだろうか？　それともこれも皮肉の一つなのだろうか？

「地中海料理」になぜ刺身がと思うかもしれないが、これもカルフォルニア・キュイジーヌをはじめとしたアメリカの新しいタイプの料理が採用した折衷主義の特徴である。アメリカの都市部は以前からエスニック料理への関心が高かった。高級料理の代名詞であったフランス料理は当然のこととして、一九世紀末までには中国料理、イタリア料理、メキシコ料理が流入・定着していく。そしてエスニック料理の種類は時代が下るにつれ加速度的に豊富になっていった。そうした料理を出すレストランのシェフの多くが移民だが、七〇年代以降はこれがアメリカ料理の折衷主義に豊富な素材を提供することになる。

七〇年代以降のアメリカの料理の変化は、確かにウォーターズが言う通り「革命」と言えるかもしれない。しかし、文化は生産者だけでは成り立たない。革命を理解する消費者が必要だった。それを供給したのが都心部の再開発だったのだ。シャロン・ズキンは『都市と社会』の「再開発、キュイジーヌ、重要インフラ」のなかで、再開発のこうした側面を解説している。また、社交の場でもあるレストランは料理を消費するだけではない。教養を消費する場でもある。カウンター・カルチャー運動の影響を色濃く受けたカルフォルニア・キュイジーヌは、リベラルな都心部の消費者にはその意味でもうってつけだった。雑誌や新聞の料理評は味についてだけ云々するのではなく、料理の背景や食材の出自、そしてサステナビリティ*についても論評する。

悪魔化されたヤッピーであるベイトマンは、再開発で育まれた食文化のなかで、政治性以外にも致命的な欠点を持っている。その欠点は映画版では仄めかされるだけだが、原作小説では明言されている。食文化に拘る連続殺人鬼である以上、当然、彼は獲物である「女性を調理し食べようとした」(第四四章の表題)。これこそfarm-to-tableの精神だろう。しかし彼は血肉を生のまま口に入れて咀嚼はしたものの、満足を得られなかった。なぜなら彼は「今まで実際には一度も料理をしたことがなかったからだ」。

3 『ハンニバル』(TV版)

出来の悪い消費者にすぎないベイトマンとは違って、消費者としても一流、生産者としても有能な連続殺人鬼がTV版『ハンニバル』のハンニバル・レクターである。彼は、もともとはトマ

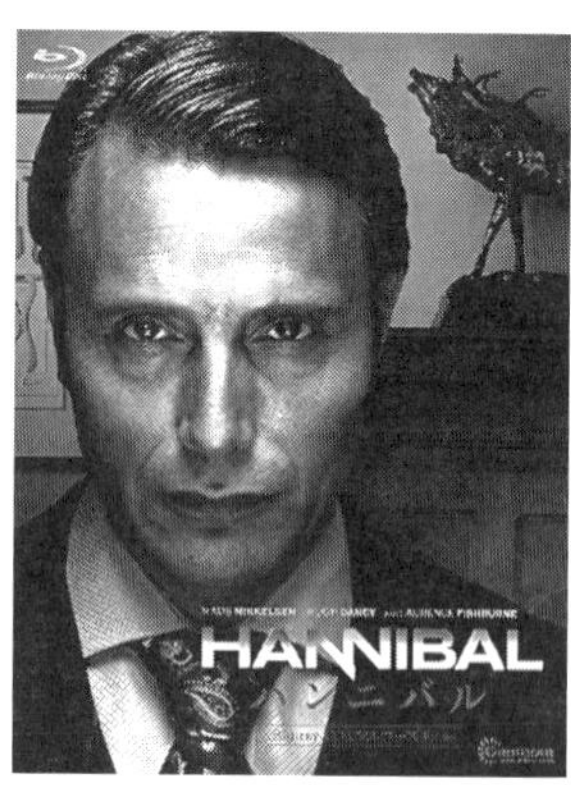

HANNIBAL／ハンニバル Blu-ray-BOX フルコース Edition
発売・販売：KADOKAWA 角川書店
定価：26,180円（税込）

ス・ハリスが執筆した小説『レッド・ドラゴン』（一九八一年）の登場人物だが、彼が登場する小説自体がその後三冊、『羊たちの沈黙』（一九八八年）、『ハンニバル』（一九九九年）『ハンニバル・ライジング』（二〇〇六年）と、二五年にわたって執筆され続け、さらにそれぞれの作品が映画化されたため、彼の人物像の形成は長年にわたり、そこには複数の製作者が関わってきた。『アメリカン・サイコ』と違って、これらの作品は都心部の再開発との関わりはない。また、『羊たちの沈黙』以降、レクターの美食家としての側面が強調されていくが、これも高い教養とカンニバリズムという嗜好を併せ持つレクターの人物像を考えれば、当然の帰結だろう。

　ただし、美食家としてのハンニバル像を創り上げていく過程のなかで、トマス・ハリスをはじめとした製作者たちは、その素描の素材のいくつかを再開発された空間で育まれてきた食文化に得ている。『羊たちの沈黙』でレクターは、フランスワインではなくイタリアワインを愛好している（小説版ではアマローネ、映画版ではキアンティ）。新しい食文化の折衷主義においてエスニック料理が果たした役割については前述したが、なかでもイタリア料理と日本の懐石料理はその過程でフランス料理と並ぶ高級料理としての地位を獲得する。この小説が出版された一九八〇年代はイタリア料理の高級化が進んだ時代でもあった。つまりイタリアワインは当時食の流行の最先端

『ハンニバル』（2001年／アメリカ・イギリス・イタリア／監督：リドリー・スコット）

　1999年に出版されたトマス・ハリスの同名の小説を2001年に映画化した作品。大富豪で小児愛者のメイスン・ヴァージャーはかつてハンニバルに大けがを負わされていた。その復讐のために、ハンニバルのお気に入りのFBI捜査官クラリス・スターリングを囮として、ヴァージャーはハンニバルを罠にはめようとするが、結局返り討ちにされてしまう。クラリスを囮とするためにヴァージャーが買収した司法省のポール・クレンドラーへのハンニバルの報復は、トマス・ハリスのハンニバル・レクター・シリーズのなかでも、とくにハンニバルの料理人としてのスキルが強調されている。『アメリカン・サイコ』とは違って、都市の再開発をテーマとはしていないが、ハンニバルの食に対する態度は70年代以降発達した新しい食文化の影響を強く受けており、少なくともその点においては、ハンニバルは政治的にリベラルな存在として描かれている。

にあったのだ。さらに『ハンニバル』の小説版、映画版いずれにも、彼が食するのは「放し飼いの無礼者（フリーレンジ）」という台詞がある。free-rangeとは有機食品の流行とともに一九七〇年代から使われ始めた言葉であり、「放し飼いの無礼者」という表現はハンニバルの食材への拘りが、アリス・ウォーターズ以来のそれと同じであることを示している。そして映画版の最後の場面、アメリカから海外へ向かう機内で、おそらく人肉入りのお手製の弁当に興味を示す少年にハンニバルは言っている。「私の母はよく私に言っていた。いつも新しいものを試すことが重要だとね」。食に対するこの態度は「自分が何を食べるか予測できるから」という理由でボブ・エバンズを贔屓にする客層とは明らかに正反対のものだ。

『レッド・ドラゴン』以前のハンニバルを描くという設定で二〇一三年から三シーズンにわたって放映されたTV版『ハンニバル』は、原作や映画版のレクターのこうした側面を極端なまでに突き詰めていく。まずそれぞれのシーズンの各エピソードのタイトルは、第一シーズンがフレンチの、第二シーズンが懐石料理の、第三シーズンがイタリアンのコースの献立の名称（アペリティフ、先付け、アンティパストなど）になっている。フレンチはもともと高級料理の代名詞だが、懐石とイタリアンもTV版が制作されるまでには高級料理の地位を確立していた。食の生産者としても消費者としても一流のハンニバルにはうってつけのタイトルだろう。

マッツ・ミケルセン演じるハンニバルは、ほぼ毎回のエピソードで料理番組さながらに自分が仕留めた獲物を解説付きで調理する。番組のプロデューサー兼脚本家のブライアン・フラーは、番組の「料理顧問」にアメリカの有名シェフであるジョゼ・アンドレを迎え、彼と相談をしながら脚本を書きあげた。そしてミケルセンには、「シリアルキラーの本は読まずに料理本を読んでくれ」とアドバイスしたと言う。フラー、アンドレのアイディアを実際に料理として仕上げたのはジャニス・プーン、東アジア系カナダ人のフード・スタイリストである。ちなみにアンドレはスペイン人で、『ハンニバル』の料理に関わった面子の文化的多様性が窺われる。

料理のジャンルもフレンチ、和食、イタリアンにとどまらない。中華、インド料理、スリランカ料理、イギリス料理、スペイン料理と、七〇年代以降のアメリカの食文化の多様性をそのまま投影している。いや、実際にはそれ以上だ。第一シーズン第七話では「分子ガストロノミー」と呼ばれる料理も登場する（トマトのバルケット）。これはアルギン酸ナトリウムとカルシウムを反応させ、液体をゲル状の膜で覆って球状化させるといった、料理の味と形状との従来の組み合わせを、化学反応を利用して入れ替えてしまう調理技法である。スペインのレストラン、エル・ブジで考案され、ヨーロッパでは高く評価された。しかし、アメリカでは広まっていない。ハンニバルの食の世界の多様性は多民族国家アメリカの食文化の多様性すら越えているわけだ。TV版のハンニバル・レクターは、アメリカの新しい食文化の美学や嗜好を捏ね合わせて創り上げられた文化的モンスターだと言えよう。

4　偉大なアメリカの食べ物

二〇一九年一月、トランプ大統領は大学のアメフト大会で優勝したチームをホワイトハウスに招いた。あいにく政府はシャットダウンの最中で、ホワイトハウスの料理人たちは不在だった。そこでトランプはマクドナルド、ウェンディーズ、バーガーキング、ドミノピザのハンバーガーやピザを銀のプレートに載せて学生たちに振舞った。彼はそれらのファストフードを「アメリカの偉大な食べ物」と記者たちに説明した。バリスタズも得意の料理がハンバーガーである。すでに八〇年代には都心部の新しいレストランで高級なハンバーガーやピザが提供されていた。九〇年代には「シェイク・シャック」のような高級なハンバーガーチェーンも生まれている。しかしトランプはそうしたハンバーガーではなく、マクドナルドを「偉大なアメリカの食べ物」に選んだのだ。

小説版『アメリカン・サイコ』でベイトマンはパステルズのピザを酷評するが、友人からトランプがそのピザをマンハッタンで一番のピザと評した記事を見せられ、渋々敗北を認めている。トランプからドミノピザを「偉大なアメリカの食べ物」と紹介されたら、どう反応しただろう。トランプの凄みの一つは、アメリカの新しい食文化の苗床となった再開発で富を築いておきながらそこに執着しないことだ。彼はよく知っているのだ。都心部でどれほどの食の革命が起ころうと、マクドナルドがホワイトハウスで恭しく提供されることに喝采を送る人々がいることを。そして彼らが自分の支持者であることも。安部首相も来日したトランプ大統領にハンバーガーを振舞ったが、そのことを理解していなかった。安倍首相が振舞ったハンバーガーはバリスタズと同じタイプの食べ物で、マクドナルドとは政治的にまったく違う食べ物なのだ。トランプの歓心を買うつもりであれば、国費でマクドナルドに新しいハンバーガーを開発させ、MAGAマック（MAGAはMake America Great Againの略語。大統領選時のトランプ陣営のスローガン）とでも銘打って振舞うべきだった。

COLUMN

移民と食の融合

塩谷 幸子

移民問題は深刻化の一途を辿っているが、アメリカに食の豊かさをもたらしてきたのも移民たちなのだ。ここでは移民との融合料理を二種類紹介しよう。

まずは、テキサス州で誕生したテクス・メクス料理。一八七五年に開通したテキサス・メキシカン鉄道のニックネームとして登場したテクス・メクスは、一九二〇年代になるとテキサス州で生まれたメキシコ系の人々を指すようになる。アメリカが盛んに移民を受け入れていた時代だ。日本でもメキシコ料理として馴染みが深いタコス、チリコンカーン、ブリトーなどは、実はテクス・メクス料理であってメキシコ料理とは別物なのである。トルティーヤに細切り肉や野菜を挟んで食べるのがファヒータだ。元はテキサスの牧場で捨てられていた硬い肋肉（スカート肉）をメキシコ人カウボーイに与えたことに由来する。

次に紹介するのはキューバサンドだ。〝キューバン・ブレッド〟と言われる柔らかいバケットをスライスして両面にバターをたっぷり塗り、モホと呼ばれる柑橘系のマリネ液にたっぷり漬け込んだローストポークとハム、チーズ、ピクルスを挟み、両面鉄板でプレスして焼く。パンの表面はパリパリ。溶け出したチーズがローストポークとハムに絡み合い、口の中で贅沢な食感のハーモニーを奏でる。

映画『シェフ　三ツ星フードトラック始めました』のシェフ、カールがフードトラックでこのサンドを看板メニューにする。カールがこのソウルフードを売ることを思いつくのは、キューバ系の元妻の故郷マイアミのリトル・ハバナで食べた時だ。こちらもキューバとは名ばかりでフロリダで誕生した料理である。スペインからの独立戦争時、多くのキューバ人が戦火を逃れてフロリダに渡り、葉巻工場が多数存在していたキーウェストやタンパが彼らに職を提供した。この工場労働者がランチに食べていたと言われる。さらに一九五九年のキューバ革命によってキューバ人たちがフロリダ、とりわけマイアミに流入すると、タンパで使われていたサラミ（イタリア移民の影響）を抜いたサンドが広まり、今や世界中に普及している。

このように移民との融合料理は歴史、政治、社会、地域性と密接に結びつき、国際色豊かな食を提供してきたのだ。

第13章

エイリアンから学ぶ
『メッセージ』

鈴木 繁

1　宇宙開拓と中国の台頭

「宇宙開拓・探査」という言葉は、未開拓の外宇宙や未知の生命体の発見といったロマンティックな期待感と想像力を掻き立てる。しかしながら、歴史的に言えばアメリカの宇宙開発計画は地球上における軍事競争や地政学的なイデオロギー対立、特に二〇世紀半ば、冷戦期におけるアメリカの対外政策や国家的な方針と深く結びついていた。一九五七年にソ連（現在のロシア）が打ち上げた世界初と目される人工衛星「スプートニク1号」は、アメリカおよび西洋諸国に大きな衝撃を与えた。この「スプートニク・ショック」と呼ばれる出来事は、アメリカにおいては、政治イデオロギー的に対立関係にあったソ連の科学技術に対して、軍事的な脅威として受けとめられ、国内における科学技術産業の強化、およびそうした産業に直接的に貢献すると期待される科学・技術・工学・数学といった理数系の強化といった教育カリキュラムの改革をも促した。翌一九五八年のNASA（連邦航空宇宙局）の設立もこの流れから生まれている。一九八〇年代のレーガン政権時には、冷戦構造の言説・レトリックが再浮上し、衛星軌道上にミサイル衛星や迎撃衛生を配備し、軍事的な攻撃、防御、報復を可能にする、いわゆる「スター・ウォーズ計画」を打ち出した。

一九八九年のソ連の崩壊は冷戦構造を一旦は解体させたが、その一方で、アメリカの政治的・経済的・軍事的な覇権を脅かす存在になってきたのが中国である。事実、二一世紀当初から経済・軍事大国化する中国は、アメリカにとって大きな懸念の一つであり、ドナルド・トランプは二〇一七年に初めて大統領に就任する以前から中国を「仮想敵」とみなすレトリックを繰り返していた。二〇二一年発足のバイデン政権も南シナ海や台湾に対する覇権の拡大傾向や、中国に対する警戒を踏襲しており、ティックトックやファーウェイといった中国発のIT企業がアクセスできる情報が国家・軍事利用される可能性を指摘し、輸出制限や利用禁止を盛り込んだ法制度を打ち立てている。宇宙開発に関して言えば、トランプ政権は二〇二〇年の予算案として「宇宙軍」の創設を組み込み、宇宙空間における覇権争いに積極的に参加している。このように外宇宙への国家的関心は、必ずしも宇宙開発・探査という言葉が暗示する外宇宙に対するロマンティックな眼差しではなく、地球上の地政学的、政治経済的なイデオロギーの競争と対立から成り立っており、軍事利用される場合にはむしろ地球上の国家や人々がその標的になっている。

この章で取り上げるドゥニ・ヴィルヌーヴ監督の映画『メッセージ』(二〇一六年)は、SF映画であるが、なかでも「ファースト・コンタクトもの」と呼ばれる物語のモードを利用している。SF研究者ジョン・リーダーが分析したように、SFジャンル、特にファースト・コンタクトものは帝国主義的言説や植民地主義の想像力もその系譜として引きずっている。進んだテクノロジーを持った者たちが「未開」の空間を探索し、「エキゾティック」な生命体や事物に遭遇するという物語構造は、かつて西洋植民地主義が高度な科学技術を使って航海し、言語や文化が大きく異なる人々に遭遇し、彼らの土地を開拓・侵略し、資源や労働を搾取した歴史に重なる。言い換えるならファースト・コンタクトもので展開されるSF的な想像力は、過去の暴力の遺産やその罪の意識に裏打ちされている。(1) しかし、映画『メッセージ』は、こうしたジャンルに備わる負の遺産、特に植民地主義的想像力や自己と他者とのヒエラルキー的構造をずらし、言語や文化（文明）が大きく異なる他者（エイリアン）を理解することに関して思索的なテーマを探求しつつも、二一世紀のアメリカの社会的・歴史的状況に対して批判的な問いかけをしている。この映画は中国系アメリカ人SF作家テッド・チャンの一九九八年の短編小説「あなたの人生の物語」を基にしているが、その作品は言語理論やフェルマー物理学を駆使した思弁的・哲学的な物語であり、映画のポスターに描かれているような宇宙船も登場しない。ドゥニ・ヴィルヌーヴによる映画化では、宇宙船や巨大なエイリアンが登場するが「B級映画」に堕することなく、原作のテーマを維持しつつも、二〇一六年の政治的な状況に再文脈化することに成功している。(2) 映画『メッセージ』は、アメリカ大統領選挙が近づく中、トランプ政権発足につながる極右・保守の台頭、ネオリベラリズム*の時代における文化的な断絶や、経済・軍事大国化する中国に関するアメリカの懸念を問い直しつつも、現状の困難に対する克服への道標を示している。この章では映画というテクストを歴史・社会的な文脈（コンテクスト）に置き直しながら、映画『メッセージ』が問いかける問題について主題的・物語的・映像的な側面だけでなく、情報テクノロジーが主導する社会に生きる私たちに深く関わるものとして議論する。

『メッセージ』デジタル配信中
4K ULTRA HD & ブルーレイセット 好評発売中
7,480円（税込）
権利元：ソニー・ピクチャーズ エンタテインメント／発売・販売元：ハピネット・メディアマーケティング

2　映画『メッセージ』が問い直すもの

映画『メッセージ』（原題：*Arrival*）のメインプロットでは、言語学者である主人公ルイーズと理論物理学者イアンが、アメリカ陸軍から依頼され、地球上に現れた宇宙船内でエイリアンとのコミュニケーション、つまり彼らの言語の解析と翻訳作業に取り組むが、言葉の多義性と解釈の過程において、不幸にも世界戦争の危機を呼び込んでしまう。「ファースト・コンタクト」ものの枠組みを利用することで、人類と異星人との遭遇という全地球的なレベルの物語を、ルイーズの私（パーソナル）的で内面的な物語と交差させながら語る二重構造になっており、記憶や、言語の不透明性、他者（エイリアン）の理解、そして生きることとの意味を主題にしている。

映画に登場する地球外生命体は巨大なタコの形をしたエイリアンで、七本の足を持つことから「ヘプタポッド」と名づけられている。ルイーズは、宇宙船内の巨大な透明のスクリーン（壁）に映し出される「言葉」の解析を進めていくうちに、見たこともないイメージや経験したことのない「記憶」に苛まれるようになる。高度に知的で高次元的な存在である彼らの言語、そして世界／現実の認識方法を学び始めたルイーズは、未来に起こることを見る（または想起・経験する）ことができるようになっていく。

『メッセージ』（2016年／アメリカ／監督：ドゥニ・ヴィルヌーヴ）

映画『メッセージ』（原題：*Arrival*）は、異星人との接触を描くSF映画。主人公の言語学者のルイーズ・バンクスは、突如出現した宇宙船との意思疎通を試みるために軍から招集される。彼女は数学者のイアンと共に異星人の言語を解読し、時間の概念が異なる彼らの世界観を徐々に理解していくが、その過程で、彼女自身の時間認識も変容し、過去・現在・未来を同時に見通すような能力を得る。映画は、言語と認識の関係、時間の非線形性、そして選択の意味を問いかける。SF作家テッド・チャンの短編「あなたの人生の物語」を基にしており、この映画はその哲学的テーマを視覚的に描き出している。

このプロット装置として利用されている言語理論の一つが（映画内でも言及される）「サピア＝ウォーフ仮説」である。エドワード・サピアとベンジャミン・ウォーフによるこの理論は、普遍的な言語観（異なる言語でも同じ「現実」を表現できる）という見方を否定し、異なる言語・文化圏に住むものは、その言語体系から思考形態を形づくっていると提唱した。(3) 言語相対論（または言語相対主義）と呼ばれるこの仮説は、批判も含めて大きな議論を呼んだが、(4) この仮説が主張する重要な点の一つは「言語の不透明性」であり、言語とは単に現実を描写したり、模倣的（ミメティック）に写し取ったりする「透明な窓」ではなく、私たちの思考や現実認識に影響し、さらには（その言語を話す者たちにとって）「現実」と呼ばれているものを形づくっているという可能性である。物語内では、ヘプタポッドの言語を獲得する中で、ルイーズの「脳が書き換えられ」ていき、ヘプタポッドのような現実認識に至るという設定になっている。

ヘプタポッドが書いた／描いた言語（文字）がスクリーンに映し出される

　より具体的に言えば、ルイーズが得る力は、直線的（リニア）な時間の経験（時間とは一方方向に進み、不可逆的であるという時間の認識）からの解放、または異なる時間性を同時に見通す（経験する）能力である。もちろんこうした設定は虚構（フィクショナル）的な想像の産物であるが、私たちでも非線的（ノンリニア）な時間性を経験することはある。その代表的な例が記憶である。記憶とは脳に保存された過去の経験をまるでデータのように必要に応じて思い出すことではない。記憶を想起する者は、計量化できる時間から切り離され、過去の経験を（断片的に）追体験してお

（フラッシュフォーワードとも捉えられる）娘の手を握る主人公

り、回想にふけっている時には、ふと自分のいる場所や過ぎ去る時間を忘れてしまうこともある。その極端な例はトラウマであり、トラウマに悩む患者は、その体験をフラッシュバックとして何度も追体験しており、それが無限に繰り返されるような円環的な時間を生きている。冒頭のルイーズのモノローグが伝えるように「記憶とは不思議なもの」であり、記憶を想起する際には「はじめもおわりも信じない」ような時間性を経験しているのだ。

映画では、ルイーズの未来を見る力（「未来の記憶」を回想できる力）は世界的な武力闘争から人類を救うことになるが、将来において病死する娘を救うことはない。こうした設定は、古典的な哲学的問いである自由意志と決定論（運命論）といった二項対立的な枠組みを思い出させる。しかし、『メッセージ』が強調するのは、未来は変更することができず（またはできたとしても一部であり）、それを知りながらもその道を選ぶ主人公の姿である。結末部のモノローグでルイーズは「たとえ、この人生の旅路がどこに向かうのか知っているとしても私はそれを受け入れる……すべての瞬間を喜んで受け入れよう」と語る。これは、最愛の娘の死でさえも受け入れる覚悟だけでなく、人生の過去、現在、未来においてあらゆる幸不幸、苦労、達成、失敗、それらの過程すべてをも引き受ける態度であり、そうした人生を何度でも生き抜き、すべての瞬間の「生を肯定」する姿である。それはかつて哲学者フリードリヒ・ニーチェが思索した「永劫回帰」という概念とも重なる。ある意味でこうした思考（思想）

は、豊かな想像力を持った虚構（フィクション）によって可能になるものである。映画『メッセージ』がＳＦとして優れている点は、こうした虚構（フィクション）が日常経験から得た知識や現実認識とは異なる「多様な思考や世界（観）」に誘う力であり、もっと言えば、虚構（フィクション）を通して得た思考さえも人生（現実）の一部であるという事実である。こうした了解は次のセクションで議論する人文学（ヒューマニティーズ）の価値ともつながっている。

3 「分断の時代」に対する応答

映画『メッセージ』がＳＦジャンルの中でもユニークな点は、主人公が自然科学（物理学、天文学、化学、生物学など）の専門家ではなく言語学者であることだ。また、人類学的なアイデアも映画全体に散りばめられている。事実、この映画はテクノサイエンスが社会・経済の支配的（ヘジェモニック）になっている現在において人文学（ヒューマニティーズ）の価値を検討し、肯定している。この点は言語学者である主人公が理論物理学者のイアンと出会う場面から前景化されている。「言葉とは文明の基礎であり、人々の協力関係を促し、さらには闘いにおける最初の武器でもある」。ルイーズの書いた論文にあるこの文章を引用したイアンは、続けて「素晴らしい文章だが、間違っている」と言い「文明の基盤は言葉ではなく科学だ」と反論する。しかし、物語内では地球上の物理法則が通用しないヘプタポッドの宇宙船内で戸惑うイアンと、全く異なる彼らの言語・文化体系を慎重に受け入れ、理解しようとするルイーズの態度が対象的に描かれている。また、最終的に世界を武力衝突から救うのもルイーズの言語的・人類学的な知識と経験であり、物語の展開はルイーズの先の文章を

各国・各地のコミュニケーション・ネットワークが遮断されていく様子

是認する形となっている。このように映画が指し示すのは、科学・テクノロジーが支配的となった二一世紀における言語、文化、異文化の他者（と自己）の理解といった人文学（ヒューマニティーズ）の価値である。[5] この章の冒頭で述べたように、アメリカの宇宙開発にも見られる近代テクノロジーの発展とともにあるのは地政学的な対立・競争と軍事的な利用であり、理系を中心としてテクノサイエンスの視点のみで世界を捉えることに対する批評と考えてもよいだろう。

言語・翻訳を通して他者（エイリアン）を理解するといった主題は、グローバルな時代において、海外旅行から移住まで、文化や言語体系が異なる人々との遭遇・交渉・交流が増えている現代に応答している（例えば二〇一〇年代のシリア難民問題も背景の一つだ）。映画の大きなターニングポイントは、ヘプタポッドが地球への到来の理由を「武器を提供する」という言葉で応答する場面である。この翻訳を聞いた多くの政府は、エイリアンの攻撃性を恐れ、ある国がヘプタポッドと結託し、その優れたテクノロジーを利用して軍事的な覇権を握るのではないかと疑心暗鬼になり、世界中が武力行使の危険に陥る。特に、中国は同じメッセージを「武器を利用せよ」と解釈し、軍事行動を始め、世界を軍事的衝突へと駆り立てていく。そうした危機をどのように防ぎ、世界を救うかが映画のメインプロットで前景化される。この文脈で焦点化されているのは、言語の多義性であり、ヘプタポッドの言う「武器」とは、第一義的な意味の「戦いの道具」ではなく、ルイーズの言う「（何かをするための有効な）手段、ツール」とも解釈できる。しかし、恐怖に駆られた多くの人類は「他者」――ここでは他の国家に属する人々――との対話を拒絶し、パラノイア的に軍事行動を開始したり、自国の権益のみを守ろうとしたりする。こうした様子は、ネットワークが遮断され、次々とスクリーンがブラックアウトしていく映像によって強調されている。

他者との協力や対話を拒むことで各国が危機に陥る姿は、映画『メッセージ』が制作された時代背景に批判的な応答であろう。映画が制作された二〇一六年は、イギリスが欧州連合（ＥＵ）からの離脱を国民投票で決定した年であり、アメリカ大統領選で共和党候補としてドナルド・トランプが登場してきた時期と重なる。トランプは選挙戦の前半から、ティーパーティ運動*や白人至上主義者の極右団体など、民主党のオバマ大統領が推進してきた政策に反対する保守的な勢力と同様の発言を繰り返すことでアメリカの保守・極右層を取り込んできた。とりわけ印象的だったのは、アメリカとメキシコの国境の間に壁を建設すると宣言し、「アメリカ・ファースト」のスローガンのもと、国際社会や同盟国との協力ではなく自国の利益を優先させる政策を声高に叫ぶことで得票を確保してきたことだ。そして、二〇二四年の選挙でも同様のレトリックを巧みに利用し二度目の大統領当選を果たした。こうしたトランプのパフォーマンスは、ネオリベラリズム時代のマーケットの論理を社会・政治的な状況に置き換えたものであり、自己利益追求のみに専念し、国家・個人の競争や対立を加速させ、同時に他の国や地

2025年1月の大統領再任後にも強く打ち出された「アメリカ・ファースト」政策

域の人々への関心や配慮を全く欠くものだった。[6]

映画の中で国家間の危機に際して、異なる別の思考が現れる時に利用されるのが「ゼロ＝サム・ゲーム」という概念である。ゼロ＝サム・ゲームとは、参加者の得点と失点の総和（サム）がゼロになるゲームであり、映画に即して言えば、エイリアンと人類の一方が「勝ち」他方が負ける（または一つの国が「武器」を独り占めして「勝ち組」になり、他の国家は「負け組」に堕する）といった認識である。一方、映画が肯定的に提示するノン・ゼロ＝サム・ゲームは、すべての参加者が勝者にも敗者にもなるといったゲームの形式である。映画『メッセージ』は、後者のような世界観における他者との関係性を肯定している。実際、ヘプタポッドが人類の前に現れたのは、三千年後の未来において、人類がヘプタポッドを救うことになるからであり（時を超えた相互扶助）、また地球上の一二か所に現れた理由も、ヘプタポッドたちの言語（＝武器）を贈り物（ギフト）として一二の断片として与え、異なる国家や地域の人々が共同・協力することで、人類のさらなる進化（人類全体の平和的な統一と時間からの解放）につなげるためだと説明される。こうした人間以外の知的生命体（エイリアン）は、人類の善良な側面——他者との相互理解、言語・文化・その他あらゆる差異の尊重、利他的な行為（自らを犠牲にして主人公を助けるエイリアンの姿など）——を体現しており、自己中心的な人々やグループ、自国の利益や保護のみに邁進する人類たちと対照的に描かれている。

映画全体を通して映像的なモティーフとして繰り返されるのが「スクリーン（壁／窓）」である。映画の冒頭で映されるルイーズの家の巨大な窓、ヘプタポッドとのコミュニケーションで登場するインターフェイス（「ガラスのような壁」と言及される）、国家間のやりとりで使われるモニター、そしてネットやTV映像といったスクリーン・メディアなどだ。こうしたスクリーン・イメージの氾濫は、ニューメディア的な状況、つまり、スマートフォンやタブレット、コンピュータなど「スクリーンを通したコミュニケーション」で飽和した私たちが日常経験を反映・反復する一方で、その過剰な映像表現は、そうした状況に対する批判的なコメントにもなっている。他者との対話・理解という映画の主題に即して考えるなら、私たちはこうしたスクリーン・メディアを介して、確かに多量の情報やイメージに触れる機会が増えたが、果たしてこれらのツールを使ってどこまで本当に他者（他人）に関心を持ち、理解しているのだろうか。スクリーン・デバイスに代表される電子テクノロジーは、ルイーズの言葉にあるように「他者との協力関係を促し」ているのだろうか、それとも無関心やネットワークを切れば無視できるような関係（非関係性）を作り上げ、むしろ遠ざけているのだろうか。

この問いに対して映画『メッセージ』にはっきりとした答えはない。ただ、書道の墨で書いたようなヘプタポッドの文字が、情報だけでなく身体的な動きも具現化した美的なものであることは重要に思われる（実際、ヘプタポッドは二肢を使って文字を書く／描く）。そうした身体化された文字（言語）の価値を前景化しているこの映画は、スクリーンを通したコミュニケーションで失われる人間の身体性への注目を促していると言える。そう考えてみると、映画内で挿入されるルイーズの（未来の）記憶では、ルイーズが娘を腕に抱きしめている場面や、娘が何かに触れようとしている映像が視覚的に何度も強調されている。これらをヒントとして考えれば、映画がその映像を通して伝えようとしているのは、スクリーンの向こう側で生きている他者の身体性――手に触れられ、物理的で、生きている身体性――であり、そうした人々（や生き物）に対して私たちの「現実性」をチェックしているかのようでもある（例えば、スクリーンに映るシリア難民たちの映像を見た時に、彼らの身体的な苦しみにどこまで関心と想像力を持ち続けられるのか)。少なくとも、この映画(スクリーン)は、ニューメディア的な情報・イメージや映像が飽和する社会において、身体性(物質性)の喪失に対する危機感と関心を示唆しているのは間違いない。

4 結論——他者/エイリアンとの相互理解

映画『メッセージ』がその批評的なSF的想像力を以て私たちの世界に問い直すことは、複数ある。それは言語(の機能)であり、直線的な時間性では理解できない記憶であり、(ニーチェ的な意味での)生の肯定であり、そして他者との関係性である。異なる時間の映像をシャッフルした物語構造は私たち観客を「スクリーン(銀幕)」に映る映像テクストを解読する「翻訳者」の立場に置く。ハンナ・ヴォイチェホフスキーはこうした物語構造を持つ『メッセージ』を「パズル映画」と呼び、断片的な映像やシークエンスをパズルのように一つ一つつなげていくことで、観客が映画の物語全体を徐々に理解できるような仕組みになっていると指摘している。しかし、この映画が私たちに求めているのは、物語的な全体像を眺めて、安心する立場に身を置くことではない。他者(エイリアン)との対話と理解、他者との本物の対話と理解とは何かという問いを求められているのだ。他者を理解するには、与えられたもの(情報やデータ)を受け取り、スクリーンに映る情報やイメージを分析すればよいというものではなく、むしろ他者に対する深い興味と関心、そして想像力が必要である。それには、ルイーズが学習し、経験し、自らの世界観(そして自らをも)を変革し、人生に内省的に向かい合ったように、自らの価値基準や判断の枠組みそのものを変革することが必要である。偏狭なナショナリズムや排他主義、「勝ち組・負け組」といったゼロ＝サム・ゲーム的ネオリベラリズムのイデオロギーが支配的な現在において求められているのは、そうした謙虚な思考と想像力であろう。

注

（1）ＳＦ研究家のデイヴィッド・ヒギンズは主に一九六〇年代以降のアメリカＳＦを取り上げ、他者を植民地化した側が、想像的に植民地化の犠牲者となる物語パターンを「逆植民地化」の物語と呼んでいる。

（2）テッド・チャンの原作と映画との関係については、巽孝之「ＳＦとしてのアジア――アジアＳＦ前史」を参照。

（3）ウォーフは現在のアリゾナ州の北部に居住していたＨｏｐｉ族の言語・文化を研究し、彼らは同じペースで流れる連続体としての「時間」ではなく、ヨーロッパ言語話者とは大きく異なる時間の概念を持っていると主張した。

（4）今では「強い」仮説理論（異なる言語話者はその思考形態を言語体系によって決定づけられている）と言った見方は多くの場合否定され、「弱い」仮説理論（おそらく、部分的に方向づけられている／作り上げられている）といった点に議論は落ち着いているように思われる。

（5）研究者のブラン・ニコルは、この映画をＳＦの中でも「人文学のＳＦ」と呼び、この映画が是認する人文学の価値を議論している。

（6）ハイチやアフリカの国家を「shithole」と呼び、批判を浴びた。この侮辱的で下品な言葉（文字通りの意味は「糞をする穴」）も各国のメディアでは、「不潔な国」「肥溜め」「便所のような国」など複数の意味に翻訳された。

第14章

一人の人間とアメリカにとっての「偉大な飛躍」

『ファースト・マン』

冨塚 亮平

1 スペース・フロンティアの消滅

かつてアメリカにとって、宇宙こそが西部に代わる新たなフロンティア、「未開と文明の接触点」であると考えられていた時代があった。一九五〇年代の宇宙開発競争において、ソ連はアメリカに先立って人工衛星スプートニクの打ち上げに成功し、この事実に脅威を感じたアメリカは、五八年にNASAを設立しマーキュリー計画*を始動させた。六〇年の演説でニュー・フロンティア構想を合言葉に宇宙開発への国民の期待を煽り、大統領選に勝利したジョン・F・ケネディは、翌六一年に大統領に就任すると、同年に立ち上げられたアポロ計画の支援を表明した。その後彼自身は凶弾に倒れたものの、六九年にはアポロ一一号がついに人類初の月面着陸を実現した。

世界の関心が宇宙に注がれていた当時、アメリカでは「宇宙、そこは最後のフロンティア」のナレーションではじまる『スタートレック』(一九六六年〜)をはじめ、宇宙を舞台とする数多くの名作SF作品が生まれた。六二年にケネディも「われわれが一〇年以内に月に行こうと決めたのは、それが容易だからではなく、むしろ困難だからである」と強調したように、当時のスペース・フロンティアを目指すミッション(1)は、危険とともに、大いに開拓者精神を刺激する魅力を放っていたのだ。

だが、巽孝之もまとめる通り、時代が変われればフロンティアもまた移動し、刷新され、再構築される運命にある。九一年に冷戦が終結し、もはや宇宙開発の成否が国家の威信を象徴することがなくなると、国に代わって、次第に民間が有人宇宙飛行やロケット開発を牽引するようになる。二〇一一年には資金難でＮＡＳＡのスペースシャトル計画が終了した一方、二〇〇二年に起業家のジェフ・ベゾスとイーロン・マスクがそれぞれ設立したブルー・オリジン社とスペースＸ社が宇宙旅行を実現させるなど、より近年には宇宙を舞台としたビジネスの可能性が話題を集めている。しかし、観光地としての宇宙空間に果たして国家アメリカの夢を託す余地は残されているだろうか。宇宙もまた、最後のフロンティアではなかった。では、もはや新鮮さを失ったようにも見える宇宙開発の主題は、二〇一〇年代後半の映画ではどのように扱われてきたのだろうか。

2　メイク・スペース・グレイト・アゲイン

ドナルド・トランプが二度にわたり大統領選に勝利した背景には、「メイク・アメリカ・グレイト・アゲイン」をキャッチコピーとして、現状に不満を持つ保守主義者たちを取り込んだ事実があった。未来の宇宙へと思いを馳せた一九六〇年代のケネディとは対照的なこのトランプの過去志向は、皮肉にも製作陣のほとんどが彼の支持者ではないはずの近年の大作ＳＦ映画にも同様に見出される。どういうわけか、六〇年代生まれの中堅監督たちが近年、かつて宇宙に向けられた想像力に依存するかのような映画づくりを続けているのだ。たとえば、近年Ｊ・Ｊ・エイブラムスは、『スタートレック』（一九六六年〜）や『スター・ウォーズ』（一九七七年〜）といったシ

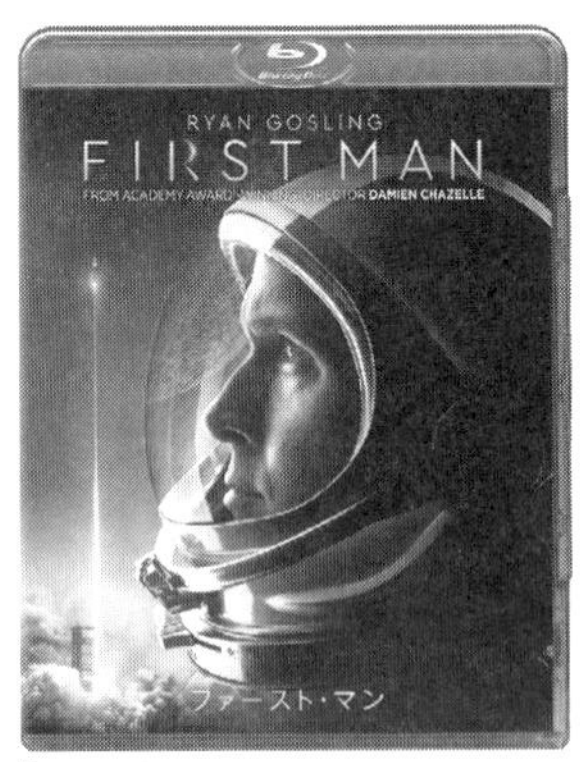

『ファースト・マン』
4K Ultra HD＋ブルーレイ：6,589円（税込）
Blu-ray：2,075円(税込)／DVD：1,572円(税込)
発売元：NBCユニバーサル・エンターテイメント
*書籍発行時の情報です。

リーズもののリブートに関わり続け、ドゥニ・ヴィルヌーヴもまた六〇年代小説を原作とするSF大作シリーズを相次いで手がけている。もちろん、安定したヒットが望めることから、近年ではどの芸術ジャンルでもリブートやシリーズものが盛んに製作されていることはたしかだ。だが、そうした映画界全体の趨勢を踏まえてもなお、宇宙SF映画が六〇年代を執拗に参照しているように感じられることには変わりがない。[2] また、このどこか「メイク・スペース・グレイト・アゲイン」とでも呼びたくなるような傾向は、リチャード・リンクレイター『アポロ10号1／2　宇宙時代のアドベンチャー』（二〇二二年）や、七〇年代生まれの監督たちが手がけたセオドア・メルフィ『ドリーム』（二〇一六年）、グレッグ・バーランティ『フライ・ミー・トゥ・ザ・ムーン』（二〇二四年）といった、当時の宇宙開発をめぐる何本かの新作映画にも認められる。

これら近年の宇宙SF映画はいずれも、シリーズの過去作や誰もが知る歴史的な出来事を、それぞれの形で私的あるいは現代的な視点から語り直すことには成功しているように[3]見えるものの、同時にどこかトランプの無内容な言辞である「グレイト・アゲイン」とその空虚さを共有してしまっているようにも思える。もはや覇権国家ではなくなったアメリカの保守化傾向とハリウッドの懐古趣味は、その深層でたしかに連動しているのではないか。そう考えたとき、こうした近年

『ファースト・マン』（2018年／アメリカ／監督：デイミアン・チャゼル）

ジェームズ・R・ハンセンによるニール・アームストロングの伝記を原作とした作品で、映画化権をめぐる紆余曲折の末にデイミアン・チャゼルが監督を担当し2018年に公開、第91回アカデミー賞では4部門にノミネート、視覚効果賞を受賞した。1960年代を舞台に、ニールがNASAに入局してジェミニ計画に参加し、最終的にアポロ11号の船長として人類で初めて月面に降り立つまでを時系列に沿って描いた。誰もが知る史実を扱いながらも、飛行士たちを英雄視し宇宙開発をスペクタクルとして描く従来の宇宙SF作品とは全く異なり、チャゼルはニール個人の内面に焦点を当てた特異なアプローチを採用した。彼の過去作にも通ずる閉塞感と陰鬱さを際立たせる演出に加え、宇宙船内を16mmフィルム、月面をIMAXカメラで撮影することで二つの空間の対比を表現したリアヌ・サンドグレンの撮影も鮮烈な印象をもたらす一本。

の潮流と逆行するような視座から、誰もが知るアポロ一一号の月面着陸に再び焦点を当てたある映画の異形性がより際立つ。以下本稿では、デイミアン・チャゼル『ファースト・マン』（二〇一八年）が、特異でありつつも、同時にかえってアメリカの伝統に深く根差した作品でもあることを、一九世紀アメリカの思想家ラルフ・ウォルドー・エマソンのエッセイ「経験」（一八四三年）と同テクストをめぐる哲学者スタンリー・カヴェルの議論と併置することで明らかにする。[*]

3　誰もが知る男のハリウッド・サイレントドラマ

『ファースト・マン』は、人類で初めて月面に降り立った誰もが知る人物、ニール・アームストロングの伝記映画である。タツタのインタビューによれば、興味深いことに一九八五年生まれのチャゼルは、最初に本作の企画を打診されたときには、ニールのこともアポロ計画も「よく知らないし、ほとんど興味を持ったこともなかった」のだという。ところが、原作となった彼の伝記を読んだチャゼルは、現在の宇宙飛行とは比較にならないほど「困難で危険」なミッションを、大きな代償を支払いながらも冷静沈着になしとげた彼の勇気に感銘を受け、映画を完成させた。なるほど、本作を観た誰にとっても明らかなように、たしかに映画からは月面着陸を人類史、アメリカ史における偉業として演出しようという意図は微塵も感じられない。本作は、他のアポロ計画や宇宙開発に関する映画とは異なり、基本的に打ち上げや乗組員の行為をスペクタクルとして描くことはないのだ。

まず、ニール（ライアン・ゴズリング）のテスト飛行を捉えた冒頭から観客に強い衝撃を与えるのが、閉塞感と緊張感が過剰なまでに強調されたコックピット内のショット群である。カメラは、エンジンの轟音や奇妙なほどに薄汚れた機体が軋む音とともに、激しい揺れと暑さに耐え、役割のよくわからないさまざまな計器と格闘するニールを、極端なクロースアップで捉え続ける。チャゼルと継続してタッグを組んできた撮影監督のリアヌ・サンドグレンは、その後の宇宙船内部のシーンを含め、当時の機内環境を忠実に再現し、加えて一六ミリフィルムで撮影を行うことで、アナログな質感を表現した。また、大気圏外脱出後の深い静寂はそれまでの音響と見事な対照をなしており、この轟音と静寂の対比は、映画全体を牽引する一つのモチーフとなる。任務から帰還したニールは、娘たち家族と束の間の団欒の時間を過ごす。だが、娘の病状について電話で医師に相談するニールの姿が不吉さを感じさせてからほぼ間をおかず、映画は唐突に娘の葬式場面へと移行する。虚ろな表情でガラス越しに息子からの遊びの誘いを断り家に戻ったニールは、誰にも見られないようにカーテンを閉めると一人泣き出し、娘の形見の腕輪を引き出しにしまう。この場面では早くも、彼が最愛の娘を失ってしまった衝撃を同僚はもちろん妻ジャネット（クレア・フォイ）や息子とも一切共有できないという事実が、ガラスという障壁や、カーテンと引き出しを閉める二つのアクションによって、台詞なしで明瞭かつ簡潔に示される。

喪失感から逃れようとするかのように、娘の死後すぐに仕事に復帰しようとするニールは、彼女の治療のため参加が難しいと考えていたジェミニ計画*への応募を決意する。彼の入局が決まって以降、映画は概ね、男の仕事場である宇宙船や書斎と、女の場所であるキッチンや子供部屋で過ごす夫婦を、それぞれバラバラに示す形で進んでいく。この空間の分割は、一見すると、男の公共圏と女の親密圏とを切り離す、いわゆる領域分割を前提とした六〇年代の保守的なジェン

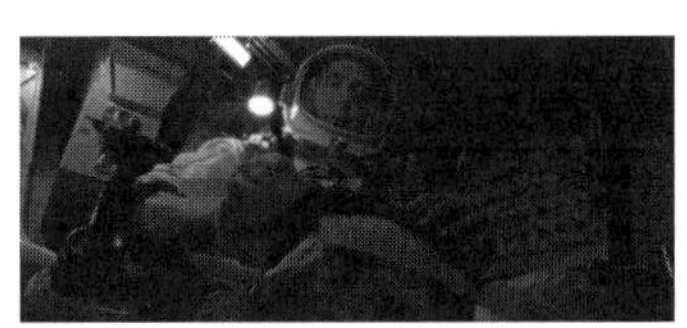
図1　孤独一　ニール

図2　孤独二　ジャネット

ダー観を単に反映しているようにも見える。だが、サンドグレンのカメラはむしろ、これら二種類の空間が共有する閉塞感をこそ強調しているだろう。マジェスタードも指摘するように、憩いの場として想像されがちな家庭内の空間もまた本作では、宇宙船やNASAの訓練機械と同様に、内部の人間を過剰に圧迫する。扉の枠や影で人物の周囲を囲むフレーミングを徹底的に用いることで、娘の死後、映画は一貫して夫婦それぞれの孤独を視覚的にも際立たせようとする（図1、2）。では、閉鎖的な空間でそれぞれがバラバラに苦しむ夫婦は、娘の死という出来事といかに向き合っていくのか。主にニールの立場から、悲痛な喪の作業の行方をもう少し追ってみよう。

4　失われた夢を求めて

娘の死から逃避し、またその死を乗り越えるために、ニールはNASAへと入局する。寡黙で胸の内をほとんど語らない彼にあって、面接試験での発言は例外的な率直さを感じさせる。「なぜ宇宙飛行が重要だと思うか」という質問を受けた彼は、テスト飛行で大気圏を目撃した経験について「別の地点に立つと見方が変わる」と語る。探査は「われわれがとうの昔に知るべきだったのに今まで不可能だったことを教えてくれるもの」であるべきとする彼の言葉は、のちに月面着陸として具現化される。続いて別の面接官が、

「娘さんのことは気の毒だ」と語り出す。ニールはしばしの沈黙の後、「質問はなんですか?」と聞き直す。「そのことが影響を与えると思うか?」と問われたニールは、三秒後に「影響を与えないと思うのは難しいでしょう」と答える。数日後、彼は採用通知を受けるが、そこに国の命運を賭けた仕事へと身を投じる高揚感は全く認められない。「新しい出発ね」と彼を励まそうとする妻に対し、ニールは表情を一切変えず、平板な口調で「そう思うか?」と返す。「冒険ね」と続ける妻にようやく彼は無言で笑みを返すものの、直前に見せた異様な表情と言葉が醸し出す不安は残り続ける。冒険が成功しても、娘は帰ってこない。それでも「別の地点」に立つために、ニールは宇宙へ向かおうとする。

この宇宙飛行の位置付けにも明らかに確認できる、男たちが抱く目標や夢の両義性は、複数のチャゼル作品を貫くもっとも重要なモチーフの一つだろう。たとえば『セッション』(二〇一四年)や『ラ・ラ・ランド』(二〇一六年)、ドラマ『ジ・エディ』(二〇二〇年)におけるオーセンティックなジャズは、作中で時代遅れの文化として軽んじられる。大きな犠牲を払ってまで、すでに忘れ去られた文化の失われた夢に向かって邁進する男たちは、当然ながら周囲から正当な理解を得られず、次第に孤立する。無声映画スターの没落を描いた『バビロン』(二〇二二年)のコンラッド(ブラッド・ピット)もまた、経緯はやや異なるものの最終的に同種の孤独へと至る。引き際を知らず、しばしばパートナーや周囲、さらには自らへのケアを怠り目標に専心し、やがて狂気を孕んでいくチャゼル映画の男たちは、失われた夢をそれでも追い続けることの虚しさと甘美さを同時に体現しているように見える。

翻って、本作における宇宙開発は、少なくとも六〇年代当時にはアメリカの夢の受け皿として機能していた。だが、『ラ・ラ・ランド』がオマージュを捧げた五〇年代ミュージカルのケースと同様、製作時には宇宙はすでにフロンティアではなくなっていた。そのため、観客から見たニールの位置は、本作の主な参照項の一つである『ライトスタッフ』（一九八三年）において、仲間たちと共に宇宙飛行士になることを拒み、一人孤独にソ連の持つ高度記録に挑んだチャック・イェーガー（サム・シェパード）を彷彿とさせる。(4) ただ、孤独という要素は共通するものの、そのニュアンスは同作やチャゼルの他作とはやや異なる。ジャズや映画といった対象を扱う際のチャゼルは、良くも悪くも作中の男たちと重なる、失われた夢に賭ける自らの強いこだわりや思い入れを大いに盛り込んだ作劇を行ってきた。対して、もともと関心のない素材を徹底して即物的に表現した本作では、孤独に夢を追う男のロマンを肯定する要素は後退し、代わって娘の喪失を乗り越えることの難しさとも響きあう、目標へ向かう任務の険しさをより端的に伝える演出が前景化する。

入局後のニールは、厳しい訓練に耐え、同僚たちとともにジェミニ計画からアポロ計画*へと至る困難な仕事に命懸けで取り組む。ソ連との競争に打ち勝つため、前例のない事業を急ピッチで進めていくなかで、不幸にも仲間たちは次々と事故で亡くなっていく。その経過は、ニールの訓練、ジャネットの家事、そして同僚の葬式の反復を淡々と映し出すことで表現される。計画が徐々に進行する高揚感をベースに組み立てられた『ライトスタッフ』とは対照的に、この映画ではむしろ計画のために払われた犠牲こそが物語を駆動していくかのようだ。だが、映画中盤のリズムを決定づける仲間たちの死をめぐるニールの苦悩もまた、曖昧さに溢れている。娘のケース同様、周囲の人間には、ニールが同僚たちの死をどう受け止めているのかはよくわからない。観客もまた、隊員死去の知らせを受け自宅で呆然とする様子や、亡くなった同僚をからから発言を真剣に否定する場面などから、断片的に彼の受けたショックを推測することしかできない。

一方で、月への出発前日、再三妻に促されて渋々息子に別れの挨拶をする際の口振りが、ほとんど直前の記者会見と区別のつかない事務的なものとなってしまう点に象徴的に表れているように、感情を周囲と共有できず自分のなかに引きこもろうとするニールの姿勢が、ある種の男性に典型的な問題を孕んでいることは疑いようがない。(5) ただ他方で同時に、立て続けに襲ってくる大切な人間の死がもたらすきわめて個人的な動揺は、どんな他者とも決して容易には共有できない性質を有してもいることもたしかである。いずれにせよ、チャゼルが宇宙開発という題材に接する際の例外的な距離感は、どこまでが意図的かはともかく、主人公ニールの苦しみの私秘性や固有性を、他作とは異なる角度から照らし出す演出に結実した。加えて、マジェスタードが謙虚さ、トラスが沈黙をそれぞれキーワードに挙げて肯定的に評した、ニールが経験する内的葛藤の繊細な描き方は、かつてエマソンが身近な人々の死と格闘するなかで書き上げたエッセイ「経験」を強く想起させる。

若くして最初の妻や複数の兄弟を、さらに一八四二年には幼い息子ウォルドーをも亡くしたエマソンは、息子の死に明白に触発される形で、二年後に「経験」を書き上げる。同エッセイの序盤では、心の深層、奥深くに届くはずの最愛の息子を失った悲しみ、すなわち悲劇がもたらす嘆きが、結局は表面的なものに留まることが繰り返し主張される。「嘆きが私に教えるのは、それがいかに薄っぺらいものかということだけ」なのであり、それは「表層で戯れるのみで、私を現実に招き入れることは決してない」(6)。こうした間接性や表層をめぐるイメージは、われわれはそれぞれが持つ気質によって、出会う全ての人間との間に「目の錯覚」を生じさせる目に見えない「ガラスの檻」に閉じこめられているとする、懐疑主義的な認識へと収斂する。片や、本作終盤の二つの場面でも、ニールと周囲を隔てるガラスは、きわめて重要な役割を果たす。

5　一人の人間とアメリカにとっての「偉大な飛躍」

そもそもニールによる月面着陸の映像は、全人類にとっておなじみと言ってよいほどに広く拡散され、消費されてきた。そのあまりにも有名な映像に焦点を当てることを避けたリンクレイターと異なり、チャゼルは着陸場面を正面から扱いつつも、既視感に溢れたイメージをこれまでにない形で提示した(7)。無事着陸を終えたイーグル号の扉が開くと、カメラはニールらを追い越し船外へと飛び出す。そこでは、ＩＭＡＸカメラが一六ミリフィルムを用いたロケット内場面と明確な対照をなす宇宙空間の広がりをくっきりと捉えるとともに、先行する準備作業で目立っていた宇宙服や計器、扉などが放つ環境音が突如として完全に静止する。ニールの孤独を際立たせる完璧な静寂のなか、映画は降下のための梯子や月面を眺める彼のＰＯＶショット*を頻繁に織り交ぜつつ、着陸までの過程を繊細に追う。すでに指摘されている通り、本作は月面に降り立つニールの姿を、誰もが知る彼の名言をもじって、「これは人類にとっては小さな一歩だが、一人の人間にとっては偉大な飛躍である」と要約できるかのような演出で、画面へと定着させる。では、ニールにとっての偉大な飛躍とは一体なにを指すのか。彼にとってその数歩の歩みが示す意義を、カヴェルによるエマソン「経験」の読解と重ね合わせて考えてみよう。

カヴェルは、エマソンがエッセイ冒頭で発する「われわれはどこにいるのか？」という問いと、直後に現れる始点と終点が見えない「階段」のイメージに注目する。この問いにカヴェルは、上下それぞれに伸びる道の途上として描かれる階段に沿って、どこに繋がるかわからない道を歩み続けること、すなわち、固定された目的とゴールを持たない終わりなき過程のなかでこそ、私たちは自己、そして新たなアメリカを発見できると答える。「ある一歩に自分自身を発見するとき、われわれは基礎づけの喪失、世界の足場の崩落をトラウマ的なものと感じるかもしれない。しかし、次の一歩を踏み出したとき、この基礎づけ（の欠如）という発想もまた、適切でないもの、古い世界のための古い発想と感じられるかもしれない」。彼が読むエマソンにおいて、「喪失とはそれ自体乗り越えられるべきものではなく、終わりのないものである。なぜなら、あらゆる新たな発見は、おそらく新たな喪失を招くからだ」。そして、「欠如からの回復は、世界の発見、世界（へ）の帰還である。その代償［として人］は必然的に、なにかを諦め、手放し、そうした欠乏状態に苦しむこととなる」。カヴェルは、あらゆる新たな一歩がそれぞれ、喪失や欠如と決して無縁ではないことを繰り返し強調する。そして、耐えることと歩き続けることを結びつけ、それらをなにかを捨て去り、歩み去ることと不可分な過程として解釈してみせる。

結局のところ、息子の死という悲劇、決定的な喪失を完全に乗り越えることはできない。しかし、その喪失を単に甘受する必要もまたない。「経験」で忍耐や歩みの継続として示される姿勢こそが、懐疑主義の単なる甘受でも乗り越えでもない、「承認」へと至る道を指し示す。そして、この承認という変化を経ることでエマソンは、「私は西部に発見したこの新しく未だ近付くことのできないアメリカに生まれ変わる準備ができている」との実感へと至る。カヴェルは、エマソ

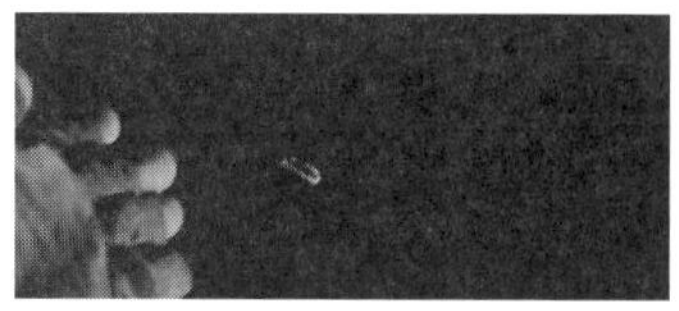
図3　腕輪を手放す

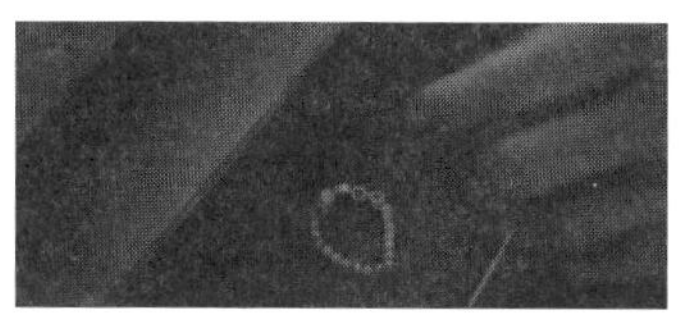
図4　腕輪をしまう

ンの忍耐強い歩みの果てに、捨て去ることと国家の創始が重なりあうような地平を見出す。おそらくは本作のニールもまた、梯子から降り未知の一歩を踏み出し、月という文字通り「別の地点」に立つことで、ついに長き忍耐の果てに、娘の喪失を承認することができたのではないか。そうだとすれば、一切の劇伴音楽抜きで示されるあまりにも地味で「小さな一歩」はたしかに、彼にとって、そしておそらくはアメリカにとっても、「偉大な飛躍」だったことになる。

じっさい、ニールの「欠如からの回復」は、ある思い出の品を「手放す」ことでなしとげられる。作業を一段落させ顔を上げた彼の前には、月の地平線がフロンティアとして広がる。そして、その光景に目をやる彼の脳裏に突如、映画全体のトーンを形作ってきた閉塞感と正反対の、開け放たれた野外で娘たちと過ごした穏やかな日々のイメージが甦ってくる。再び歩み出した彼は巨大なクレーターの前へと辿り着くと、そこに娘の形見である腕輪を手放す。このアクションは、娘の葬式後に彼が密かに腕輪を引き出しにしまったことと鮮やかな対比をなしている（図3、4）(8)。ここで再びエマソン「経験」の一節を引こう。「あらゆるものは、どれほど固く握りしめていても、砂のように指の間からすり抜けていってしまう。(9)この儚さと移ろいやすさこそ、われわれが置かれた条件のもっとも醜い部分だろう」。劇中に数回反復して現れるニールが娘の頭を撫でる回想シーンでは、まさに握った手をすり抜ける砂のように、彼女の髪はニールの指の間をすり抜けていく。髪に触れても、腕輪を隠しても、娘という存在の儚さ、「もっとも醜い」条件を乗り越えることはできない。ニールは、忍耐を重ね、自らの目と足でフロンティアに向き合い、「別の地点」に立ってその事実を承認することではじめて、握りしめた手を再び開くことができたのだ。彼は、ヘルメットのガラス越しに、目に涙を浮かべながら暗闇のなかへと落ちていく腕輪を見届けるが、次の瞬間には再び遮光シールドを閉じ、踵を返してそこから「歩み去る」。画面右に歩みを進めるニールがフレームから外れると同時にアポロ一一号は出発し、次のショットではニールらはすでに帰国している。地球への帰還の過程を完全に省略したことは、近年の宇宙開発映画の潮流[10]からすればきわめて例外的であるものの、人類にとっての偉大な飛躍として月面着陸を描かない本作の方針からすれば、非常に納得いくものだ。

そして映画は、奇妙きわまる夫婦の再会場面によって終わりを告げる。驚くべきことに、二人の空間的分割という原則は最後まで守られる。感染症対策で隔離されたニールとジャネットは、それぞれが文字通り「ガラスの檻」に閉じこめられているかのように、ガラス越しに再び対面する。典型的なハリウッド映画に期待されるキスや抱擁どころか、ここで二人は言葉すら交わすことはない。しかしながら、電灯に照らされた部屋には、ミッション完了前の家庭や宇宙船を特徴づけてきた閉塞感はもはや感じられない。たしかに、ガラス越しに手を重ね、見つめあう二人の目線は完全に一致しているわけではない。そこにはやはり、「目の錯覚」が存在している（図5）。

だが振り返ってみれば、『セッション』『ラ・ラ・ランド』の結末部もまた、見つめあう二人の視線の不一致、「目の錯覚」を必ずしも否定的ではない形で描いてきたのではなかったか。前者では、根本的に異質な主人公と鬼教官の夢と欲望が、演奏と指揮を通じて束の間スウィングする様が、交錯する二人の視線をそれぞれバラバラに捉えたショットで示される。同様に後者でも、すれ違いに終わったかつてのカップルが目線を交わす様子が、最後にそれぞれ単独のショットによって捉えられる。両作の結末を踏まえれば、本作のラストシーンで過剰な存在感を放つガラスは、過去二作で主人公たちの視線に介在していたカメラのレンズの変奏のようにも見えてくる。

さらに言えば、エマソンもまた「経験」終盤では、「ガラスの檻」に閉じこめられたわれわれの「もっとも醜い」条件を、関連する比喩を用いて肯定的に読み替えたのだった。彼は、対象と触れ合う「主観のレンズ」に宿る「創造的な力」を強調し、人が他者と築く関係を一点のみで互いに触れ合う「球体」に喩えつつも、積極的に捉え直した。自己を囲む「ガラスの檻」の存在を承認した上で、それでも繰り返し二人の視線の交錯をカメラに収めようとするチャゼルは、かつてのハリウッドやアメリカの夢がもはや潰えてしまったという落胆をあからさまに示しつつも、つねに懐疑を手放さずに映画を撮り続けることで、ガラス越しに俳優たちを見つめ続ける映画という芸術の営為、そしてアメリカの夢を、なんとかもう一度信じようとしているのかもしれない。

図5　ガラス越しに見つめ合う二人

『ファースト・マン』は、まさにそのタイトルが示す通り、アポロ一一号の映画でもNASAの宇宙開発の映画でもなく、紛れもないニール・アームストロングの個人映画であった。しかし、当時宇宙開発に込められた期待や希望をほとんど無視したような本作は、結果としてトランプらの怒りをよそに、アメリカ国内で保守派にも好意的に受け入れられたという。本作が物語るニールの終わりなき歩みと忍耐の軌跡は、一見アメリカの夢がもはや機能しないことを冷徹に暴き立てるだけのようにに見えながら、その実、建国の父祖やエマソンの辿ってきた道にも重なる、きわめてアメリカ的な軌道を描くものでもあったのだ(11)。

注

(1) スペース・フロンティアを舞台としたSF映像作品と西部劇の一九六〇年代から現代に至るより具体的な関連については、川本（二〇一四）の序章、第五章および、川本（二〇二三）第一一章を参照。

(2) 二〇二〇年にNASAの宇宙飛行士が九年ぶりの有人宇宙飛行を成功させた際、トランプはじっさいにこの標語を掲げつつ、飛行映像にアポロ計画の映像資料などを交えた選挙PR動画を制作したが、激しい抗議を受けのちに削除している。詳しくはジョルジュを参照。

(3) トランプによる「メイク・アメリカ・グレイト・アゲイン」という言辞の過去志向や空虚さに注目した論考としては、鈴木を参照。

(4) 『ファースト・マン』ではマシュー・グレイヴがチャック・イェーガーを演じ、冒頭X－15の飛行実験に失敗したニールに否定的な評価を下す。

(5) ニールの内向性と頑なさは、ジャズの正史についてパートナーに偉そうに語り続ける、同じくゴズリングが演じた『ラ・ラ・ランド』の主人公に典型的に見出された「有毒な男性性」と一見対照的なようでいて、対話の拒否という点ではその病理を共有している。

(6) 「経験」からの引用はいずれも、小泉、大間知などの既訳を参照しつつ一部改訳した。

(7) たとえば、着陸の映像で存在感を放っていた米国旗をあえて映さないという選択は、ローズが主張しトランプが批判した反ナショナリズムを意図したというよりも、むしろ着陸を徹底してニール個人に引きつけて描き直そうとする本作の姿勢をはっきりと示すものだろう。

(8) トラスが指摘するように、二つの場面で腕輪が画面から消え去った瞬間に同じ劇伴音楽が鳴り始める事実からも、両場面の対照性は明らかだろう。

(9) ここで字義通り「醜い」と訳出したunhandsomeは、単語handと接尾辞-someを語源とし、「手で扱いやすい」という語義を持つhandsomeに否定の接頭辞unがついた単語であり、エマソンとカヴェルにとってはその手と関連する含意こそが重要であったと考えられる。

(10) 宇宙での新発見よりも計画の失敗や地球への帰還に焦点を当てる傾向は、『アポロ13』(一九九五年)、『ゼロ・グラビティ』(二〇一三年)、『オデッセイ』(二〇一五年)、『アド・アストラ』(二〇一九年)、『バズ・ライトイヤー』(二〇二二年)などに共通して見出せる。

(11) 関連して原作者のハンセンは、映画を観ていない保守派から本作への批判が相次いだことを受けてニールの息子たちと共同で声明を発表し、「この映画が反アメリカ的だとは全く思いません。じっさいは正反対です」と反論している。詳細はマクナリーを参照。

COLUMN

エマソンの宇宙観

冨塚 亮平

一八三六年、エマソンはエッセイ『自然』にこう書きつけた。「剝き出しの大地に立ち、頭をさわやかな大気に洗われ、無限の空間のなかにもたげるとき、すべての卑しい自己執着は消え失せる。わたしは一個の透明な眼球になる。いまやわたしは無であり、すべてが見える」（酒本雅之訳）。有名なこの一節は、自然を見つめる「透明な眼球」の鮮烈なイメージで名高い。

川本徹は『荒野のオデュッセイア』において、一九世紀のパノラマ館が象徴する視覚偏重の時代精神とエマソンの「透明な眼球」が、いずれも風景を一望するというテーマに貫かれていることを指摘した上で、同様の問題意識を一九六〇年代の二本の映画にも見出した。一九世紀の西部フロンティアをワイドスクリーンで描いたシネラマ西部劇『西部開拓史』（一九六二年）、「最後のフロンティア」たる宇宙のシーンに西部劇を象徴するモニュメント・バレーが登場する『二〇〇一年宇宙の旅』（一九六八年）にはいずれも、すべてを見て自然を支配しようとする視線が現れる。こうした視線と六〇年代に広まった新たな宇宙観を結びつけるのが地球のイメージだ。六九年秋、スチュアート・ブランドは雑誌『ホールアース・カタログ』の創刊号に、当時はほぼ流通していなかった地球の全体像の写真を掲げた。同年冬にはアポロ八号が、月面から地球が浮き上がる様子を捉えたカラー写真を地球に送り届け話題となった。

一方で、地球を外部から眺める「神の視点」が広まったことは、容易に支配できる対象として地球を捉える傾向を生んだとも言われる。だが他方でバックミンスター・フラーは、六三年の著作において「宇宙船地球号」の概念を導入することで、同時代にむしろ地球上の資源の有限性を強調した。川本は、『二〇〇一年』で地球を眺めるスターチャイルドの眼球を、支配よりも自然との混淆を志向するものとしてエマソンと対立させつつ評価した。だが、自己執着を離れ「無になる」エマソンの眼球は、むしろ環境への鋭敏な意識にこそ貫かれていただろう。フラーやスターチャイルドの宇宙観を体現する、地球を見つめる眼球のイメージはおそらく、自然との対話や共生の要素を併せ持っていたエマソンの眼球を引き継いだものでもあったのだ。

COLUMN

スペースXと宇宙開発

塩谷　幸子

二〇二〇年五月、スペースXが民間で初めて国際宇宙ステーション（ISS）への有人飛行を実現させた。米国の有人飛行は二〇一一年のスペースシャトル以来九年ぶりのこと。この間、宇宙飛行士をISSへ運ぶのにロシアの宇宙船に依存してきたのである。同社は実業家イーロン・マスクが二〇〇二年に立ち上げた宇宙開発企業である。

米国は一九五七年のスプートニク・ショック以来、宇宙開発を国家主導の一大プロジェクトとして巨額の税金を投じてきたが、費用が嵩みすぎて継続できなくなり、NASAは民間委託による宇宙開発にシフトした。スペースXはNASAから厚い信頼を勝ち取り、月面や火星への有人探査を目指すアルテミス計画にも参加している。同社の偉業は、何と言ってもロケットの回収・再利用によって打ち上げコストの価格破壊を起こしたことだ。結果、打ち上げ回数も激増し、二〇二四年は一三一回の打ち上げに成功した。これは全世界の打ち上げ総数の半数以上を占める。

今、同社は巨大宇宙船スターシップの開発を進めている。ファルコン9には着地用の脚が付いているが、スターシップにはない。その回収のために発射台に取り付けた「箸」と呼ばれるアームでキャッチする仕組みを作った。映画『ベスト・キッド』で空手の師匠が「箸」でハエを捕まえようとするシーンから着想を得たという。二〇二四年一〇月「箸」は見事に宇宙船をキャッチした。

宇宙事業はまた軍事開発競争でもある。人工衛星をはじめとする宇宙インフラ整備は軍事競争の勝敗に関わるからだ。第一次トランプ政権が二〇一九年に宇宙軍を創設したのは、宇宙インフラを敵の攻撃から守り、場合によっては敵の宇宙インフラを攻撃することで宇宙空間における優位性を確保・維持することが狙いであった。同社は宇宙軍とも契約を結び衛星通信などの提供を行っている。

イーロン・マスクはまた火星への人類移民という目標も掲げている。二〇二八年までに有人火星探査を行い、二〇五〇年までに一〇〇万人規模のコロニーを作る構想を打ち出している。火星の過酷な環境を考えると短期間には難しいと言われるが、未知なる星へのロマンを掻き立て米国人の開拓精神に火をつけたことは間違いあるまい。

第15章

Z世代の青春とサブカルチャーの現在

『ブックスマート』『行き止まりの世界に生まれて』

成実 弘至

1 Z世代とは

「Z世代」とは一九九〇年代後半〜二〇〇〇年代生まれの人々のことである。アメリカではこの人口クラスターはかなりのボリュームがあり（推計六一〇〇万人）、社会への影響が大きく、注目されている。

三牧聖子『Z世代のアメリカ』によると、彼らの特徴は、生まれたときからネット環境が整っていて、スマートフォン、SNSを使いこなすデジタル・ネイティブであること、ジェンダー・セクシュアリティの多様性に理解があること、人種問題、格差、環境破壊などの社会問題、社会主義に関心が高いこと、などであるという。スウェーデン人だが、当時現役大統領だったトランプとやりあった環境運動家のグレタ・トゥーンベリはこの世代のアイコン的な存在だ。

なぜ「Z」なのかというと、かつて六〇年代後半〜七〇年代生まれの世代がダグラス・コープランドの小説から「ジェネレーションX」と命名され、次に八〇年代〜九〇年代前半生まれが「Y世代」（二〇〇〇年に青年期を迎えており「ミレニアル」ともいう）と呼ばれることになり、その後継世代だからである。

「世代」はジャーナリズムやマーケティングの世界でよく用いられる言葉で、同じ時期に生まれ、同じ社会の空気、出来事、事件を共有した人々は共通の価値観や行動様式をもつようになるという考え方によっている。もちろん人間の価値観は多くの要因が複雑に絡まり合いながら形成されるので、生年ですべて説明できるほど単純ではない。アメリカZ世代の論者竹田ダニエルは『世界と私のA to Z』のなかで、社会意識の高さなどの「Z世代的価値観」は、Z世代生まれすべてに共有されているわけではなく、両者は区別されるべき、と主張している。しかし、世代は時代の若者気質を直感的に捉えるのに適しているせいか、一九二〇年代の「ロストジェネレーション*（失われた世代）」以来、さまざまな世代論が語られてきた。日本でも、団塊世代、新人類世代、団塊ジュニア世代、ゆとり世代など、時代に登場した若者を世代という角度から分析する議論は少なくない。

Z世代の若者たちは映画のなかでどのように描かれてきたのだろうか。ここでは『ブックスマート　卒業前夜のパーティーデビュー』（オリヴィア・ワイルド監督、二〇一九）と『行き止まりの世界に生まれて』（ビン・リュー監督、二〇一八）を中心として、二〇一八年前後に公開された青春映画を見ながら、トランプ－バイデンの時代の若者たちについて考えてみたい。

2　Z世代の青春

(1)『ブックスマート』　女子高生はフェミニスト

『ブックスマート』の主人公はモリーとエイミーの女子高生二人組。モリーは生徒会会長を務め、毎朝自己啓発のテープを聞き、机の上にはミシェル・オバマや女性初の最高裁判事になったルース・ベイダー・ギンズバーグの写真を飾る「意識高い系」女子だ。彼女は最年少の最高裁判

『ブックスマート　卒業前夜のパーティーデビュー』Blu-ray&DVD発売中
発売元：ロングライド
販売元：TCエンタテインメント

事になることを目標に勉学に邁進し、その甲斐あってイェール大学への進学が決まっている。その一方、学校生活では騒々しく遊ぶ同級生をあからさまに軽蔑し、彼らからも煙たがられている存在だ。親友エイミーは同性愛者であり、コロンビア大学進学を控えているが、入学前休暇を利用してアフリカにボランティアに行く予定である。卒業式を明日に控える日、モリーは馬鹿にしていた同級生たちが一流大学に進学したりグーグルに就職することを知って愕然とする。自分は遊びを我慢して図書館通いにいそしんだのに、彼らは高校生活を面白おかしく過ごしたうえに輝かしい未来をも手に入れようとしている。こうなったら、卒業式前日のパーティで思いきり弾けて、これまでのツケを取り戻す！　かくしてモリーは嫌がるエイミーを無理やり連れ出して、同級生のパーティに乗り込んでいく……。

この映画は個性的な女子学生たちが、クラスメートや先生たちと交流を深めて、互いに認め合うようになるまでを描くコメディである。イケてない男子学生が恋人を作ろうとジタバタする映画はこれまで多く作られてきたが、イケてない女子がジタバタするところが本作の新しさだろう。女性の視点から物語が進行するところ、恋愛よりも友情が重視されているところも、男性主体の青春映画とは一味違っている。

『ブックスマート 卒業前夜のパーティーデビュー』（2019年／アメリカ／監督：オリヴィア・ワイルド）

モリーはイェール大学進学が決まっているガリ勉高校生。優等生の親友エイミーといつも一緒に行動し、パーティに明け暮れるクラスメートたちを見下して、彼らからも煙たがられてきた。卒業式前日、彼らも一流大学に進学することを知って衝撃を受けたモリーは、嫌がるエミーを引っぱって呼ばれてもいない卒業前パーティに押しかけ、意中の同級生に告白し、青春を謳歌しようとする……。「ブックスマート」とは「頭のいい、勉強のできる、ガリ勉」の意。イケてない女子高生コンビが疎遠だったクラスメートたちと交流し、彼らの悩みや思いを知り、人間的に成長していく。脚本、監督ともに女性の作り手が手がけ（監督は女優オリヴィア・ワイルド）、主人公だけでなく、従来のハリウッド映画には登場しないような多様な高校生の生態がコミカルに描かれている。モリー役ビーニー・フェルドスタインら俳優陣の演技も見物。

モリーとエイミーはフェミニストである。ミシェル・オバマやギンズバーグだけでなく、二人が口論で「ルールを破って人生が豊かになった有名人は誰か」言い合うとき、人種隔離政策に反対したローザ・パークスや女性参政権の運動家スーザン・B・アンソニーの名前がすぐにあがる。このギャグは彼女たちが人種・女性解放運動の歴史をよく知っていること、また観客にもその知識があるからこそ、笑いとして成立する。また、二人の間には困ったときに「マララ」の合言葉をいうと、無条件で相手を助ける約束があるが、これもパキスタン出身の人権活動家マララ・ユスフザイに由来している。女子教育への発言によってタリバンに銃撃されるも一命を取り留め、その後も活動をつづけてノーベル平和賞を受賞したマララは、一九九七年生まれ、年齢的にもZ世代である。

近年のハリウッド映画のディズニー・プリンセスもの（『アナと雪の女王』『美女と野獣』など）、女性ヒーローもの（『ワンダー・ウーマン』『バービー』など）、女性ヴィランもの（『クルエラ』『ハーレイ・クインの華麗なる覚醒』など）では、主体的に道を切り拓くヒロインが主流であり、内容にフェミニズムの影響が色濃い。モリーとエイミーはおしゃれでも典型的な美人でもないが、「ウチらは頭がいいし面白い（smart and funny）」と主張し、女優たち（バーニー・フェルドスタイン、ケイトリン・デヴァー）の熱演もあって生き生きと魅力的に描かれている。

ほかの女子高生映画、『レディバード』（グレタ・ガーヴィグ監督、二〇一七）や『スウィート17モンスター』（ケリー・フレモン・クレイグ監督、二〇一六）も同じく、等身大の女子が主人公だ。これらは女性が監督・脚本を手がけており、主人公に自身を投影しているように思われる。いずれも自意識をもてあます女子高生が家族や友人、男子とぶつかりながら成長していく姿がコミカルに描かれ、作り手の温かく見つめる眼差しが印象的だ。女子たちは自己主張が強くわがままだったり、自分のことで一杯で他人に気配りできなかったりするが、青春とはそういうものとして肯定され、女性を応援するメッセージが込められている。

(2)『Love, サイモン 17歳の告白』 自分らしく生きる

Z世代映画は性のあり方も多様である。エイミーは同性愛者だが、アメリカの主流映画でもLGBTQの登場人物をよく見かけるようになったとはいえ、青春コメディの主人公がレズビアンという設定はかなり珍しい（モリーは異性愛者）。エイミーは見た目も振る舞いも普通の女子高生だが、すでにカミングアウトしていて、両親もモリーも彼女の性的アイデンティティに理解を示している。

同時期に同性愛の主人公を描いた青春映画として『Love，サイモン 17歳の告白』（グレッグ・バーランティ監督、二〇一八）がある。主人公サイモンは自分がゲイであると自覚しており、それ自体には悩んでいないが、周囲にはアイデンティティを隠している。同じ高校の男子学生がSNSで匿名のカミングアウトをおこなったのを知り、サイモンはメールで文通するうちに彼に惹かれていく。やがてメールを盗み見られて悪意のあるアウティングにさらされたサイモンは葛藤し、カミングアウトせざるを得なくなる。その結果、サイモンに恋愛感情をもっていた幼なじみのリアは傷つくが、最終的には親友として仲直りする。友人たちも彼を気遣い、むしろ積極的に受け入れる。

両親はカミングアウトに動揺するが、それは息子が同性愛者だからではなく、彼の思いに寄り

添えていなかった反省からである。父親は自らのヘテロセクシズムを自己批判し、母親は「あなたが悩んでいたのは気づいていたが、介入したくなかった」という。この発言には、たとえ親子であっても互いのプライバシーを尊重しようとする（するべきと考える）アメリカの個人主義の一端がうかがわれて興味深い。

バーランティ監督はゲイであることを公表しており、同性愛者を特別視しない演出をしている。主演俳優（ニック・ロビンソン）は「ゲイらしさ」を誇張することなく、ごく平凡な好青年としてサイモンを演じる。劇中ではカミングアウトしたサイモンを公然と愚弄する男子たちも出てくるが、彼らは愚か者として描かれ、同調するクラスメートはいない。ＬＧＢＴＱへの偏見はまだ残っていても、屈することなく自分らしく生きることの大切さが語られる。また、サイモンの友人には有色人種が多く、彼が好きになる相手もアフリカ系とユダヤ系の血を引いているという複雑な設定だが、さまざまな人種の共存も日常として描かれている。

Z世代はデジタルネイティブなので、映画でもパソコン、メールやインターネットが小道具として巧みに活用されている。サイモンが学校のパソコンを使ったあと通信ログを消し忘れ、内容を盗み見られて脅迫を受けたり、『スウィート17モンスター』の主人公ネイディーンが憧れの男子に性的な告白メッセージをうっかり誤送信して大騒ぎしたり、デジタル機器はドラマの展開でも重要な役割を演じる。これらのエピソードには、自分の本音や欲望はネットでこそ語るというこの世代の行動パターン、またそれが知られて炎上してしまうことの潜在的な恐怖が映し出されているといえよう。

日本の同世代もアメリカに倣ってZ世代と呼ばれている。日本のZ世代は少子化のため人口が少なく、社会に大きな変化を引き起こすには至っていないとされる。とはいえ、成人、就職、結婚、子育ての時期を迎えて新しいライフスタイルを発信していくと見込んで、メディアや企業はその動向を注視しているという。

日本のZ世代がアメリカと似ているのは、デジタルネイティブであり、スマートフォンやSNSを通して「自己承認欲求」「発信欲求」を満たそうとするところだ。原田陽平『Z世代』によると、セクシュアリティの多様性への理解、格差、貧困、環境などの社会意識も年長世代に比べると高いという。しかし、同調圧力が高く、個人主義より集団主義の強い日本では、デモなどの社会運動への主体的な関与はアメリカほどは見られない。同じZ世代でも二つの国で共通点と相違点がそれぞれあるようだ。

3　サブカルチャーの現在

(1)『行き止まりの世界に生まれて』 ラストベルトの若者たち

これまで見てきた映画の主人公は、家族や友人に見守られ、一流大学に進学したり、プールのある邸宅に住むクラスメートがいたりする、中流層（あるいはやや富裕層）に属する「勝ち組」の若者たちだった。トランプ－バイデン時代のアメリカでは、グローバル資本主義において職業や収入、教育、居住地域、人種、宗教などによる価値観・ライフスタイルが異なり、国内の分断も鮮明になっている。あまり豊かではない労働者階級の若者たちは、映画でどう描かれているのだろうか。

ここで注目したいのは、アメリカ発の若者文化、スケーター、スケートボーダーの映画である。アメリカの学校は学級単位ではなく授業単位で勉強するため、クラス内の友人関係が濃厚な日本とは異なり、自分から友人を求め、同じ価値観を共有する者同士が集まってグループを作っていく。出会いの場所にはスポーツ、音楽、演劇、課外活動などあり、スケートボードもその一つだ。

英米では歴史的に、ビートニクス、ヒッピー、パンク、ゴスなど、非主流的な価値観をもつ若者グループが出現し、サブカルチャーといわれてきた[1]。今でこそスケートボードはプロリーグもあり、オリンピック競技に認定されるメジャーなスポーツになっているが、もともとアメリカでは「不良」グループの遊びとして発展したものだ。とりわけストリートスケートは街中を走り回り、怪我や事故、けんかやドラッグなどと隣り合わせであり、現在でもやんちゃな若者たちを惹きつけている。

Z世代スケーターの人生を捉えた映画に、ビン・リュー監督『行き止まりの世界に生まれて』がある。アカデミー賞をはじめ著名な映画祭や映画賞にノミネートや賞を受け、オバマ元大統領が二〇一八年ベスト映画の一本にあげた話題作だ。

この映画はイリノイ州ロックフォードという街に生まれ育った三人のスケーターを記録したドキュメンタリーである。登場するのは白人労働者階級に生まれ、若くして結婚して子供のいるザック、その弟分でアフリカ系のキアー、そして本作の監督である中国系のビン。グループのメンバーはほかにもいるが、主に取り上げられるのは彼ら三人だ。ロックフォードはかつて製造業で栄えていたが、現在は産業が衰退して荒廃している典型的な「ラストベルト（錆びついた地帯）」。ビン・リュー監督は映画配給会社ビターズエンドのウェブサイトのインタビューのなかで、街の

『行き止まりの世界に生まれて』
Blu-ray&DVD発売中
発売元：TCエンタテインメント
販売元：TCエンタテインメント

住人は「置き去りにされた」という思いをもっており、二〇一六年大統領選では「ほんの少しトランプ寄り」だったと語る。

三人は少年時代からスケートボード仲間として遊んできた。すでに高校を卒業して社会に出ているが、仕事も家庭もうまくいっていない。年長のザックは大工などの肉体労働を転々とし、自分でスケートパークを作ろうとしたが、ビジネスパートナーが逃げて挫折。若い妻と子供を儲けたものの、遊びたい盛りの夫婦生活はうまくいかず、家庭内暴力により離婚している。キアーは亡き父に暴力を振るわれた過去をもち、今は家を出て皿洗いの仕事を見つけたところだ。彼はザックを兄のように慕っているが、元妻へのDVには複雑な思いを抱いていたという。ビンも少年時代に母の再婚相手から暴力を振るわれて育ち、母へのインタビューでは自らの気持ちをぶつけている。

ビンは本作で自分の過去と向き合い、スケーターの若者たちが家族やコミュニティからどんな影響を受けるのか、過去と現在の映像を構成して考察している。ビンは家庭から逃れてスケーター仲間に家族的な絆を見いだしたが、ザックもキアーも事情は同じであった。彼らにとってスケーターはサブカルチャーであり、「サードプレイス」（家庭や学校・職場以外の、第三の居場所）でもあったのである。

『行き止まりの世界に生まれて』（2018年／アメリカ／監督：ビン・リュー）

アメリカの地方都市、イリノイ州ロックフォードに育ったスケートボード仲間のキアー、ザック、ビン、3人の青年が、家族との不和などに苦しみ、もがきながら成長する様子をとらえたドキュメンタリー。若手映画作家のビン・リュー監督が現在の自分と友人たちにカメラを向け、これまで撮りためた過去の仲間のスケートボード映像を織り交ぜつつ、地方の労働者階級の若者たちを取り巻く現実に迫る。スピード感あるスケボー風景とともに、幼少時に家庭内暴力を受けていたり、逆に自らが妻にDVを働いたりなど、きれい事ではない過酷な経験が語られる。監督も義理の父から暴力を受け、長年苦しんできたという。ニューヨーク映画批評家協会賞をはじめとする映画賞を受賞、アカデミー賞にもノミネートされるなど、高い評価を得た。映画ファンとしても知られているバラク・オバマ元米大統領がその年のベスト映画の1本に選出している。

監督はウェブサイトfans voiceのインタビューにおいて、貧困だから暴力に走るわけではなく、DVはどこでも起こりうるという一方、ロックフォードは「若者たちにとって未来への希望やチャンスがほとんどない場所」とも述べている。実際に、ビンとキアーは街から出て、都会での生活を選ぶ。スケーターたちは自分たちの滑りを撮影することが多く（ネットにあげたりするため）、本作も過去の映像が使われていて、一二年間という時間の流れが垣間見られる。スケートボードをしているときは輝いていた若者たちが、アメリカ社会の厳しい格差や暴力に打ちひしがれる様子は、見る者に現実の重さを突きつける。

(2)『スケートキッチン』 女子とエンパワーメント

ジャーナリスト、グレッグ・ベアトの「ドッグタウンの王様たちThe Lords of Dogtown」によると、ストリートスケートは、一九七〇年代ロサンゼルス西部にある「ドッグタウン」といわれる治安の悪いエリアで、サーフショップにたむろしていた不良少年少女たちがサーフィンで波に乗るように、スケートボードで通りや校庭を滑り始めたのが出発点である。当時、こっそり他人の留守宅に忍び込み、庭のプールの水を抜いてスケボーで遊ぶのが流行っていて、そこから「バート」といわれる空中にライディングするスタイルが生みだされた。その後、街の通りや構造物に挑戦するストリートスタイルへと発展する。ストリートスケートは七〇年代のパンク、ヒップホップ、九〇年代のグランジなどのオルナタティブロックからの影響を受けて、独自のスタイルをもった若者文化に成長していく。

スケーターを主人公にした映画は過去にも発表されており、七〇年代スケートボード創生期のドッグタウンを舞台にした『ロード・オブ・ドッグタウン』、ニューヨークのストリートキッズが多数出演、脚本にも参加した『ＫＩＤＳ／キッズ』などが知られている。労働者階級の若者たちがスケートボードを通して仲間となり、成功と挫折、友情と裏切りを経験する物語がスケボー映画の基本パターンである。

二〇一八年は『行き止まりの世界に生まれて』を含めて三本のスケーター青春映画が公開されている。

その一本『mid90s ミッドナインティーズ』（二〇一八年）は、九〇年代にスケボー少年だったジョナ・ヒルの自伝的作品である（本作の設定からすると、登場人物はY世代にあたる）。ヒルはコミカルな役柄を得意とする俳優で、本作が監督デビュー作。実際のスケーターたちをオーディションして選び、彼らのリアルな表情と動作に手持ちカメラで迫っている。

九〇年代のロサンゼルス、シングルマザーの母と暴力を振るう兄をもつ一三歳のスティービーが、ストリートスケートに目覚めて年長者のグループに入り、彼らと友情を育む。スティービーは兄のＤＶの被害者だが、年長のスケーターたちも母親に虐待されている者、軽度な知的障害をもつ者、アルコールやドラッグに溺れる者など、決して幸せな境遇ではないことがわかってくる。リーダー的存在のレイはプロになって貧困を抜け出そうとしており、仲間との意識の違いからグループに亀裂が生じていく。『行き止まり』ほどの深刻な閉塞感を扱うものではないが、青少年たちを取り巻く社会問題に目を向けているところが共通している。

もう一本の『スケート・キッチン』（クリスタル・モーゼル監督、二〇一八）は、女性スケーターのグループを取り上げた作品だ。監督はニューヨーク実在の女性スケートチーム「スケート・キッチン」に着目し、実際のメンバーを起用して演技のワークショップを受けさせ、リアリティを重視した作品作りをおこなっている。女性スケーターたちがニューヨークの街を縦横無尽にストリートスケートするのをカメラが追っていくシーンは圧巻の迫力である。

映画はニュージャージーに住む一七歳のカミーユが主人公。怪我をして母親にスケートを禁止され、こっそりニューヨーク市まで出かけてスケート・キッチンの仲間となり、交流を深めていく。隠れてスケートしていたことを母に咎められて、友人ジャネイの処に家出するが、彼女の元カレを好きになって友情が壊れ、グループからも追い出される……。カミーユはヒスパニック系、友人たちもアフリカ系やレズビアンなど、登場人物が多様性に富んでいること、スケートパークの場所を男子と争ったり、彼らと互角にダイナミックな技に挑戦したりと、フィジカルにも対抗するところはZ世代らしい女性像ともいえる。

カミーユの母がスケートを禁止するのは娘が心配だからだし、ジャネイの父親も娘や友人たちを温かく見守っており、本作の親子関係は決して悪くない。スケート・キッチンとは家庭や学校から逃れるというより、男性優位のストリートで女性が自由にスケートを楽しむためのエンパワーメントの場所なのである。

4　Z世代の新しい生き方

アメリカでは大統領選挙のとき、共和党を支持する赤い州、民主党を支持する青い州に分かれ、各州の去就が注目される。映画関係者が住むロサンゼルスやニューヨークは典型的な青い州であり、彼らが作る映画にもリベラルな価値観が表明されることが多い。本稿で見てきた青春映画の舞台も多くは民主党支持の州に位置していた。とはいうものの、『ブックスマート』の中流階級のフェミニストたちと『行き止まりの世界に生まれて』の労働者階級のスケーターたちとでは、明らかに見ている景色は異なっている。

両者に共通するのは、多様な人種、ジェンダー、セクシュアリティの共存が日常となっているところだ。しかし、前者の女子高生が周囲の助けを借りながら自己実現や人間関係の回復に邁進する（できる）のに対して、後者のスケーターは厳しい現実を前に、つかの間の身体の解放感を追い求めるしかできない。このような階級や学歴の違いがこれら映画から浮かび上がってくる。若者たちが自分らしく生きようと懸命にもがく姿を描くという意味では、Z世代映画も過去の青春映画と大きくは変わらない。ただ、近年の作品は、男性優位・異性愛中心の社会、グローバリズムの支配する格差社会に対峙して、新しい生き方を模索する若者たちに当事者の視点から光を当てている。その意味で、女子高生やスケーターの表象には、「Z世代的価値観」が現れているということができるだろう。

注

（1）日本のサブカルチャーは、マンガ、アニメ、ゲームなど若者向けメディアコンテンツを指すことが多いが、英米のサブカルチャーは、主流社会とは異なる価値観をもった文化、そのグループのことである。サブカルチャー研究の先駆は、一九二〇年代アメリカのシカゴ学派の都市社会学者たち。彼らは移民、放浪者、ミュージシャンなどの非主流の人々の価値観・ライフスタイルをフィールドワークにより明らかにした。また、一九七〇年代イギリスのバーミンガム大学現代文化研究センターにおいて、階級・人種・性別などの観点から若者グループの分析がおこなわれた。その後も、両者の成果を踏まえて、さまざまな若者サブカルチャーの分析がなされている。

第15章 Z世代の青春とサブカルチャーの現在 『ブックスマート』『行き止まりの世界に生まれて』

COLUMN

Z世代とファッション

成実 弘至

竹田ダニエル『世界と私のA to Z』によると、アメリカZ世代は「古着」と「ファストファッション」を好むそうだ。古着を買うのは一点ものの個性やエシカルさを求めるためだが、一方で安いファストファッションも人気で、無数の「マイクロトレンド」が発信されているという。

日本の若者にも「古着」「ファストファッション」が流行っているので、その意味ではアメリカと似ている。最近の大学生は古着屋やアプリで中古衣料を買う者が少なくなく、高校で「SDGs」を勉強して環境問題に関心があり、エシカル消費にも共感している。

アメリカと日本の若い世代が同じようなファッション意識を持っているのは興味深い。とはいえ、日本の女子大生が服を買うとき、パーソナルカラー診断や骨格診断に頼って「正解」や「コスパ（コストパフォーマンス）」を求めるなど、どこか横並び志向なのに対して、映画に登場するアメリカの女子たちは、人種や民族が様々なせいか、より自分らしいファッションを追求しているように見える。

ニューヨークの現役スケーターたちが出演する『スケート・キッチン』でも、女性たちの服装はTシャツにジーンズやショートパンツ、古着っぽいアロハシャツ、ドレッドヘアに鼻ピアス、太めのカーゴパンツなど、ストリート感あるスポーツ・カジュアルをベースに、思い思いのおしゃれを楽しんでいる。彼女たちに共通するのは足元にヴァンズやナイキなどのスニーカーをはくところだろう。

アメリカはヒップホップ、スケーター、グランジなど、若者たちによるストリート文化の伝統がある。東海岸のアフリカ系が始めたヒップホップと西海岸の白人が中心であったスケーターは元々別のサブカルチャーだったが、一九八〇年代後半より互いに交流が深まり、スポーツブランドをタフに不良っぽく着こなすスタイルが形成された。ストリートスタイルはヒップホップやスケートとともに広がり、Z世代ファッションの基本形の一つとなっている。

二一世紀に入り、日本でもアメリカ流の個人主義や実力主義の考え方が強くなっている。日米の若者ファッションは今後さらに接近していくのかもしれない。

おわりに

本書は、『映画で読み解く現代アメリカ――オバマの時代』（二〇一五年）の続編として、オバマ大統領退任後のトランプ政権（二〇一七～二〇二〇）からバイデン政権（二〇二一～二〇二四）までのアメリカ社会について、アメリカ映画を通して読み解き、文化批評を行う目的で企画された。前作は、アメリカ研究者として高名な、明治大学名誉教授の越智道雄氏に監修をお願いし、アメリカについての膨大な知と幅広い経験から多くを教えて頂き、本の質を高めて頂いた。しかし、二〇二一年にお亡くなりになられて、大きな衝撃を受け、改めてその存在の大きさを思い知った。そのため、しばらくは、次の企画は停滞していたが、先生の御恩に心より感謝し、追悼の思いも込めて、続編を企画した。そして、今回も幸運に恵まれ、慶應義塾大学名誉教授、慶應義塾ニューヨーク学院学院長の巽孝之氏に監修を引き受けて頂くことができたのは、またとなく光栄なことであった。周知の通り、巽氏は、アメリカ文学と文化に精通され、SF批評の大家としても広く知られている。

前回の本で扱ったオバマ政権の時代には、九・一一同時多発テロや金融危機という悲劇を経て、アメリカ大統領として初のアフリカ系の血を引くオバマによって、進歩的でリベラルな社会への高い理想が掲げられた。人種・ジェンダーの多様性が認められ、健康保険などの社会保障が整えられ、グリーン・ニューディールによって化石燃料から再生可能エネルギーへの変換が企てられ、核兵器廃絶への夢が語られた。それらの企ては必ずしも成功したとは言えないが、アメリカの進歩主義的な未来志向の理想には夢があった。しかし、その反動によって白人至上主義が台頭し、オバマケアに反対するティーパーティのような草の根運動が盛んになり、グローバル化による貧富の格差拡大の病巣はますます深刻なものになっていった。

そして、二〇一六年の大統領選では、予想に反して、オバマの進歩的政策をさらに押し進めるヒラリー・クリントンではなく、当初は泡沫候補とされていたドナルド・トランプが勝利し、ラストベルトの白人労働者やキリスト教福音派の強い支持を受けて、アメリカに過去のような製造業の繁栄、富、キリスト教的価値観を取り戻そうとする保守的、懐古的な傾向が主流となっていった。しかし、BLM（ブラック・ライヴズ・マター）運動に見る人種的対立の激化や新型コロナによるパンデミックへの不十分な対応への批判もあり、二〇二〇年大統領選では、トランプはバイデンに政権の座を譲った。ところが、選挙は盗まれたという強引な主張と用意周到な選挙対策によって、二〇二四年には、アフリカ系とアジア系の血を引く初の女性副大統領であったカマラ・ハリス候補を破り、大統領に返り咲いた。寛容でリベラルな社会の夢は幻であったかのように、MAGA（アメリカを再び偉大に）運動は拡大し、「アメリカ・ファースト」が叫ばれ、アメリカはバイデン政権で平常に戻った世界との協調関係から再び離脱して孤立しつつある。

本書は、このような時代を直接的、あるいは間接的に反映する映画を取り上げて、アメリカ社会の問題を掘り下げていく。Ｉ「ポスト・グローバリゼーションの世界」では、グローバリゼーションがもたらした負の遺産について考察する。格差社会を象徴する映画『ジョーカー』の批評では、一九八〇年から始まった新自由主義経済と工場移転による産業の空洞化による格差拡大が、いかに底辺に落ちた人々の怒りを煽ったのかを知ることができるだろう。また、『ソングバード』論では、グローバルな人の移動によって生み出された新型コロナのパンデミックによって孤立する人々と、そこからの脱出の試みが追究される。さらにグローバルな格差拡大の中で生み出された移民問題は、一九六一年公開の『ウエスト・サイド物語』のスピルバーグ監督によるリメイク版『ウエスト・サイド・ストーリー』で、トランプ政権の移民対策としての国境の壁への反論を投げかけている。

Ⅱ「人種とジェンダーの多様性 vs. 抑圧的政策」では、多様性に寛容な進歩的社会とそれに対する強い反動現象を対照的に捉えている。まずは、『イコライザー2』が論じられる。アクションヒーローの書棚に並ぶ本から監督の意図を読み解き、そこに黒人だけでなく、ユダヤ系、インド系などのマイノリティや弱者の存在の重要性が主張され、BLM運動と連動することを見破っている。『私はあなたのニグロではない』は、小説家のジェームズ・ボールドウィンの遺稿を基に撮られたドキュメンタリーである。公民権運動が盛んであった一九六〇年代に暗殺された活動家キング牧師やマルコムX、メドガー・エヴァースへの追悼から、現代にまで連綿と続くアメリカの黒人差別の根深さを伝え、トランプ政権の人種的不寛容の問題点を浮かび上がらせる。「ハイル・トランプ」と叫ぶ白人至上主義団体は勢いづき、増加しているのだ。また、最高裁判事として女性の地位向上に努めたルース・ベーダー・ギンズバーグの生涯を描いた『ビリーブ　未来への大逆転』は、女性を性的対象として蔑視する傾向にあるトランプ大統領へのリベラル派からの反論のメッセージとなっている。しかし、そのギンズバーグは、トランプ政権下で亡くなったため、その空席には、カトリック教徒で保守的なエイミー・コニー・バレットが指名され、ジェンダー政策の保守化は深刻なものとなった。そのような中でLGBTQの権利も浸食されつつあるが、『ムーンライト』で淡々と描かれる黒人少年の性自認への目覚めは、静かな抵抗を見せる。

Ⅲ「デモクラシーの危機」では、二〇一六年の選挙以来、SNSによる誹謗中傷や偽情報が蔓延し、既存のジャーナリズムを脅かすようになった世界を映し出す。SNSは誰もがニュースを発信できるという点で民主的である一方で、権力者がSNSの力を借りれば、嘘でも真実となり、陰謀論で世界を操ることができる危険なツールともなる。SNSはポスト・トゥルースの時代の幕開けを牽引したのだ。『ペンタゴン・ペーパーズ　最高機密文書』は、トランプによる偽情報で操作される社会とジャーナリズムの機能不全への危機感を想起させる。また、チャットGPTの開発によって、世界はAIと向き合う産業革命にも似た転換点に達したが、『マトリックス』四部作は、人間には自らが開発したAIや機械に支配されるディストピアが待っているのか、ポストヒューマンの世界の行く先を垣間見せてくれる。

最後のⅣ「新たな潮流」では、暗澹たるポストグローバル社会の中で見える新たな方向性も探訪した。多様性が抑圧される社会の中で、『コーダ あいのうた』は、聴覚障害の家族のもとに生まれた聴者の娘の成長を描き、やはり未来は多様性、包括性のあるものになる可能性があるという希望を与えてくれる。『オッペンハイマー』は、原爆の生みの親であるロバート・オッペンハイマーの科学者としての良心と責任への苦悩を描き、核戦争でいつ消滅してもおかしくない世界に、懐疑的な省察を投げかけている。また、『アメリカン・サイコ』や『ハンニバル』に見られる異常なまでに洗練され、空虚に消費されるだけの食には、都市の再開発による貧困者の立ち退きというジェントリフィケーションが反映されている。労働者が好む画一化した味のファストフードと洗練した個性的な食には、分断されたアメリカ政治の一端が反映されていると同時に、ニューヨークの再開発で不動産帝王にのし上がったトランプが、食の趣味では、ファストフードを好み、二つの分断された世界を横断する政治家であることが分かる。SFを扱った『メッセージ』では、分断の時代に衝突を回避するために異質な言語同士の対話の重要性を指摘する。また『ファースト・マン』では、華やかなケネディ政権のアポロ計画の時代を回想的に振り返るが、月面着陸に国家的領土拡張のビジョンではなく、個人的・精神的トラウマの克服を重ねる点に、国策への批評的な視座が見られる。最後のZ世代では、『ブックスマート』『行き止まりの世界に生まれて』他、これからの未来を創る新しい世代の多数の映画が扱われる。この新しい世代は、自国への肯定的な意識が最も低い。なぜなら、二一世紀の同時多発テロと、それに対する報復としてのアフガニスタン攻撃やイラク戦争で、アメリカが世界を民主化するどころか、ますます戦争を激化させ紛争やテロを招いていると感じているからである。また、金融危機でいっそう貧しくなった中間層の若者には、資本主義に絶望し、学費の無償化を希望するなど社会主義的な傾向を持つ者も少なくない。小さい頃から、多様な人種と共に育ち、混血化した世代でもあり、現代の白人中心主義から脱皮できる可能性を秘めている。貧富の格差は、同じ年の青年たちの未来にも残酷なまでの違いを生み出しているが、アメリカのイスラエル寄り外交を批判し、パレスティナ解放を求める正義感のある若者も多く、分断された社会を修復する可能性を秘めている。

二〇二四年の大統領選の年の春、アメリカでは『シビル・ウォー　アメリカ最後の日』に観客が動員された。一九世紀半ばの南北戦争のように分断したアメリカ社会を映し出した作品で、日本でも大統領選挙戦の最中、一〇月に公開された。アメリカは赤い州の共和党と青い州の民主党に政治的に分断されているだけではない。前者は、保守的にキリスト教的価値観を守り、人種・ジェンダーを建国当時の白人男性中心主義に戻そうとし、移民を排除し、銃を携帯する権限を保持しようとする。また、パックス・アメリカーナを築いた二〇世紀のように、製造業を復活させることで中間層の所得の押上げを狙い、環境問題を度外視して石油資源を利用した産業を拡大し、富裕層と連携した利益を追求し、世界との協調を拒否して自国の利益だけを重視する。一方、後者は、進歩的でリベラルな思想を好み、人種・ジェンダーの多様性を掲げ、移民にも配慮し、銃規制を行おうとする。また、環境問題と両立した産業開発を行う。バイデノミクスでは、富裕層に増税し、中間層と低所得者への減税を行い、格差を縮小しようとした。そして、環境や紛争解決では、世界と協調的な外交を重視する。まさに政治的分断は、あらゆる価値観のぶつかり合う文化戦争ともなっている。両者ともよく対話を重ねれば共通点も見つかるはずだが、決して妥協しようとしない。イギリス人の監督が制作した『シビル・ウォー』は、まさに内戦状態とも言える現状を映し出し、アメリカ人にその自画像を突き付けた。

『アメリカは内戦に向かうのか』を著した政治学者、バーバラ・F・ウォルターは、アメリカは、現在、内戦が勃発してもおかしくない状態にあると警告する。ウォルターは、ある国がどの程度まで民主的か、あるいは専制的かを示す指標「ポリティ・インデックス」では-10が最も専制的で+10が最も民主的であるとされるが、中間の-5～+5のスコアはアノクラシーと呼ばれ、政情不安定で内戦が起きやすいという。二〇二一年一月六日の議会襲撃事件が起きた時点のアメリカでは、ポリティ・スコアは+7から+5に下降したという。日本やカナダ、ニュージーランドなどはスコアが+10で民主制が確保されているが、かつて同様の+10の指標を示していたアメリカは+5まで転落したのだ。新トランプ政権下で、この数値がどう動くのかは現時点で分からないが、第一期トランプ政権下で、極右団体が増加したとウォルターは指摘する。アメリカの民主制は危うい状態にあると言えるだろう。

バイデンの退任演説では、来るトランプ政権の時代に、権力の乱用を防ぐための三権分立の重要性を説き、イーロン・マスクやジェフ・ベゾス、マーク・ザッカーバーグ、スンダー・ピチャイのような富裕層が政治と結びついて権力を掌握し、少数の権力者による寡頭政治が民主制を蝕んでいくことを警告した。アイゼンハワー大統領が退任演説で、第二次大戦後、肥大化した軍需産業が軍産複合体を形成する危険性を警告したことに倣い、テック産業が誤報や偽情報を拡散させることで、権力を批判する健全な報道が崩壊し、SNSがXやフェイスブックのように、ファクトチェック機能を麻痺させることに深い懸念を示した。

それに対して、トランプは、就任演説冒頭で「今からアメリカの黄金時代が始まる」と述べ、常識の革命を始め、国境から侵入する移民を強制送還して、安全な国にすると述べる。性は男女の二つしかなく、教育においては、子供たちに自らを恥じるようなことを教えないとしている。おそらく人種差別が構造的に社会に組み込まれているとする批判的人種理論（クリティカル・レイス・セオリー）を非難していると考えられる。アメリカ史における先住民の征服と強制移住、奴隷制などで少数民族や移民を差別してきたことを教えることで、白人の子供たちに罪悪感を覚えさせると保守派は非難する。しかし、これは白人を頂点とした人種的ヒエラルキーが存在することを肯定し、そのトップの座から異人種を見下ろす視点である。そして、オバマの始めたグリーン・ニューディールを廃止し、トランプの言う「液体の金」である石油を「掘って、掘って、掘りまくれ」と鼓舞する。「メキシコ湾」は「アメリカ湾」に名称を変え、パナマ運河の利権を取り戻し、マッキンリー大統領の名を冠したマッキンリー山の名は、近年、先住民のデナイッナ族に敬意を表してその言語で「偉大なるもの」を表す「デナリ山」と呼ばれるようになっていたが、やはりアメリカ大統領の名を復活するべきだとする。そして、一九世紀に用いられた「マニフェスト・デスティニー（明白な運命）」という言葉を使い、火星まで領土を拡張することを約束する。「マニフェスト・デスティニー」は、一九世紀のジャーナリスト、ジョン・オサリヴァンが使った言葉で、西部への領土拡大は神がアメリカ人に与えた天命であるという意味である。この標語によって、先住民の強制移住、メキシコ戦争によるテキサス併合など、西部への領土拡張が正当化されていった。全体として、建国期の白人の視点からの価値観が復活して、これまでの人権やマイノリティに配慮する歴史の流れに逆行している。

このように分断するアメリカで、本書では、オバマ時代の未来志向のリベラリズムへの反動としてアメリカに起きている歴史的逆行という過去志向の保守化が始まった第一期トランプ政権の時代から、リベラルに揺り戻しが起きたバイデン政権を経て、トランプ再選により、再度、よりいっそう保守性を強化した時代の始まりまでを論じている。今後、アメリカが、このリベラルと保守との間で揺れ動きながら、分断から和解への道はあるのか、内戦に向かうのか、世界にどのような影響を与えるのか未知数だが、私たちの生活にも少なからず波及してくることだろう。本書が読者のアメリカに対する疑問や関心に、何らかの回答やヒントを与えられることを願っている。

＊＊＊

越智道雄氏の後を継いで、監修を引き受けてくださった巽孝之氏に深謝する。新たな執筆陣をご紹介くださり、また、慶應義塾ニューヨーク学院学院長としてニューヨークに在住し、大統領選を間近で観察しながら、本書の企画にご助言や鋭い洞察を頂いた。そして、各章をご担当になり秀逸な論考を寄稿してくださった執筆者の一人ひとりにも、心より御礼を申し上げる。

加えて、前作の『映画で読み解く現代アメリカ――オバマの時代』に引き続き、本書の刊行を可能にしてくださった明石書店社長の大江道雅氏にも、心より御礼申し上げたい。越智道雄氏のご逝去による企画の遅れや、執筆陣の多忙による原稿や編集の遅れなど、数々の問題がありながら、辛抱強く出版を見守ってくださった。また、出版に至るまで、陰で隅々まで丁寧に校正と編集をしてくださった岡留洋文氏にも、敬意と感謝の意を捧げる。

編集者を代表して

小澤　奈美恵

たものの、20回の無人飛行および6回の有人飛行が行われ、計画終了までに6人の飛行士を宇宙へと送り出した。マーキュリー・セブンと呼ばれた飛行士たちについては映画『ライトスタッフ』(1983)、彼らを陰で支えたアフリカ系女性計算手たちについては『ドリーム』(2016)に詳しい。

ラルフ・ウォルドー・エマソン　ラルフ・ウォルドー・エマソン(1803～1882)は、アメリカの思想家、詩人、エッセイスト。超絶主義の先導者として「自然論」(1836年)や「アメリカの学者」(1837年)などを発表し、自然の中に「大霊」(真理)を直観し、アメリカ独自の哲学を見出すことでヨーロッパからの知的独立を図ろうとした。19世紀中葉に活躍したH. D. ソローやナサニエル・ホーソーンらのアメリカ文学者、思想家にも大きな影響を与えた。

ジェミニ計画　1961年から1966年にかけて行われた、アメリカ2度目の有人宇宙飛行計画。同年に立ち上げられたアポロ計画への橋渡しとして、同計画に必須となる月面着陸のための技術開発という目的を達成し、結果としてアメリカはソ連との競争で優位に立った。だが同時に、『ファースト・マン』(2018)でも描かれた訓練中の事故で3名が死亡するなど、多くの犠牲も出た。

アポロ計画　1961年から1972年にかけて実施された、人類初の月への有人宇宙飛行計画。1969年にはアポロ11号が、「人類を今後10年以内に月面に着陸させる」という計画立ち上げ時にケネディ大統領が明言した目標を見事に達成し、最終的に6度の月面着陸を成功させた。11号の月面着陸をめぐる世界的熱狂については、たとえば近年の『アポロ10号1/2　宇宙時代のアドベンチャー』(2022)などを参照。

POVショット　Point of View Shotの略称。登場人物の視点で撮影された映像のことを指し、日本語では視点ショット、主観ショットなどとも呼ばれる。ある登場人物の主観的な視点を観客に共有させることで、場面により臨場感を与え、感情移入や共感を促す効果が期待できる。そうした特徴から、ホラーやドキュメンタリーといったジャンルの映画でしばしば用いられる。典型的な使用例としては、たとえば『ブレア・ウイッチ・プロジェクト』(1999)など。

第15章

ロストジェネレーション　1920年代アメリカは好景気に沸き、ジャズ、ダンス、自動車、消費など都市大衆文化が花開いた。この「ローリング・トゥエンティーズ」(狂騒の20年代)に、古い道徳を捨てて、利那的・物質主義的なライフスタイルに溺れた若者たちが登場、「ロストジェネレーション」(失われた世代、迷子になった世代)と呼ばれた。ヘミングウェイなど、この時代に活躍した作家たちを指すこともある。彼らの価値観には、第一次世界大戦に従軍した戦争経験の影響も指摘されている。

社会への移行による都心部への再投資に伴う現象を広く意味し、本格的な再開発が始まるまえの当該地域への住民の流入、それに伴うアメニティの充実、資本家による投資と浮浪者や貧困層の排除、新しく開発された物件への裕福な新住民の流入と文化的変容、これらすべてがジェントリフィケーションにあたる。1980年代に入ると地方自治体が裕福な移住者を求めてこの現象を政治的に促進、当該地域から浮浪者や貧困層が排除されるケースが目立つようになる。特にイーストヴィリッジでの政府当局と反対派の対立は全米で放送され、ミュージカル『レント』の題材ともなっている。

『沈黙の春』 DDTなどの殺虫剤や農薬の危険性を訴えて、1962年にレイチェル・カーソンが出版した作品。環境問題への意識が低い企業や政府を告発し、現代にまで続く環境保護の思想の源流の一つとなり、大地に戻れ運動にも影響して、有機栽培への意識を高めた。

カルフォルニア・キュイジーヌ シェ・パニーズなどのレストランを源流として生まれたカリフォルニアの食文化。有機農法の食材にこだわり、料理の技法はもともとはフレンチや地中海料理だったが、カリフォルニアの多民族性を反映して、メキシコ料理や和食、中国料理、韓国料理、ハワイ料理、ベトナム料理、フィリピン料理、タイ料理など、様々な料理の折衷主義を採用している。

サステナビリティ 訳語は「持続可能性」。環境問題との関連で使われはじめ、最近では企業の社会的責任を論じるうえでの重要なキーワードになっている。現行の社会の発展が、環境や社会制度・秩序を破壊することなく実現可能である状態を意味する。

第13章

ネオリベラリズム（新自由主義） 政府や国が経済に介入することをできるだけ抑え、資本主義下における自由競争を重視する考え方。この考えでは、政府による社会的な支援や富の再分配を制限することで、個人や企業の自由な経済競争を促し、社会全体に富が広がると信じられているが、実際は、富の集中、世襲化など、貧富の差を広げており、問題にもなっている。

ティーパーティ運動 2009年頃から始まった保守派による市民運動の一つで、当時のオバマ政権が実行しようとしていた経済介入や医療保険制度への改革に反対し、政府の介入をできるだけ制限しようとした保守系のポピュリズム運動。「ティーパーティ」という名称は、アメリカの独立戦争直前に、当時の宗主国であったイギリスの課税に反対する運動「ボストン茶会事件」に由来している。

第14章

マーキュリー計画 1958年から1963年にかけてNASAによって実施された、アメリカ初の有人宇宙飛行計画。ソ連との宇宙開発競争に勝利することはできなかっ用いた造語。その状態では、考えが偏り極端になり、フェイクニュースや陰謀論を真実と思い込みやすくなる。

三権　立法権・司法権・行政権を指す。三権分立は、三権が互いに監視し合い、権力が一極に集中することを避け、独裁化しないようにする仕組みである。啓蒙主義思想家のロックやモンテスキューが提唱し、近代憲法に取り入れられ、特にアメリカ合衆国憲法に厳格化された。報道は、第四権ともいわれ、三権に加えて、権力の乱用を防ぐ働きをする。

第10章

公民権運動　1950年代半ばから60年代に黒人を中心としたマイノリティが、教育、雇用、住居、選挙など憲法で認められた権利の保障を訴えた運動。1954年の最高裁判所の人種別学法違憲判決（ブラウン事件判決）を勝ち取った後、キング牧師がモンゴメリーでバスボイコットを指導し、その非暴力主義による抵抗は、広範な支持を集め運動の支柱となった。1963年のワシントン大行進で頂点に達し、1964年の公民権法、1965年の投票権法の成立につながった。

障害を持つアメリカ人法（ADA法）　1990年に制定された連邦法。雇用、公共サービス、公共施設や建築、電話通信に関する障害者差別禁止条項を定め、政府のみならず民間企業の運営者にも必要条件の整備を義務づけた画期的な法律。「障害者が社会に順応すべきではなく、社会が障害者に開かれているべき」という「ノーマライゼーション」の理念に基づく。つまり、障害があることで困難や課題があるとすれば、それは社会の仕組みや制度を変える必要があるという考え方である。

バイモーダル・バイリンガリズム　コーダ（聴覚障害の親を持つ聴者の子どもたち）の特徴の一つである。手話言語と音声言語という二言語を使うバイリンガルであると同時に、視覚モーダリティと音声モーダリティという二つのモーダリティ（言語表出）を有する人たちを指す。例えば、英語とスペイン語という二つの音声言語を使用するバイリンガルは、同時に二言語の音声を使えないのでモノモーダル・バイリンガルである。

第12章

カウンター・カルチャー　主流社会の行動規範や文化的慣行を否定し、新しい価値観を提示する文化。「対抗文化」とも訳される。様々な時代にそうした文化が存在したが、この影響が強くなると主流社会の文化自体が大きく変容することがある。1960年代から70年代にかけて欧米で発生したカウンター・カルチャーは世界的な広がりを見せた。

ジェントリフィケーション　1964年、ルース・グラスが命名した都心部の現象。本稿では「再開発」と訳したが、訳語としては正しくない。工業化社会から脱工業全保障上の研究が主であったが、その後、アメリカの様々な政策決定を支援するために、宇宙開発、コンピュータ、AI開発などの情報も提供し、多岐にわたる分野の研究に携わる。

ロビー活動　圧力団体が、代理人を通じて政府や政党、議員などに陳情や請願を行い、団体に有利な政治決定を行わせる活動。この活動は議院のロビー（控室）で行われるのでロビー活動と呼ばれ、代理人をロビイストと呼ぶ。産業、宗教、環境など多種多様な分野の団体がロビー活動を行っている。著名なものでは、銃を所持する権利を主張する全米ライフル協会（NRA）、イスラエル・ロビーとして知られる米国イスラエル公共問題委員会（AIPAC）などがある。

IS（Islamic State）　ISIS、ISILなどの表記もあるスンニ派のイスラム過激派武装勢力。2003年のイラク戦争で駐留した米軍への抵抗勢力として力を伸ばし、一時は、イラク西部からシリア東部を支配した。2014年に指導者アブ・バクル・バグダディが、カリフ制国家樹立を宣言したが、国際社会は承認していない。欧米人や日本人などを拘束して処刑をインターネットで公開したり、SNSや動画サイトで世界の若者を勧誘した。2024年時点では、支配地域の多くを失い衰退している。

オルト・ライト　オルタナ右翼（alternative right）の略で、アメリカの主流の右翼とは別の過激な右翼。白人至上主義の活動家リチャード・B・スペンサーが名付けたとされる。白人至上主義、移民排斥、反ユダヤ主義を標榜し、多文化主義やフェミニズムを嫌う。オルト・ライトは、トランプ支持者が多く、トランプの選挙対策責任者を務めたスティーヴン・バノンが経営する保守系オンラインニュースサイト「ブライトバート」も、この思想を喧伝している。

Qアノン　匿名Qという意味。2017年にQと名乗る人物が、ネット上の掲示板への書き込みを始め、それを解釈して広める人々が現れた。Qアノンとは、このQやQの言葉を解釈する人々を指すが、彼らの言説の信奉者を含めて言う場合もある。社会のエスタブリッシュメント（既得権益層）やリベラル派が、児童買春や悪魔崇拝の秘密結社を通じて世界を裏で操っており、トランプがそれと闘っているとする。SNSを通じてこの陰謀論は広まり、大統領選にも影響を与えた。

ディープ・ステート　「闇の政府」と訳される。国家や政府を裏で操る非公式のネットワークや組織で、陰謀論の中にもよく登場する。Qアノンの陰謀論においては、この組織がアメリカ国家組織の一部や金融・産業界の権力者と結託し、権力を行使しており、児童買春や悪魔崇拝に関与しているとされる。党派性が特徴的で、オバマ元大統領、ヒラリー・クリントンを始めとする民主党員、リベラル派などがディープ・ステートに属し、トランプは彼らと闘う英雄とされる。

フィルターバブル　ウェブサイトやSNSで情報検索を行うとき、フィルター機能によって利用者の好みに合ったものだけが集まるため、利用者が好まない情報、対立する意見を含んだ情報から遮断され、まるでバブル（泡の膜）で包まれたように、自分だけの情報宇宙に包まれてしまう状態。米国のイーライ・パリサーが作がメインだったが、南部の人種問題に切り込んだ『それでも夜は明ける』(2013年)から方向性を変える。大手スタジオが扱わない映画に注力し、とりわけ人種問題を扱う映画制作を行うようになる。2022年、フランスの巨大メディア会社メディアワンに株式の大半を売却し、プラットフォームを拡大したことも注目してよい。

A24　アメリカのインディペンデント映画を牽引するだけでなく、映像制作と配給、出版、広告、会員組織の構築など、複合的な文化プラットフォームを担う。独立系スタジオの枠を越えて、若手クリエイターを発掘し、支援することでも有名。ローマン・コッポラ監督の『チャールズ・スワン三世の頭ン中』(2012年)の配給から開始し、『ムーンライト』(2016年)がアカデミー賞作品賞を受賞することで、一気にメディアの注目を浴びることになる。とりわけ、若手の登竜門であるサンダンス映画祭と相性がいい。

マイアミ暴動　1980年5月17日、黒人アーサー・マクダフィーの撲殺事件を契機として、フロリダ州マイアミで発生した人種暴動。マクダフィーは交通違反での逮捕に抵抗し、白人警官に撲殺されてしまう。告発された5人の警官は無罪となり、これが引き金となり、リバティシティの黒人居住地域で暴動が発生する。855人が逮捕され、8人の白人と10人の黒人が死亡し、推定1億ドルの物的損害が生じた。これは、67年のデトロイト暴動以来、米国最大規模の人種暴動だった。

麻薬(薬物)戦争　違法薬物の取引を規制・削減するため行われた、合衆国政府による国内外の介入や軍事支援を指す。1980年代、レーガン大統領が国内では麻薬取り締まりと起訴を強化し、国外では軍事支援とコカイン撲滅作戦を展開したことは有名だろう。レーガンはメディアを通じて世論を煽り、クラック(コカインの結晶)の害を強調するだけでなく、薬物乱用防止法を通じて厳しい刑罰を科した。また、マイアミ地域からの流入を防ぐために、DEA、関税局、FBI、そして軍が関与する南フロリダ特別対策部隊を設置し、多くの逮捕者を出す一方、それを選挙キャンペーンに利用している。

第8章

ポスト・トゥルース　ポスト真実とも言う。真実が意味を失った時代。2016年、イギリスのEU離脱に関する国民投票やアメリカ大統領選の頃から、フェイクニュースがオンライン・メディアで拡散し、それを信じる人々が増加したため、オックスフォード英語辞典が2016年を象徴する言葉に選び、「世論形成において、客観的事実が、感情や個人的信念に訴えるものより影響力が弱くなった状況」と定義した。

ランド研究所(Rand Corporation)　アメリカの非営利、無党派のシンクタンク。カリフォルニア州サンタモニカに本部がある。第二次大戦後の1948年、ダグラス・エアクラフト社の研究開発プロジェクトから独立して発足した。当初は、安いう「血の一滴」ルール（ワン・ドロップ・ルール）が法制化され、黒人を排除する人種隔離法（ジム・クロウ法）が推進されていった。

「奇妙な果実」 アメリカのジャズシンガーであるビリー・ホリデー（1915～1959）が、1939年頃からニューヨークのナイトクラブで歌った曲。白人のリンチによって木に吊るされ焼かれている黒人の情景を、「奇妙な果実」と歌った。南部の物憂い空気とマグノリアの甘い香りを連想させる曲調とは対照的に、20世紀前半までの南部では日常的に発生していた黒人への暴力や私刑と、白人社会の残酷性を告発する曲となった。

ホロコースト（holocaust） 語源はギリシャ語の「すべて焼き尽くす」。第二次世界大戦中にヒトラー率いるナチス・ドイツやその協力者が、ドイツ国内やヨーロッパの占領地で行った国家的ユダヤ人大虐殺。反ユダヤ感情は、20世紀前半、白人中心の優生学隆盛の時代に政治的に利用され、ドイツ人が劣等人種たるユダヤ人の血で汚されると考えたナチス・ドイツ政権は、アウシュビッツなどの強制収容所等で約600万人のユダヤ人を殺害した。

第6章

LGBTQ+ 性的マイノリティのこと。これはレズビアン（女性同性愛者）、ゲイ（男性同性愛者）、バイセクシュアル（両性愛者）、トランスジェンダー（心と体の性が異なる者）、クエスチョニング（性的指向、性自認が定まらない者）またはクィア（規範的な性のあり方に属さない者。性的マイノリティの総称としても使われる）の英語の頭文字をつなげ、そこにプラス（＋）を加えた略語。このプラス（＋）には、他者に対して恋愛感情や性的関心を抱かないアセクシュアル、あらゆるセクシュアリティの人に対して恋愛感情や性的関心を抱くパンセクシュアル、さらには自らの性を男女いずれかに限定しないXジェンダー、自身の性自認と性表現の両方において男女の枠組みを当てはめようとしないノンバイナリーも含まれる。LGBTQ+は、性に対する認識が多様化する中で、各人のセクシュアリティ（性のあり方）を表現する言葉として使われている。

ジェンダー 英語のセックスが自然的・身体的性差を指すのに対し、ジェンダーは社会的・文化的性差を指す。すなわちジェンダーとは、女性の身体を持つ人は「女性として」、男性の身体を持つ人は「男性として」振る舞うことを社会から期待され、その言動が規定される概念のこと。ジェンダーは社会的構築物であり、この言葉には社会の慣習などから生まれる差別や偏見が含まれている。

第7章

PLAN B 2002年にブラッド・ピット、ジェニファー・アニストン、ブラッド・グレイ、クリスティン・ハーンが設立した映画制作会社。後にピットの単独所有となる。初期は『チャーリーとチョコレート工場』（2005年）などの娯楽作品の制

第4章

ヴィジランテ・フィルム（vigilante film）「ヴィジランテ」とは、「自警団（員）」あるいは「自分が正義だと考え悪に制裁を加える人」のこと。ヴィジランテ・フィルムとは、映画ジャンルの一つの名称。主人公が通常の警察組織に頼らず、また正規の司法手続きを経ず、凶悪な犯罪者や悪の組織を抹殺、撲滅する様子を描く。いわゆる「私刑」映画である。マーティン・スコセッシ監督の『タクシードライバー』（*Taxi Driver*, 1976）などが代表作とされる。

リチャード・ライト『アメリカの息子』『アメリカの息子』は、ミシシッピ州出身のアフリカ系作家リチャード・ライト（Richard Wright, 1908～1960）が1940年に発表した小説。原題は「ネイティヴ・サン」（Native Son）で「（アフリカではなく）その土地（アメリカ）で生まれた息子」の意だが、邦題としては『アメリカの息子』が定訳となっている。アメリカのいわゆる「黒人文学」の傑作の一つとされる。1930年代、大恐慌下のシカゴが舞台となっている。

タナハシ・コーツ『世界と僕のあいだに』『世界と僕のあいだに』（*Between the World and Me*）は、メリーランド州出身のタナハシ・コーツ（Ta-Nehisi Coates, 1975～）が2015年に発表し、全米図書賞（ノンフィクション部門）を獲得した作品である。この作品でコーツは、現代アメリカを代表するアフリカ系の作家、ジャーナリストあるいはグラフィック・ノヴェルの原作者として知られるようになった。「タナハシ（Ta-Nehisi）」というのは古代エジプトの言葉に由来があるという。

第5章

レイシャル・プロファイリング　警察官など法を執行できる者が職務質問や取り調べをするとき、人種や民族や肌の色などに対する先入観をもとに偏った判断をすること。黒人差別への抗議運動「ブラック・ライブズ・マター」の原因ともなった。2009年、ハーヴァード大学教授ヘンリー・ルイス・ゲイツ・ジュニアが、黒人であったことから不法侵入者として自宅の玄関で誤って逮捕された事件は有名。黒人以外にアラブ系やアジア系も対象となっている。

白人至上主義　白人種は遺伝的に他の人種より優れているので、社会的、経済的、政治的に支配力を持つのが当然だという観念。「優生学」に基づいた疑似科学であったが、19世紀から20世紀中葉まで、科学的事実として受け入れられていた。KKKやシカゴ万博の民族展示、文学者の「白人の責務」、黄禍論などと、社会生活のさまざまな領域で人種的差別を生み出してきた。

「血の一滴」ルール　南北戦争後、南部諸州は、奴隷から解放された黒人の権利を制限するため「黒人取締法」を制定した。20世紀初頭の「人種純血保全法」を皮切りに、白人種と異人種との結婚を禁止する異人種間混交禁止法が全米30州で施行された。その後、黒人の血が一滴でも入っている者はすべて黒人とみなすと

用語解説

第1章

フードスタンプ　低所得者の生活を支援するために、アメリカ政府によって制度化された食料品配給システム。1960年代に始まった。政府の定めた「貧困基準」より収入が低い世帯に対し金券が配られる。これをスーパーなどで食料品と交換することができる。

オキュパイ・ウォール・ストリート　「我々は99パーセントだ」を合言葉として2011年9月からニューヨーク市マンハッタン区にあるウォール街で行われた抗議運動。裕福な上位1パーセントだけが利益を独り占めしているアメリカの経済状況を痛烈に批判した。

パパ－ママ－ぼくの三角形　ドゥルーズ＝ガタリによれば、人間の欲望は本来バラバラなベクトルを持ったアナーキーなものである。けれども、フロイトは「エディプス・コンプレックス」という概念を捏造し、欲望を「家庭」という単位に押し込めようとした。アーサーは当初はそのような「家庭」の枠に参入することを願ったわけである。

ミハイル・バフチン　ロシアの思想家であり記号論の重要な論客の一人であった。多様な仕事を行ったが、その一つにカーニバル論がある。カーニバルにおいては、通常の社会的規範が転覆されることを指摘し、フランソワ・ラブレーの著作や『ドン・キホーテ』などをカーニバル文学として研究した。

第3章

アファーマティブ・アクション　積極的差別是正策。ケネディ大統領による1961年の大統領令が最初。採用人事、入学審査などで、人種を理由にした排除を禁じ、差別的状況解消のため一定の保護を与える制度。ただし1970年代以後、白人への逆差別もあるとされ、司法上は施策そのものは否定されていないが、今なお議論の対象となっている。

トニー・クシュナー（1956～）　アメリカ合衆国の劇作家・脚本家。1980年代アメリカの政治・経済状況を背景に、同性愛者たちの群像を描く戯曲『エンジェルズ・イン・アメリカ』で、1993年のピューリッツァー賞受賞。スピルバーグ作品では、『ミュンヘン』（2005）、『リンカーン』（2012）、『ウエスト・サイド・ストーリー』（2020）、『フェイブルマンズ』（2022）の脚本を手がける。

『ファースト・マン』（*First Man*）デイミアン・チャゼル監督，2018 年．Blu-ray：NBC ユニバーサル・エンターテイメントジャパン
『フライ・ミー・トゥ・ザ・ムーン』（*Fly Me To The Moon*）グレッグ・バーランティ監督，2024 年．配信：Amazon Prime
『ブレードランナー 2049』（*Blade Runner 2049*）ドゥニ・ヴィルヌーヴ監督，2017 年．配信：Netflix
『ラ・ラ・ランド』（*La La Land*）デイミアン・チャゼル監督，2016 年．配信：Netflix

第 15 章　Z 世代の青春とサブカルチャーの現在　『ブックスマート』『行き止まりの世界に生まれて』

【引用・参考文献】

竹田ダニエル『世界と私の A to Z』講談社，2022 年．
Tatsuta，Atsuko「『行き止まりの世界に生まれて』ビン・リューが開いた人生の扉」*fans voice*，2020 年 9 月 5 日．https://fansvoice.jp/2020/09/05/minding-the-gap-bing-liu-interview
原田陽平『Z 世代』光文社，2020 年．
三牧聖子『Z 世代のアメリカ』NHK 出版，2023 年．
「スケートシーンの撮影方法から米大統領選まで――ビン・リュー監督『行き止まりの世界に生まれて』を語る」*note*，2020 年 9 月 14 日．https://note.com/bittersend/n/nc44e51ea6a84?magazine€_key=mfae213ec899e
Beato, Greg. “The Lords of Dogtown.” *Youth Subcultures: Exploring Underground America Greenberg*, edited by Arielle Greenberg, Pearson, 2007.

【参考映画】

『行き止まりの世界に生まれて』（*Minding the Gap*）ビン・リュー監督，2018 年．DVD：TC エンタテインメント
『スケート・キッチン』（*Skate Kitchen*）クリスタル・モーゼル監督，2018 年．DVD：ポニーキャニオン
『ブックスマート』（*Booksmart*）オリヴィア・ワイルド監督，2019 年．DVD：TC エンタテインメント
『mid90s　ミッドナインティーズ』（*Mid90s*）ジョナ・ヒル監督，2018 年．DVD：TC エンタテインメント
『Love，サイモン　17 歳の告白』（*Love, Simon*）グレッグ・バーランティ監督，2018 年．DVD：Happinet

ence'" *The Journal of the American Literature Society of Japan*, vol. 20, 2022, pp. 37-53.

Torras I Segura, Daniel. "*First Man*: The Meaning and Use of Three Very Human Silences in an Inner Spatial Struggle." *Quarterly Review of Film and Video*, vol. 39, no. 7, 2022, pp. 1457-87.

Whitney, Allison. "'His own Personal Adventure' Lunar Exploration and the IMAX Experience in Magnificent Desolation and *First Man*." *After Apollo: Cultural Legacies of the Race to the Moon*, edited by J. Bret Bennington and Rodney F. Hill, U of Florida P, 2023, pp. 143-58.

【参考映画】

『アド・アストラ』（*Ad Astra*）ジェームズ・グレイ監督，2019年．Blu-ray：Happinet

『アポロ10号1/2　宇宙時代のアドベンチャー』（*Apollo 10 1/2: A Space Age Childhood*）リチャード・リンクレイター監督，2022年．配信：Netflix

『アポロ13』（*Apollo 13*）ロン・ハワード監督，1995年．DVD：NBCユニバーサル・エンターテイメントジャパン

『オデッセイ』（*The Martian*）リドリー・スコット監督，2015年．配信：Netflix

『スター・ウォーズ　フォースの逆襲』（*Star Wars: The Force Awakens*）J. J. エイブラムス監督，2015年．配信：Disney+

『スター・ウォーズ　スカイウォーカーの夜明け』（*Star Wars: The Rise of Skywalker*）J. J. エイブラムス監督，2019年．配信：Disney+

『スター・トレック』（*Star Trek*）J. J. エイブラムス監督，2009年．配信：Netflix

『スター・トレック　イントゥ・ダークネス』（*Star Trek Into Darkness*）J. J. エイブラムス監督，2013年．配信：Netflix

『セッション』（*Whiplash*）デイミアン・チャゼル監督，2014年．配信：U-NEXT

『ゼロ・グラビティ』（*Gravity*）アルフォンソ・キュアロン監督，2013年．配信：Amazon Prime

『DUNE/デューン　砂の惑星』（*Dune*）ドゥニ・ヴィルヌーヴ監督，2021年．配信：Netflix

『デューン　砂の惑星 PART2』（*Dune: Part Two*）ドゥニ・ヴィルヌーヴ監督，2024年．配信：Netflix

『ドリーム』（*Hidden Figures*）セオドア・メルフィ監督，2016年．配信：Disney+

『バズ・ライトイヤー』（*Lightyear*）アンガス・マクレーン監督，2022年．配信：Disney+

『バビロン』（*Babylon*）デイミアン・チャゼル監督，2022年．配信：Netflix

【参考映画】
『メッセージ』(*Arrival*) ドゥニ・ヴィルヌーヴ監督, 2017 年. DVD：ソニー・ピクチャーズエンタテインメント

第 14 章　一人の人間とアメリカにとっての「偉大な飛躍」『ファースト・マン』

【引用・参考文献】
エマソン, ラルフ・ウォルドー (小泉一郎訳)『エマソン選集 3　生活について』日本教文社, 2015 年 .
川本徹『荒野のオデュッセイア——西部劇映画論』みすず書房, 2014 年.
———『フロンティアをこえて——ニュー・ウェスタン映画論』森話社, 2023 年.
鈴木透「フェイクの牢獄」『アメリカ文学と大統領——文学史と文化史』南雲堂, 2023 年, pp. 499-515.
ターナー, フレデリック・ジャクソン (大井浩二訳)「アメリカ史におけるフロンティアの意義」(1893 年)『史料で読むアメリカ文化史 2　独立から南北戦争まで 1770 年代−1850 年代』荒このみ編, 東京大学出版会, 2005 年, pp. 30-39.
巽孝之『アメリカ文学史——駆動する物語の時空間』慶應大学出版会, 2003 年 .
Tatsuta, Atsuko「オスカー最年少受賞監督が描く〈月とキッチン〉——『ファースト・マン』監督、デイミアン・チャゼルに訊く」*Wired*, 2019 年 2 月 16 日.
Cavell, Stanley. *Emerson's Transcendental Etudes*. Stanford UP, 2003.
Emerson, Ralph Waldo. *The Annotated Emerson*, edited by David Mikics. Harvard UP, 2012. (エマソン, ラルフ・ウォルドー (大間知知子編訳)『自信　エマソンの『経験』と『自己信頼』新訳』興陽館, 2018 年)
Georgiou, Aristos. "Ex-NASA Astronaut Calls Trump's 'Make Space Great Again' Ad 'Political Propaganda' As Campaign Video Removed by President's Election Team." *Newsweek*, 5 Jun 2020.
Magerstaedt, Sylvie. "Humility and Greatness in Damian Chazelle's First Man." *Film-Philosophy*, vol. 26, no. 2, 2022, pp. 130-48.
McNary, Dave. "Neil Armstrong's Sons, Director Damien Chazelle Defend Absence of Flag-Planting Scene in *First Man*" *Variety*, 31 Aug 2018. https://variety.com/2018/film/news/neil-armstrong-sons-defend-first-man-1202923910/
Rose, Steve. "'If Anyone can Maga, It Is Nasa': How First Man's Flag 'Snub' Made Space Political Again." *The Guardian*, 6 Sep 2018. https://www.theguardian.com/film/2018/sep/06/if-anyone-can-maga-it-is-nasa-how-first-man-put-a-rocket-up-the-politics-of-space
Tomizuka, Ryohei. "From Grief to 'Practical Power': Moods and Affects in 'Experi-

Blackwell Publishing, 2005.

【参考映画】

『アメリカン・サイコ』（*American Psycho*）メアリー・ハロン監督，2000 年．DVD：キングレコード

『ハンニバル』（*Hannibal*）リドリー・スコット監督，2001 年．DVD：NBC ユニバーサル・エンターテイメントジャパン

『ハンニバル（TV 版）』（*Hannibal*）ブライアン・フラー脚本，2013 ～ 2015 年．

『羊たちの沈黙』（*The Silence of the Lambs*）ジョナサン・デミ監督，1991 年．Blu-ray：ワーナー・ブラザース・ホームエンターテイメント

第 13 章　エイリアンから学ぶ『メッセージ』

【引用・参考文献】

巽孝之「SF としてのアジア――アジア SF 前史　ディック、ロビンスン、チャンへ至る歴史改変想像力」『アジア系トランスボーダー文学――アジア系アメリカ文学研究の新地平』山本秀行編 , 小鳥遊書房，2021 年．

「トランプ氏の『shithole』発言、世界のメディアはどう訳したのか」*AFP/BB News*，2018 年 1 月 13 日 . https://www.afpbb.com/articles/-/3158364

Chiang, Ted. "Story of Your Life." *Stories of Your Life and Others*. Vintage Books, 2016, pp. 91-146.（デッド・チャン「あなたの人生の物語」『あなたの人生の物語』早川書房，2003 年 .）

Higgins, David M. *Reverse Colonization: Science Fiction Imperial Fantasy and Alt-Victimhood*. U of Iowa P, 2021.

Lee, Whorf Benjamin. *Language Thought & Reality*. M.I.T. Press, 1956.

Nicol, Bran. "Humanities Fiction: Translation and 'Transplanetarity' in Ted Chiang's 'The Story of Your Life' and Denis Villeneuve's *Arrival*." *American, British and Canadian Studies*, vol. 32, no.1, 2019, pp. 107-26.

Nietzsche, Friedrich. *The Gay Science*. Dover Publications, 2020.

———. *Thus Spoke Zarathustra: The Philosophy Classic*. Capstone, 2022.

Reider, John. *Colonialism and the Emergence of Science Fiction*. Wesleyan UP, 2008.

Wojciehowski, Hannah Chapelle. "When the Future Is Hard to Recall: Episodic Memory and Mnemonic Aids in Denis Villeneuve's *Arrival*." *Projections: The Journal for Movies & Mind*, vol. 12, no. 1, 2018, pp. 55-70.

【参考映画】

『オッペンハイマー』(*Oppenheimer*) クリストファー・ノーラン監督, 2024年. DVD：NBCユニバーサル・エンターテイメントジャパン

『風が吹くとき』(*When The Wind Blows*) ジミー・T・ムラカミ監督, 1986年. DVD：アットエンタテインメント

『博士の異常な愛情』(*Dr. Strangelove*) スタンリー・キューブリック監督, 1964年. DVD：Happinet

第12章　食の政治学『アメリカン・サイコ』『ハンニバル』

【引用・参考文献】

Abu-Lughod, Janet. *From Urban Village to East Village*. John Wiley & Sons, 1994.

Crawford, Lesley. "Alice Waters," *Salon*, 16 Nov 1999. https://www.salon.com/1999/11/16/waters_2/

Freedman, Paul. *American Cuisine: And How It Got This Way*. Liveright Publishing Corporation, 2019.

Friedman, Andrew. *Chefs, Drugs and Rock & Roll: How Food Lovers, Free Spirits, Misfits and wanderers created a New American Profession*. Ecco, 2018.

Jackson, Matthew. "13 Delicious Facts About Hannibal" *Mental Floss*, 15 Aug 2018. https://www.mentalfloss.com/article/554250/facts-about-hannibal-bryan-fuller-mads-mikkelsen

Lees, Loretta, et al. *Gentrification*. Routledge, 2008.

Orenstein, Peggy. "Food Fighter," *New York Times Magazine*, 7 Mar 2004.

Poon, Janis. "Toronto's Vegan Food Stylist: Movie Monsters Made Me Do It." *Janis Poon Art Food Styling*, 3 Dec 2018. https://janicepoonart.blogspot.com/

Sietsema, Tom. "The Next Role for Jose Andres: Culinary Advisor for Hannibal." *The Washington Post*, 11 Sep 2012.

Skloot, Rebecca. "Two Americas, Two Restaurants, One Town." *The New York Times Magazine*, 17 Oct 2004.

Van Dyke, Michelle Broder. "Trump served a Fast Food Feast on Silver Platters at the White House to College Football Players." *BuzzFeed News*, 15 Jan 2019. https://www.independent.co.uk/news/world/americas/us-politics/trump-burgers-mcdonalds-wendys-clemson-tigers-white-house-banquet-government-shutdown-a8728251.html

Zukin, Sharon. "Gentrification, Cuisine, and the Critical Infrastructure: Power and Centrality Downtown." *Cities and Society*, edited by Nancy Kleniewski, Malden, com/entertainment-arts/movies/story/2021-08-13/coda-film-deaf-sign-language-hollywood

Kotsur, Troy. "Academy Awards Acceptance Speech: Actor in a Supporting Role." *Academy Awards Acceptance Speech Database*, 2021. https://aaspeechesdb.oscars.org/link/094-2/

Looney, Dennis and Natalia Lusin. "Enrollments in Languages Other Than English in United States Institutions of Higher Education, Summer 2016 and Fall 2016: Final Report." *The Modern Language Association of America*, Jun 2019. www.mla.org/content/download/110154/file/2016-Enrollments-Final-Report.pdf

Preston, Paul. *Mother Father Deaf: Living between Sound and Silence*. Harvard UP, 1994.（プレストン，ポール（澁谷智子，井上朝日訳）『聞こえない親をもつ聞こえる子どもたち』現代書館，2003 年.）

Singleton, Jenny L. and Matthew D. Tittle. "Deaf Parents and Their Hearing Children." *Journal of Deaf Studies and Deaf Education*, vol. 5, no. 3, July 2000, pp. 221–36. https://doi.org/10.1093/deafed/5.3.221

Solomon, Andrew. "Deaf is Beautiful." *New York Times Magazine*, Oct 9 1994.（ソロモン，アンドリュー（杉山直子訳）「デフ・イズ・ビューティフル」『ろう文化』青土社，2000 年，pp. 156-75.）

【参考映画】

『コーダ あいのうた』（*CODA*）シャーン・ヘイダー監督，2021 年．DVD：ギャガ

『私だけ聴こえる』松井至監督，2022 年．配信：Amazon Prime Video

第 11 章　オッペンハイマーと原爆の応答責任『オッペンハイマー』

【引用・参考文献】

アウエルバッハ，エーリッヒ『ミメーシス――ヨーロッパ文学における現実描写〈上〉』筑摩書房，1994 年.

斎藤道雄『原爆神話の 50 年――すれ違う日本とアメリカ』中公新書，1995 年.

『聖書 聖書協会共同訳』日本聖書協会，2019 年.

バード，カイ，マーティン・J・シャーウィン『オッペンハイマー「原爆の父」と呼ばれた男の栄光と悲劇』PHP 研究所，2007 年.

ボウイ，デヴィッド『ジギー・スターダスト』RCA レコード，1972 年.

吉田敦彦「神話」『日本大百科事典』小学館，1994 年.

Yuan, Jada. "Spike Lee Has Power. He's Still Fighting It." *The Washington Post*. 5 October 2023.

『マトリックス・レザレクションズ』(*Matrix Resurrections*) ラリー＆アンディ・ウォシャウスキー監督, 2021年. DVD：ワーナー・ブラザース・ホームエンターテイメント

『マトリックス・レボリューションズ』(*Matrix Revolutions*) ラリー＆アンディ・ウォシャウスキー監督, 2003年. DVD：ワーナー・ブラザース・ホームエンターテイメント

第10章　ろう者の世界と聴者の世界をつなぐ架け橋『コーダ あいのうた』

【引用・参考文献】

木村素子「20世紀転換期米国通学制聾学校における聾者の自治と手話—イリノイ州シカゴを中心に」『手話学研究』第26号, 2017年, pp. 103-28.

Shibazaki, Rieko「アカデミー賞作品賞に輝いた、『コーダ あいのうた』シアン・ヘダー監督スペシャルインタビュー——「物語は変化を生み出す手段になる」」*Vogue Japan*, 2022年4月14日. www.vogue.co.jp/celebrity/article/oscar-winning-coda-writer-director-sian-heder-interview.

澁谷智子『コーダの世界——手話の文化と声の文化』医学書院, 2009年.

ブラザー, ミリー（米内山明宏, 市田泰弘, 本橋哲也訳）「CODAとは何か」『ろう文化』青土社, 2000年, pp. 366-70.

Bishop, Michele R. and Sherry L. Hicks. “Orange Eyes: Bimodal Bilingualism in Hearing Adults From Deaf Families.” *Sign Language Studies*, vol. 5, no. 2, Jan 2005, pp. 188–230. https://doi.org/10.1353sls.2005.0001.

Erikson, Erik H. *Identity, Youth and Crisis*. W. W. Norton Company, 1968.（エリクソン, エリク・H（中島由恵訳）『アイデンティティ——青年と危機』新曜社, 2017年.）

Frank, Audrey. ”The Identity Development of the Only Hearing Child in an All-Deaf Family.” *Jadara*, vol. 49, no. 1, Nov 2019, pp. 3-26.

Galuppo, Mia. “‘We’re Not Deaf Actors—We’re Actors, Period’: *CODA*’s Watershed Moment in Representation.” *The Hollywood Reporter*, 24 Aug 2021. www.hollywoodreporter.com/movies/movie-features/coda-film-representation-1234991797/

Hoffmeister, R. “Border Crossings by Hearing Children of Deaf Parents: The Lost History of Codas.” *Open Your Eyes: Deaf Studies Talking*, edited by H-Dirksen L. Bauman, U of Minnesota P, 2008.

Kaufman, Amy. “The Deaf Still Face ‘Outright Discrimination’ in Hollywood. How *CODA* Broke the Mold.” *Los Angeles Times*, 13 Aug 2021. www.latimes.

Weatherly, Jack. "*The Post* is a Retelling of History to Shape Present." *The Mississippi Business Journal*, vol. 40, no. 7, 2018, p. 7. https://library.umaine.edu/auth/EZproxy/test/authej.asp?url=https://search.proquest.com/trade-journals/post-is-retelling-history-shape-resent/docview/2010681063/se-2

【参考映画】

『グレート・ハック　SNS 史上最悪のスキャンダル』(*The Great Hack*) カリム・アーメル，ジェヘイン・ヌジェーム監督，2019 年．配信：Netflix

『すべての政府は嘘をつく』(*All Governments Lie: Truth, Deception, and the Spirit of I.F. Stone*) フレッド・ピーボディ監督，2016 年．配信：Netflix

『大統領の陰謀』(*All the President's Men*) アラン・J・パクラ監督，1976 年．DVD：ワーナー・ホーム・ビデオ

『ペンタゴン・ペーパーズ　最高機密文書』(*The Post*) スティーヴン・スピルバーグ監督，2017 年．DVD：NBC ユニバーサル・エンターテイメント

第 9 章　さらば現実の沙漠よ『マトリックス』四部作

【引用・参考文献】

巽孝之『「2001 年宇宙の旅」講義』平凡社，2001 年．

マキャフリイ，ラリイ（巽孝之＆越川芳明編訳）『アヴァン・ポップ』筑摩書房，1995 年．

レム，スタニスワフ（飯田規和訳）『砂漠の惑星』原著 1964 年，早川書房，1977 年．

Gibson, William. *Neuromancer*. Ace, 1984.（ウィリアム・ギブスン（黒丸尚訳）『ニューロマンサー』早川書房，1986 年）

McCaffery, Larry. *Storming the Reality Studio*. Duke UP, 1991.

Piper, Karen. *Cartographic Fictions: Maps, Race, and Identity*. Rutgers UP, 2002.（ハヤカワ文庫 SF，1987 年）

Wachowski, Larry and Andy. *Matrix: The Shooting Script*. New Market, 2001.

【参考映画】

『JM』(*Johnny Mnemonic*) ロバート・ロンゴ監督，1995 年．DVD：Happinet

『マトリックス』(*Matrix*) ラリー＆アンディ・ウォシャウスキー監督，1999 年．DVD：ワーナー・ブラザース・ホームエンターテイメント

『マトリックス・リローデッド』(*Matrix Reloaded*) ラリー＆アンディ・ウォシャウスキー監督，2003 年．DVD：ワーナー・ブラザース・ホームエンターテイメント

南波克行「スピルバーグの政治的フィルム」『スティーブン・スピルバーグ論』南波克行編，フィルムアート社，2013年，pp. 230-37.

———編『スティーヴン・スピルバーグ Steven Spielberg』宮帯出版社，2019年.

前嶋和弘他編著『現代アメリカ政治とメディア』東洋経済新報社，2019年.

横田増生『「トランプ信者」潜入一年——私の目の前で民主主義が死んだ』小学館，2022年.

Alexander, Harriet. "Post Truth: Hollywood Titans Steven Spielberg, Tom Hanks and Merryl Streep Have Teamed Up for the First Time to Tell the True and Timely Story of the Pentagon Papers, Damning Documents about the Vietnam War That the US Government Fought Hard to Prevent the Washington Post from Publishing." *Telegraph Magazine*, 6 Jan 2018, p. 12. https://library.umaine.edu/auth/EZproxy/test/authej.asp?url=https://search.proquest.com/magazines/post-truth/docview/1985148055/se-2

Atkinson, Michael. "The Awful Truth." *Sight & Sound*, vol. 28, no. 2, Feb 2018, pp. 42–45. libraries.maine.edu/auth/EZProxy/test/authej.asp?url=https://search.ebscohost.com/login.aspx?direct=true&db=aft&AN=127158153&site=ehost-live

Falcone, Dana R. "Katharine Graham: First Lady of News." *People* (Chicago. 1974), vol. 89, no. 4, 2018, pp. 91-92.

Hiscock, John. "Post Mortem." *Film Journal International*, vol. 121, no. 1, Jan 2018, pp. 16–19. https://libraries.maine.edu/auth/EZProxy/test/authej.asp?url=https://https://search.ebscohost.com/login.aspx?direct=true&db=aft&AN=133961061&site=ehost-live

Jones, Justin. "Streep, Hanks, Spielberg Discuss New Journalism Film, *The Post*." *University Wire*, 11 Dec 2017. https://library.umaine.edu/auth/EZproxy/test/authej.asp?url=https://search.proquest.com/wire-feeds/streep-hanks-spielberg-discuss-new-journalism/docview/1974964442/se-2

McClintock, Pamela. "*The Post*: Producer Amy Pascal Worked at Lightning Speed Alongside Kristie Macosko Krieger to Get Steven Spielberg's Timely Story about Washington Post publisher Katharine Graham and Editor Ben Bradlee to the Big Screen." *Hollywood Reporter*, vol. 424, no. 10, 7 Mar 2018, pp. SS34+. link.gale.com/apps/doc/A531710057/ITBC?u=maine_usm&sid=summon&xid=e51922fe

Sarup, Arjun. "'The Post' Offers Strikingly Relevant Historical Drama: An Interview with Meryl Streep, Tom Hanks and Steven Spielberg." *Daily Californian*, 14 Dec 2017. https://library.umaine.edu/auth/EZproxy/test/authej.asp?url=https://search.proquest.com/wire-feeds/post-offers-strikingly-relevant-historical-drama/docview/1976655039/se-2 and the L.A. Rebellion in *Moonlight*." *Film Matters*, vol. 11, no. 3, 2020, pp. 98-110.

Kannan, Menaka, et al. "Watching *Moonlight* in the Twilight of Obama." *Humanity & Society*, vol. 41, no. 3, 2017, pp. 287-98.

Lonac, Susan. "The Mainstreaming of American Queer Cinema." *Canadian Review of American Studies*, vol. 52, no. 2, 2022, pp. 153-68.

Reznik, Alexandra. "Music, Pain, and Healing in *Moonlight*." *The Western Journal of Black Studies*, vol. 43, no. 3 & 4, 2019, pp. 114-21.

Ricco, John Paul. "Mourning, Melancholia, *Moonlight*." *The New Centennial Review*, vol. 19, no. 2, 2019, pp. 21-46.

Warren, Calvin L. "What is A (Black) Faggot? Cinema, Exorbitance, and *Moonlight*'s Metaphysical Question." *The Western Journal of Black Studies*, vol. 43, no. 3 & 4, 2019, pp. 122-28..

【参考映画】

『俺たちに明日はない』(*Bonnie and Clyde*) アーサー・ペン監督，1967 年．DVD：ワーナー・ホーム・ビデオ

『ボーイズ'ン・ザ・フッド』(*Boyz n the Hood*) ジョン・シングルトン監督，1991 年．DVD：Happinet

『ムーンライト』(*Moonlight*) バリー・ジェンキンス監督，2016 年．DVD：TC エンタテインメント

『ラ・ラ・ランド』(*La La Land*) デミアン・チャゼル監督，2016 年．DVD：ポニー・キャニオン

『ザ・ワイヤー』(*The Wire*) テレビシリーズ，デヴィッド・サイモン原案，2002 ～ 2008 年．配信：Prime Video

第 8 章　ポスト・トゥルースの時代の報道の正義とは？
『ペンタゴン・ペーパーズ　最高機密文書』

【引用・参考文献】

NHK 取材班『AI vs. 民主主義――高度化する世論操作の深層』NHK 出版，2020 年．

エルズバーグ，ダニエル（梓澤登，若林希和訳）『国家機密と良心――私はなぜペンタゴン情報を暴露したか』岩波書店，2019 年．

河出書房新社編集部『スティーヴン・スピルバーグ――映画の子』河出書房新社，2021 年．

グラハム，キャサリン（小野善邦訳）『キャサリン・グラハムわが人生』CCC メディアハウス，2018 年．

三成美保・笹沼朋子・立石直子・谷田川知恵『ジェンダー法学入門』法律文化社，2019年.

Blackwell, Geoff. and Ruth Hobday, editors. *Ruth Bader Ginsburg: I know This to Be True*. Blackwell & Ruth, 2020.（ジェフ・ブラックウェル＆ルース・ホブデイ（橋本恵訳）『ルース・ベイダー・ギンズバーグ――信念は社会を変えた！』あすなろ書房，2020年）

Ginsburg, Ruth Bader, et al. *My Own Words*. Simon & Schuster, 2016.

Ginsburg, Ruth Bader and Amanda L. Tyler. *Justice, Justice Thou Shalt Pursue: A Life's Work Fighting for a More Perfect Union*. U of California P, 2021.（ルース・ベイダー・ギンズバーグ＆アマンダ・L・タイラー（大林啓吾他訳）『ルース・ベイダー・ギンズバーグ――アメリカを変えた女性』晶文社，2022年）

Hunt, Helena, editor. *Ruth Bader Ginsburg: In Her Own Words*. Agate, 2018.

Rosen, Jeffrey. *Conversations with RBG: Ruth Bader Ginsburg on Life, Love, Liberty, and Law*. Picador, 2019.

Winter, Jonah. *Ruth Bader Ginsburg: The Case of R. B. G. vs. Inequality*. Abrams Books, 2017.（ジョナ・ウィンター（渋谷弘子訳）『大統領を動かした女性 ルース・ギンズバーグ――男女差別とたたかう最高裁判事』汐文社，2018年）

【参考映画】

『ビリーブ 未来への大逆転』（*On the Basis of Sex*）ミミ・レダー監督，2018年．DVD：ギャガ

第7章　イン・ビトウィーン・ジェンダーズ『ムーンライト』

【引用・参考文献】

越智道雄『カリフォルニアからアメリカを知るための54章』明石書店，2013年.

メルカード，グスタボ『filmmaker's eye　映画のシーンに学ぶ構図と撮影術』ボーンデジタル，2013年.

Di Mattia, Joanna. "The Aesthetic of the Ecstatic: Reimagining Black Masculinity in *Moonlight*." *Screen Education: Melbourne*, vol. 93, 2019, pp. 8-15.

Flory, Dan. "*Moonlight*, Film Noir, and Melodrama." *The Western Journal of Black Studies*, vol. 43, no. 3 & 4, 2019, pp. 104-13.

Johnson, E. Patrick. "In the Quare Light of the Moon: Poverty, Sexuality, and Makeshift Masculinity in *Moonlight*." *The Western Journal of Black Studies*, vol. 43, no. 3 & 4, 2019, pp. 70-80.

Johnson, Matthew. "Blue Moon: Representation, Independent Production Models,

———. *Notes of a Native Son*. Beacon Press, 1955.

Di Paolantonio, Mario and Lara Okihiro. "Juxtapositional Pedagogy and Tending to Loss in James Baldwin's and Raoul Peck's *I Am Not Your Negro*." *Philosopy of Education*, 2018, pp. 210-22.

Gould, Stephen Jay. *The Mismeasure of Man*. W. W. Norton, 2006.（スティーヴン・J・グールド（鈴木善次・森脇靖子訳）『人間の測りまちがい——差別の科学史』上下，河出書房新社，2022 年）

Mead, Margaret and James Baldwin. *A Rap on Race*. Lippincott, 1971.（ジミー・ボールドウィン＆マーガレッド・ミード（大庭みな子訳）『怒りと良心——人種問題を語る』平凡社，1973 年）

Nott, Josiah C., and George R. Gliddon. *Types of Mankind*. J. B. Lippincott, Grambo & Co., 1854. https://www.loc.gov/resource/gdcmassbookdig.typesofmankindor01nott/?c=160&sp=4&st=gallery

Painter, Nell Irvin. *The History of White People*. W. W. Norton, 2010.（ネル・アーヴィン・ペインター（越智道雄訳）『白人の歴史』東洋書林，2011 年）

Robinson, Cedric J. *Black Marxism: The Making of the Black Radical Tradition*. Zed Press, 1983.

【参考映画】

『恋人よ帰れ』(*Lover Come Back*) デルバート・マン監督，2016 年．DVD：NBC ユニバーサル・エンターテイメントジャパン

『殺戮の星に生まれて』(*Exterminate All the Brutes*) ラウル・ペック監督，2021 年．HBO Documentary Films

『私はあなたのニグロではない』(*I Am Not Your Negro*) ラウル・ペック監督，2016 年．DVD：オデッサ・エンタテインメント

第 6 章　"RBG" はリベラル派のアイコン『ビリーブ 未来への大逆転』

【引用・参考文献】

谷口洋幸編著『LGBT をめぐる法と社会』日本加除出版，2019 年．

日本女子大学人間社会学部 LGBT 研究会編『LGBT と女子大学——誰もが自分らしく輝ける大学を目指して』学文社，2018 年．

ホーン川嶋瑤子『アメリカの社会変革——人種・移民・ジェンダー・LGBT』ちくま新書，2018 年．

三成美保『教育と LGBTI をつなぐ——学校・大学の現場から考える』青弓社，2017 年．

Lin, Jessica. "Lincoln Square Renewal Project: New York, 1955-1969." 17 Dec 2020. https://storymaps.arcgis.com/stories/d6c942630bee454bae0c7b459a081f07
Mcbride, Joseph. *Steven Spielberg: A Biography*. faber and faber, 2012.

【参考映画】

『ウエスト・サイド・ストーリー』（*West Side Story*）スティーブン・スピルバーグ監督，2022 年．Blu-ray：ウォルト・ディズニー・ジャパン株式会社

第 4 章　本棚からのメッセージ『イコライザー 2』

【引用・参考文献】

井上謙治『アメリカ小説入門』研究社出版，1995 年．
Coates, Ta-Nehisi. *Between the World and Me*. Random House, 2015.
Ellison, Ralph. *Invisible Man*. Vintage, 1981.
Ignotofsky, Rachel. *Women in Science: 50 Fearless Pioneers Who Changed the World*. Wren & Rook, 2016.
Watson, James D. *The Double Helix: A Personal Account of the Discovery of the Structure of DNA*. Penguin, 1970.
Wright, Richard. *Native Son*. Harper Collins, 2003.

【参考映画】

『イコライザー』（*The Equalizer*）アントワン・フークア監督，2015 年．DVD：ソニー・ピクチャーズエンタテインメント
『イコライザー 2』（*The Equalizer 2*）アントワン・フークア監督，2019 年．DVD：ソニー・ピクチャーズエンタテインメント
『ネイティブ・サン』（*Native Son*）ジェロルド・フリードマン監督，1988 年．VHS：アスミック・エース

第 5 章　すべての野蛮人を根絶せよ『私はあなたのニグロではない』

【引用・参考文献】

Baron, Jaimie and Kristen Fuhs, editors. *I Am Not Your Negro: A Docalogue*. Routledge, 2021.
Baldwin, James. *I Am Not Your Negro*. Penguin Classics, 2017.
———. *The Fire Next Time*. Penguin Books, 1963.

the Charts." *New York Times*, 4 Mar 2020. https://www.nytimes.com/2020/03/04/business/media/coronavirus-contagion-movie.html

Tina, Cynthia. "How Have Intentional Communities Fared through the Pandemic?" *Communities: Life in Cooperative Culture*, vol. 189, summer 2020, pp. 39-44.

Traugot, Michael. "Covid Comes to the Farm." *Communities: Life in Cooperative Culture*, vol. 200, fall 2023, pp. 26-32.

"WHO Covid-19 Dashboard." World Health Organization. https://covid19.who.int/table

【参考映画】

『コンテイジョン』(*Contagion*) スティーヴン・ソダーバーグ監督, 2011年. DVD：ワーナー・ホーム・ビデオ

『ソングバード』(*Songbird*) アダム・メイソン監督, 2020年. 配信：Amazon Prime Video

第3章　移民問題に見る分断と壁『ウエスト・サイド・ストーリー』

【引用・参考文献】

浦部浩之「多様なラテンアメリカ系移民とヒスパニック／ラティーノ博物館」矢ヶ崎典隆編『移民社会アメリカの記憶と継承』学文社, 2018年.

倉田和四生「人口過程とエスニック・コミュニティ（1960年代）――ニューヨーク市の黒人とプエルトリコ人」『関西大学社会学部紀要』第72号, 1995年.

日本貿易振興機構（JETRO）「バイデン大統領の下で見直される米移民政策、シンクタンク調査」『ビジネス短信』2022年1月13日. https://www.jetro.go.jp/biznews/2022/01/61dde7685f0bf14f.html.

フィアー、デイヴィッド「スピルバーグ節全開、『ウエスト・サイド・ストーリー』が問答無用の傑作となった理由」*Rolling Stone*, 2022年2月11日. https://rollingstonejapan.com/articles/detail/37170/1/1/1

ブーズロー, ロラン（久保田祐子訳）『映画「ウエスト・サイド・ストーリー」スペシャル・メイキングブック』東宝, 2022年.

南川文里『アメリカ多文化社会論（新版）――「多からなる一」の系譜と現在』法律文化社, 2022年.

村山祐介『エクソダス――アメリカ国境の狂気と祈り』新潮社, 2020年.

安田聡子「スピルバーグ監督が『ウエスト・サイド・ストーリー』に字幕をつけなかった理由」*Huffpost*, 2021年12月7日. https://www.huffingtonpost.jp/entry/west-side-story-no-spanish-subtitle_jp_61aebc8fe4b01fcf12b65a71

FEE, 2019. https://fee.org/articles/joker-individualism-and-the-dangers-of-cultural-narratives/

Tyler, Adrienne. "Joker's Staircase Dance Scene is The Movie's Defining Moment." *Scrrenrant*, 2019. https://screenrant.com/joker-movie-staircase-dance-scene-important-controversy/

Zevellos, Zuleyka. "Gender, Race and Abeism in *Joker*." *Other Sociologist*, 2019. https://othersociologist.com/2019/10/06/gender-race-and-ableism-in-joker/

【参考映画】

『ジョーカー』（*Joker*）トッド・フィリップス監督，2019年．DVD：ワーナー・ブラザース・ホームエンターテイメント

第2章　コロナ禍における孤独を描く『ソングバード』

【引用・参考文献】

平体由美『病が分断するアメリカ――公衆衛生と自由のジレンマ』筑摩書房，2023年．

Doyle, Colin. "Pulled Toward and Away: How C-19 Has Elevated the Attraction of ICs but Pulled Us onto Screens." *Communities: Life in Cooperative Culture*, vol. 189, summer 2020, pp. 26-28.

Jackson, Lydia. "Coronavirus Adaptation in an Urban Community: Applying Difficult, Effective Precautions at Jesus People USA." *Communities: Life in Cooperative Culture*, vol. 189, summer 2020, pp. 31-35.

Klein, Naomi, et al. "Escape From the Nuclear Family: Covid-19 Should Provoke a Rethink of How We Live." *The Intercepted*, 5 Aug 2020. https://theintercept.com/2020/08/05/escape-from-the-nuclear-family-covid-19-should-provoke-a-re-think-of-how-we-live-coronavirus-naomi-klein-civilian-conservation-corps

Nashoba, Stephan. "We Still Have Toilet Paper: Covid-19 Pandemic Response at Twin Oaks Community." *Communities: Life in Cooperative Culture*, vol. 189, summer 2020, pp. 12-15.

Peters, Alexa. "Beyond Housemates: How Intentional Communities Provide Belonging, Affordability to Seattle's Working Class." *South Seattle Emerald*, 16 Mar 2020. https://southseattleemerald.com/2020/03/16/beyond-housemates-how-intentional-communities-provide-belonging-financial-stability-to-seattles-working-class

Sperling, Nicole. "'Contagion,' Steven Soderbergh's 2011 Thriller, Is Climbing Up

Bhattacharyya, Sumedha and Beatriz Herrera Corado. "Joker: Dancing Otherness Perspectives from the Global South." *Research Gate*, 2020. https://www.researchgate.net/publication/347561763_Joker_Dancing_otherness_Perspectives_from_the_Global_South

Chen, Angela. "The 2016 Clown Panic: 10 Questions Asked and Answered", *The Verge*, 2016. https://www.theverge.com/2016/10/7/13191788/clown-attack-threats-2016-panic-hoax-debunked

Chichizola, Corey. "How Joaquin Phoenix Came Up With Joker's Haunting Dance Scene." *Cinemablend*, 2020. https://www.cinemablend.com/news/2488344/how-joaquin-phoenix-came-up-with-jokers-haunting-dance-scene

Flood, Maria. "Joker Makes for Uncomfortable Viewing—It Shows How Society Creater Extremists." *The Conversation*, 2019. https://theconversation.com/joker-makes-for-uncomfortable-viewing-it-shows-how-society-creates-extremists-124832

Fouch, Zach. "How Class Divide Leads to Violent Anarchy in *Joker* (2019)." *Open Oregon Educational Resources*, 2019.

Freyrie, Michelangelo. "*Joker* and *Parasite*: Spill the Blood." *Filmdase*, 2020. https://filmdaze.net/joker-and-parasite-spill-the-blood/

Hahn, Jason Duaine. "Did you See *Joker*? Here's the Real-Life Medical Condition Behind His Uncontrollable Laugh." *People*, 2019. https://people.com/health/joker-laughter-medical-condition-pseudobulbar-affect/

Javanian, Mahammadreza Hassanzadeh and Farzan Rahmani. "Killing Joke: A Study of the Carnivalesque Discourse in Todd Phillips, *Joker*." *Bakhtiniana*, vol. 16, no.3, July/Sept 2021, pp. 39-55.

Lattanzio, Ryan. "*Joker*: A Dance Critic Breaks Down Joaquin Phoenix's Unnerving Moves." *IndieWire*, 13, Oct 2019. https://www.indiewire.com/2019/10/joker-dance-scene-joaquin-phoenix-1202181069/

Merchán-del-Hierro, Xavier, et al. "Why is the Joker Laughing? Clinical Featured for the Differencial Diagnosis of Pathological Laughter." *American Psychiatry*, vol. 45, 2021, pp. 512-16.

Panigua, Juan Jose Arroyo. "Whatever Doesn't Kill You Simply Makes You Stranger": Fear in The Character of the Joker in *The Dark Knight* and *Joker*." *Revista de Edusios Norteamericanos*, vol. 26, 2022. https://revistascientificas.us.es/index.php/ESTUDIOS_NORTEAMERICANOS/article/view/16518

Perez-Attias, Samuel. "The Joker Effect: Consequences of Inequality in Society." *Impaktewr*, 2019. https://impakter.com/the-joker-effect-consequences-of-inequality-in-society/

Pomerantz, Aaron. "Joker, Individualism, and the Dangers of Cultural Narratives."

引用・参考文献／参考映画

※DVD発売元は執筆時点のもの

はじめに

【引用・参考文献】

ヴァンス，J. D.（関根光宏＆山田文訳）『ヒルビリー・エレジー』，光文社，2017年.
巽孝之『リンカーンの世紀』青土社，2002年.
―――『パラノイドの帝国』大修館書店，2018年.
―――編『反知性の帝国』南雲堂，2008年.
―――監修『アメリカ文学と大統領』南雲堂，2023年.
松本方哉『トランプとハリス』幻冬舎，2024年.
山崎貴『小説版ゴジラ -1.0』集英社，2023年.
Anon. "Project 1897: America Has an Imperial Presidency and, for the First Time in over a Century, an Imperialist President." *The Economist.* 25 Jan 2025, p. 7.
Brands, H. W. *America First: Roosevelt VS. Lindbergh in the Shadow of War.* Doubleday, 2024.
Frum, David. "The Revenge Presidency." *The Atlantic.* Jan/Feb 2024, pp. 18-20.
Garcia-Navarro, Lulu. "The Interview: A Conversation with JD Vance." *New York Times Magazine.* 12 Oct 2024. https://www.nytimes.com/2024/10/12/magazine/jd-vance-interview.html
Michaels, Walter Benn. *Our America: Nativism, Modernism and Pluralism.* Duke UP, 1995.

第1章　悲劇は喜劇、あるいはすべてが喜劇『ジョーカー』

【引用・参考文献】

Ahmed, Esraa Sayed. "The Invisible Politics of Joker ... Has the 2019's Joker Gone So Far?" *Scribd.* https://www.researchgate.net/publication/338221224_Political_and_Philosophical_Analysis_for_Joker_Movie
Anon. "What Does The Joker Movie Say About Our Society? Theory 2019." *Mad Meaning,* 2019. https://madmeaning.com/theory/what-does-the-joker-movie-say-about-our-society-theory-2019/

画で読み解く現代アメリカ――オバマの時代』（明石書店、2015 年）、『イギリス肉食革命』（平凡社新書、2018 年）、『増補・魚で始まる世界史』（平凡社ライブラリ、2024 年）、訳書に『菊と刀』（平凡社ライブラリ、2013 年）がある。

鈴木 繁（すずき・しげる）［第 13 章］
カリフォルニア州立大学サンタクルーズ校で博士号（文学）を取得。コロラド大学ボルダー校およびリーハイ大学で客員教授を務めた後、現在はニューヨーク市立大学バルーク校の准教授。専門は日米の視聴覚文化（映画、マンガ／コミックス）など。主な著書・論文に「付与された人種イメージを描き返すコミックス――ジーン・ルエン・ヤン『アメリカ生まれの中国人』について」（『エスニック研究のフロンティア』金星堂、2014 年）、「監視社会の夢遊病者――電子テクノロジーと都市空間」（塚田幸光編『映画とテクノロジー』ミネルヴァ書房、2015 年）、「コミックス・スタディーズの台頭――北米におけるコミックス研究の歴史と動向」（竹内オサム編『ビランジ』50 号）、*Manga: A Critical Guide*（ロナルド・スチュワート氏と共著、Bloomsbury, 2022）など。

冨塚 亮平（とみづか・りょうへい）［第 14 章、92 頁・226 頁コラム］
慶應義塾大学大学院文学研究科後期博士課程修了。アメリカ文学・映画研究。神奈川大学外国語学部准教授。著書に『『ドライブ・マイ・カー』論』（共編著、慶應義塾大学出版会、2023 年）、『アメリカ文学と大統領――文学史と文化史』（共著、南雲堂、2023 年）など、論文に "From Grief to "Practical Power": Moods and Affects in "Experience"."（*The Journal of the American Literature Society of Japan*, no. 20, 2022 年）、「「客間」と「書斎」――空間表象に見るエマソンの家政学」（『アメリカ研究』第 54 号、第 7 回斎藤眞賞、2020 年）など。

成実 弘至（なるみ・ひろし）［第 15 章、242 頁コラム］
1964 年生まれ。大阪大学大学院、ロンドン大学大学院修了。専攻は文化社会学、ファッション研究。京都造形芸術大学准教授を経て、現在、京都女子大学教授。著書に『20 世紀ファッションの文化史』（河出書房新社、2007 年）、『コスプレする社会』（編著、せりか書房、2009 年）、『Japan Fashion Now』（共著、Yale University Press、2010 年）、『ファッションヒストリー――1850-2020』（編著、ブックエンド、2024 年）、『Introducing Japanese Popular Culture』（共著、Routledge、2018 年）、『ファッションを社会学する』（共編著、有斐閣、2017 年）など。

で読み解く現代アメリカ——オバマの時代』（明石書店、2015年）、『アメリカ映画のイデオロギー——視覚と娯楽の政治学』（論創社、2016年）、『アイリッシュ・アメリカンの文化を読む』（水声社、2016年）。共訳書に『新イディッシュ語の喜び』（大阪教育図書、2013年）など。

宗形 賢二（むなかた・けんじ）［第5章］
1985年イリノイ大学大学院（比較文学）留学後、日本大学大学院文学研究科博士課程満期退学。2001～02年UCLA客員研究員。主に19世紀転換期米文学・文化・比較文学研究。日本大学国際関係学部特任教授。近著に『メディアと帝国——19世紀末アメリカ文化学』（共著、小鳥遊書房、2021年）、『映画で読み解く現代アメリカ——オバマの時代』（共著、明石書店、2015年）、『比較文学の世界』（共著、南雲堂、2005年）、『1920年代——ローリング・トウェンティーズの光と影』（共著、金星堂、2004年）など。

寺嶋 さなえ（てらしま・さなえ）［第6章］
東京大学大学院総合文化研究科・地域文化研究専攻修士課程修了。英米の文学・文化研究。日本女子大学文学部講師。著書に『花とハーブに囲まれたイギリスの物語』（彩流社、2025年）、『発見！不思議の国のアリス——鉄とガラスのヴィクトリア時代』（彩流社、2017年）、共著に『エスニシティと物語り——複眼的文学論』（金星堂、2019年）、『映画で読み解く現代アメリカ——オバマの時代』（明石書店、2015年）、『エスニック研究のフロンティア』（金星堂、2014年）などがある。

岩政 伸治（いわまさ・しんじ）［第11章］
上智大学比較文化学科卒。同大学院文学研究科英米文学専攻博士後期課程単位取得満期退学。専攻はエコクリティシズム。千葉大学、東京外国語大学他の非常勤講師を経て、現在白百合女子大学英語英文学科教授。著書に『レイチェル・カーソン』（共著、ミネルヴァ書房、2007年）、『アメリカ史』（共編著、アルク、2009年）、*Mushroom Clouds: Ecocritical Approaches to Militarization and the Environment in East Asia*（共編著、Routledge、2021年）、翻訳にヘンリー・デイヴィッド・ソロー『ソロー語録』（編訳、文遊社、2009年）、ベラー＆チェイス『平和をつくった世界の20人』（共訳、岩波書店、2009年）がある。

越智 敏之（おち・としゆき）［第12章］
1962年、広島県に生まれる。早稲田大学大学院文学研究科英文学専攻修士課程修了。現在、千葉工業大学教授。専門はシェイクスピアとアメリカ社会。著書に『アメリカの最新ヒット商品＆トレンド』（中央経済社、1997年）、『英語で言うとこうなります！』（竹書房、2000年）、『魚で始まる世界史』（平凡社新書、2014年）、『映

執筆者

（執筆順）

遠藤 徹（えんどう・とおる）［第1章、34頁コラム］

1961年神戸生まれ。東京大学文学部・農学部卒。早稲田大学大学院文学研究科博士後期課程単位取得満期退学。同志社大学グローバル地域文化学部教授。専門は文化論／身体論など。主な著書に『溶解論：不定形のエロス』（水声社、1997年）、『ポスト・ヒューマン・ボディーズ』（青弓社、1998年）、『プラスチックの文化史：可塑性物質の神話学』（水声社、2000年）、『ケミカル・メタモルフォーシス』（河出書房新社、2005年）、『スーパーマンの誕生――KKK／自警主義／優生学』（新評論、2017年）、『バットマンの死――ポスト9.11のアメリカ社会とスーパーヒーロー』（新評論、2018年）、『ゾンビと資本主義』（新評論、2023年）、主な小説に『姉飼』『壊れた少女を拾ったので』『おがみむし』『戦争大臣（全三巻）』（以上角川文庫）、『むかでろりん』（集英社、2007年）、『ネル』（早川書房、2009年）『贄の王』（未知谷、2014年）、『七福神戦争』『極道ピンポン』（ともに五月書房新社、2018年）、『幸福のゾンビ』（金魚屋プレス、2023年）など。

石塚 幸太郎（いしづか・こうたろう）［第2章、50頁コラム］

1968年生まれ。一橋大学言語社会研究科博士課程単位取得満期退学。アメリカ思想史専攻。神奈川大学、東海大学、一橋大学講師。主な著作に、「1840年代のアメリカにおけるフーリエ主義の受容――ブリスベインのアソシエイション論」『経済学史学会年報』第39号（2001年）、「アメリカにおけるフーリエ主義の実践――ファランクスの経済思想」『一橋論叢』第125巻第3号（2001年3月）、『映画で読み解く現代アメリカ――オバマの時代』（共著、明石書店、2015年）。また最近渡辺眸の写真集『遊行め』（プラサード書店、2024年）の制作を手伝った。

南波 克行（なんば・かつゆき）［第3章、64頁コラム］

1960年東京生まれ。慶応大学法学部・法律学科卒。専門はアメリカ映画研究。著書に『宮崎駿　夢と呪いの創造力』（竹書房、2014年）、主編著書に『スティーブン・スピルバーグ論』（フィルムアート社、2013年）、『トム・クルーズ――キャリア、人生、学ぶ力』（フィルムアート社、2014年）、訳書に『スピルバーグ――その世界と人生』（共訳、西村書店、2015年）、『フランシス・フォード・コッポラ、映画を語る』（フィルムアート社、2018年）など。

伊達 雅彦（だて・まさひこ）［第4章］

1964年仙台市生まれ。専門はユダヤ系アメリカ文学、アメリカ映画。尚美学園大学教授。共編著に『ゴーレムの表象――ユダヤ文学・アニメ・映像』（南雲堂、2013年）、『父と息子の物語――ユダヤ系作家の世界』（彩流社、2023年）。共著に『映画

編著者

小澤 奈美恵（おざわ・なみえ）

［第 8 章、93 頁・104 頁・134 ～ 136 頁コラム、おわりに］

東京都立大学大学院人文科学研究科（英文）博士課程単位取得満期退学。1993 ～ 94 年、米国ブラウン大学客員研究員。2022 ～ 23 年、米国サザンメイン大学客員研究員。現在、立正大学経済学部教授。専門は、アメリカ文学・文化研究。著書に『アメリカ・ルネッサンスと先住民』（鳳書房、2005 年）、『アメリカン・ルネッサンス期の先住民作家 ウィリアム・エイプス研究――甦るピークォット族の声』（明石書店、2021 年）、共編著に『9.11 とアメリカ――映画にみる現代社会と文化』（鳳書房、2008 年）、『映画で読み解く現代アメリカ――オバマの時代』（明石書店、2015 年）、共著に『日米映像文学は戦争をどう見たか』（金星堂、2002 年）、『日米映像文学に見る家族』（金星堂、2002 年）、『ソローとアメリカ精神』（金星堂、2012 年）、*Thoreau in the 21st Century: Perspectives from Japan*（Kinseido, 2017）、共訳書に『アイデア・バイブル――創造性を解き放つ 38 の発想法』（マイケル・マハルコ著、ダイヤモンド社、2012 年）など。

塩谷 幸子（しおや・さちこ）［第 10 章、78 頁・168 頁・196 頁・227 頁コラム］

東京都生まれ。東京都立大学大学院博士課程単位取得満期退学。専門分野はアメリカ文化と英語教育（特に語学教育工学）。明治大学講師。『9.11 とアメリカ――映画にみる現代社会と文化』（共編著、鳳書房、2008 年）、『アイデア・バイブル――創造性を解き放つ 38 の発想法』（マイケル・マハルコ著、共訳、ダイヤモンド社、2012 年）、『映画で読み解く現代アメリカ――オバマの時代』（共編著、明石書店、2015 年）など。

塚田 幸光（つかだ・ゆきひろ）［第 7 章、35 頁・118 頁・182 頁コラム］

立教大学大学院文学研究科博士後期課程満期退学。博士（関西学院大学）。防衛大学校准教授、ハーバード大学ライシャワー日本研究所客員研究員を経て、現在、関西学院大学法学部・大学院言語コミュニケーション文化研究科教授。専門は映画学、表象文化論、アメリカ研究。著書に『シネマとジェンダー――アメリカ映画の性と戦争』（臨川書店、2010 年）、『クロスメディア・ヘミングウェイ――アメリカ文化の政治学』（小鳥遊書房、2020 年）、編著に『映画とテクノロジー』（ミネルヴァ書房、2015 年）、『映画とジェンダー／エスニシティ』（ミネルヴァ書房、2019 年）、『メディアと帝国――19 世紀末アメリカ文化学』（小鳥遊書房、2021 年）、共編著に『モダンの身体――マシーン・アート・メディア』（小鳥遊書房、2022 年）など。

編著者紹介（［　］内は執筆担当）

監修者

巽 孝之（たつみ・たかゆき）［はじめに、第9章、149頁コラム］

1955年東京生まれ。上智大学卒業。コーネル大学大学院博士課程修了（Ph.D., 1987年）。現在、慶應義塾大学文学部名誉教授／慶應義塾ニューヨーク学院長。アメリカ文学思想史・批評理論専攻。日本英文学会監事、アメリカ学会理事、日本アメリカ文学会第16代会長を歴任。2009年より北米学術誌 *The Journal of Transnational American Studies* 編集委員。代表的著書に『サイバーパンク・アメリカ』（勁草書房、1988年度日米友好基金アメリカ研究図書賞）、『ニュー・アメリカニズム』（青土社、1995年度福沢賞；増補新版2005年）、『アメリカン・ソドム』（研究社、2001年）、『リンカーンの世紀』（青土社、2002年、増補新版2013年）、『モダニズムの惑星』（岩波書店、2013年）、『メタファーはなぜ殺される――現在批評講義』（松柏社、2000年）、『「2001年宇宙の旅」講義』（平凡社、2001年）、『盗まれた廃墟――ポール・ド・マンのアメリカ』（彩流社、2016年）、『パラノイドの帝国』（大修館書店、2018年）、『慶應義塾とアメリカ』（小鳥遊書房、2022年）、*Full Metal Apache: Transactions between Cyberpunk Japan and Avant-Pop America*（Durham: Duke UP, 2006, The 2010 IAFA［International Association for the Fantastic in the Arts］Distinguished Scholarship Award）ほか多数。代表的論文に「作品主権をめぐる暴力――*The Narrative of Arthur Gordon Pym* 小論」『英文學研究』第61巻第2号（1984年12月、第7回日本英文学会新人賞）、"Literary History on the Road: Transatlantic Crossings and Transpacific Crossovers"（*PMLA*［January 2004］）など多数。編訳書にダナ・ハラウェイ他『サイボーグ・フェミニズム』（トレヴィル、1991年／北星堂書店、2007年、第2回日本翻訳大賞思想部門賞）、ラリイ・マキャフリイ『アヴァン・ポップ』（筑摩書房、1995年）、編著に『現代作家ガイド3 ウィリアム・ギブスン』（彩流社、1997年／増補新版2015年）、『反知性の帝国』（南雲堂、2008年）、共編著に『事典　現代のアメリカ』（大修館書店、2004年）、*The Routledge Companion to Transnational American Studies*（2019年）など多数。

巽ゼミ三田会公式ウェブサイト：http://www.tatsumizemi.com/

Keio Academy of New York Website: https://www.keio.edu

映画で読み解く現代アメリカ 2
——トランプ・バイデンの時代

2025 年 4 月 30 日　初版第 1 刷発行

監修者　巽　孝之
編著者　小澤奈美恵
塩谷幸子
塚田幸光
発行者　大江道雅
発行所　株式会社明石書店
〒 101-0021 東京都千代田区外神田 6-9-5
電話　03（5818）1171
FAX　03（5818）1174
振替　00100-7-24505
https://www.akashi.co.jp/
装丁　明石書店デザイン室
印刷・製本　モリモト印刷株式会社

ISBN978-4-7503-5939-7
（定価はカバーに表示してあります）
Printed in Japan

新時代アメリカ社会を知るための60章
エリア・スタディーズ 119　明石紀雄監修 大類久恵、落合明子、赤尾千波編著　◎2000円

アジア系アメリカを知るための53章
エリア・スタディーズ 210　李里花編著　◎2000円

宗教からアメリカ社会を知るための48章
エリア・スタディーズ 193　上坂昇著　◎2000円

アメリカ先住民を知るための62章
エリア・スタディーズ 149　阿部珠理編著　◎2000円

アメリカの歴史を知るための65章【第4版】
エリア・スタディーズ 10　富田虎男、鵜月裕典、佐藤円編著　◎2000円

大統領選からアメリカを知るための57章
エリア・スタディーズ 97　越智道雄著　◎2000円

ニューヨークからアメリカを知るための76章
エリア・スタディーズ 102　越智道雄著　◎2000円

カリフォルニアからアメリカを知るための54章
エリア・スタディーズ 103　越智道雄著　◎2000円

反中絶の極右たち　なぜ女性の自由に恐怖するのか
シャン・ノリス著　牟礼晶子訳　菊地夏野解説　◎2700円

アメリカの十字架　信仰をめぐる市民社会の断層線
堀内一史著　◎2500円

イスラエルvs.ユダヤ人【増補新版】〈ガザ以後〉
中東版「アパルトヘイト」とハイテク軍事産業
シルヴァン・シペル著　林昌宏訳　高橋和夫解説　◎2700円

人種・ジェンダーからみるアメリカ史
丘の上の超大国の500年　宮津多美子著　◎2500円

アメリカ「帝国」の中の反帝国主義　トランスナショナルな視点からの米国史
イアン・ティレル、ジェイ・セクストン編著
藤本茂生、坂本季詩雄、山倉明弘訳　◎3700円

南北アメリカ研究の課題と展望
米国の普遍的価値観とマイノリティをめぐる論点
住田育法、牛島万編著　◎3000円

肉声でつづる民衆のアメリカ史【上・下】
世界歴史叢書　ハワード・ジン、アンソニー・アーノブ編
寺島隆吉、寺島美紀子訳　◎各9300円

アメリカに生きるユダヤ人の歴史【上・下】
世界歴史叢書　ハワード・モーリー・サッカー著
滝川義人訳　◎各8800円

〈価格は本体価格です〉

超大国アメリカ100年史 戦乱・危機・協調・混沌の国際関係史
松岡完著 ◎2800円

アメリカ奴隷主国家の興亡 植民地建設から南北戦争まで
安武秀岳著 ◎3600円

ハリエット・ジェイコブズ自伝 女・奴隷制・アメリカ
ハリエット・ジェイコブズ著 小林憲二編訳 ◎5500円

新装版 新訳 アンクル・トムの小屋
ハリエット・ビーチャー・ストウ著 小林憲二訳 ◎4800円

アメリカの奴隷解放と黒人 百年越しの闘争史
世界人権問題叢書107 アイラ・バーリン著 落合明子、白川恵子訳 ◎3500円

アメリカン・ルネッサンス期の先住民作家 甦るピークォット族の声 ウィリアム・エイプス研究
小澤奈美恵著 大島由起子、小澤奈美恵訳 ◎5200円

アメリカの黒人保守思想 反オバマの黒人共和党勢力
上坂昇著 ◎2600円

オバマ「黒人大統領」を救世主と仰いだアメリカ
越智道雄著 ◎2800円

アメリカを動かすスコッチ=アイリッシュ 21人の大統領と「茶会派」を生みだした民族集団
越智道雄著 ◎2800円

リンカーン うつ病を糧に偉大さを鍛え上げた大統領
ジョシュア・ウルフ・シェンク著 越智道雄訳 ◎3800円

非日常のアメリカ文学 ポスト・コロナの地平を探る
辻和彦、浜本隆三編著 ◎2700円

リベラルな帝国アメリカのソーシャル・パワー フォード財団と戦後国際開発レジーム形成
牧田東一著 ◎9000円

アメリカ公共放送の歴史 多様性社会における人知の共有をめざして
志柿浩一郎著 ◎3500円

移民大国アメリカの言語サービス 多言語と〈やさしい英語〉をめぐる運動と政策
角知行著 ◎2700円

ハーベン ハーバード大学法科大学院初の盲ろう女子学生の物語
ハーベン・ギルマ著 斎藤愛、マギー・ケント・ウォン訳 ◎2400円

アメリカのろう者の歴史 写真でみる〈ろうコミュニティ〉の200年
ダグラス・C・ベイントン、ジャック・R・ギャノン、ジーン・リンドキスト・バーギー著 松藤みどり監訳 西川美樹訳 ◎9200円

〈価格は本体価格です〉